BARON DE MONTBAS

AU SERVICE DU ROI

MÉMOIRES INÉDITS D'UN OFFICIER
DE LOUIS XIV

PUBLIÉS AVEC UNE INTRODUCTION ET DES NOTES

PAR

LE VICOMTE DE MONTBAS

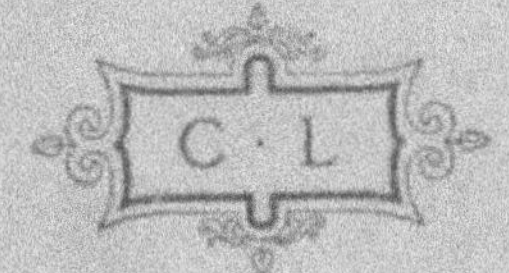

PARIS

CALMANN-LÉVY, ÉDITEURS
3, RUE AUBER, 3

1926

AU SERVICE DU ROI

JEAN-FRANÇOIS BARTON, BARON DE MONTBAS

BRIGADIER DE CAVALERIE

1707

Lefebvre fecit.

BARON DE MONTBAS

AU SERVICE DU ROI

MÉMOIRES INÉDITS D'UN OFFICIER
DE LOUIS XIV

PUBLIÉS AVEC UNE INTRODUCTION ET DES NOTES

PAR

LE VICOMTE DE MONTBAS

AVEC UN PORTRAIT HORS TEXTE

PARIS

CALMANN-LÉVY, ÉDITEURS
3, RUE AUBER, 3

*« Nous ne mériterions pas
de porter d'épées à nos côtés,
si nous étions capables de rien
refuser pour le service du Roi. »*

BARON DE MONTBAS.

AVANT-PROPOS

Jean-François Barton, baron de Montbas, naquit au château de Montbas, près de Bellac, le 28 août 1636.

Il appartenait à une vieille famille de la Marche, sur l'histoire de laquelle il nous a laissé, en guise de préface à ses *Mémoires*, une notice « établie avec toute l'exactitude possible et en ne disant rien que de vrai ». Certains généalogistes ont voulu trouver aux Barton une origine étrangère, et Montbas, bien que sans preuves convaincantes, semble se ranger à leur avis. Lorsque, en 1259, Louis IX eut restitué au roi d'Angleterre, en échange de la Normandie, les provinces du Limousin, du Périgord et du Quercy, de nombreux seigneurs anglais passèrent en France et s'y établirent; de ce nombre aurait été Hugues Barton, des comtes souverains de Dumbarton en Écosse, surnommé pour sa bravoure l'*impitoyable dans les combats*, et qui, ayant épousé une Française, Marie d'Anzelay, se serait définitivement fixé en Poitou et y aurait acquis la vicomté de Montbas. Qu'y a-t-il de fondé dans cette tradition, encore vivace au xviie siècle, et

Hugues Barton ne serait-il pas plutôt le personnage du
même nom que l'on trouve en 1230, faisant des donations
à des moines du Berri? Quoi qu'il en soit, la terre et seigneurie de Montbas, l'une des six vicomtés principales du
Poitou, relevant directement de la Tour de Maubergeon
à Poitiers, — c'est-à-dire, depuis le début du xv⁰ siècle,
de la Couronne de France, — était déjà en la possession
des Barton lorsque Roland, vicomte de Montbas, fils de
Mathurin Barton et de Jéhanne de Pons, épousa Louise
de Salaignac à Cahors le 22 août 1351.

L'aîné des fils nés de cette union a laissé quelque
renom dans l'histoire. Jehan Barton, seigneur de Lubi-
gnac, chancelier de la Marche, puis chancelier du Dauphiné et grand sénéchal des Bandes, fut l'un des conseillers les plus fidèles et les plus écoutés de Charles VII.
Nommé commissaire royal auprès des États provinciaux
du Languedoc, et, plus tard, auprès de ceux du Limousin,
il y défendit sans faiblesse la cause du souverain légitime,
c'est-à-dire celle de l'unité nationale. Ami et confident de
Jacques Cœur, il servit le roi, comme lui, en toute occasion, de ses avis et de sa bourse; mais tandis que Jacques
Cœur n'obtenait que des juges pour prix de ses services,
Jehan Barton eut, la même année, la récompense de
son dévouement : il assista à la reddition de Bordeaux,
entra aux côtés de Dunois dans la cité reconquise, et,
chargé d'y réorganiser la justice royale, créa cette éphé-
mère Cour Souveraine de Guyenne, première ébauche du
futur Parlement de Bordeaux, dont il fut le premier Président. A sa manière, ce « chevalier ès lois » avait bien
guerroyé contre les Anglais et leur « régent de France »,
le duc de Bedford, — lequel, par une singulière coïnci-
dence, comptait parmi les officiers de sa maison un autre
Jehan Barton. Celui dont il est question ici laissa, de son
mariage avec Berthe de Bonac, neuf enfants. Cinq d'entre
eux entrèrent dans les ordres. L'aîné, Jean Iᵉʳ, occupa

vingt-six ans le siège épiscopal de Limoges, où il eut
pour successeur, de 1483 à 1510, son neveu Jean II de
Montbas; leur passage fut marqué par la construction du
transept et les premiers travaux de la nef de la cathédrale.
Un autre fils, Mathurin, « conseiller du Roi en sa chambre
des généraux sur le fait des aides », devint lieutenant
général de la Basse-Marche et « garde » de la province,
c'est-à-dire délégué administratif du roi. Un autre enfin,
Pierre Iᵉʳ de Montbas, conseiller du roi et son chambellan,
reprit la charge de chancelier de la province que son père
avait exercée naguère et s'en acquitta de telle manière que
Pierre de Bourbon, comte de la Marche, lui octroya, le
26 avril 1486, une pension de cent livres tournois « en
considération des frais, mises et dépenses qu'il faisait
chaque jour » pour son service.

Pierre de Montbas eut pour successeur, dans ses
fonctions de chancelier, son fils Bernard, lequel s'allia à
la maison de Beaujeu en épousant, en 1479, Marie de
Seully. Des dix enfants issus de cette union, il suffira de
citer Jean, évêque de Lectoure, et surtout Pierre II, chez
lequel s'assemblèrent, le 27 avril 1521, en son hôtel de
Guéret, les États de la Marche pour rédiger les coutumes
de la province. Un fils de Pierre II et d'Isabeau de Lévis-
Châteaumorant, Guillaume, succéda à son oncle Jean sur le
siège épiscopal de Lectoure et fut l'un des députés du clergé
de France au concile de Trente; esprit cultivé et délicat, il
protégea les humanistes, et Marc-Antoine Muret nous a laissé
une agréable épigramme latine composée en son honneur.

Ainsi, jusque vers la fin du xviᵉ siècle, l'auteur des
Mémoires ne compte guère d'hommes d'épée parmi ses
ascendants : chevaliers ès lois ou docteurs en théologie,
ces féodaux ont assisté leur suzerain, le roi de France,
de leurs conseils et de leur expérience, et non de leur
bras; fait assez rare, mais qui prouve que contrairement
aux idées communément admises, la noblesse terrienne

d'il y a cinq siècles n'était pas uniformément vouée au métier des armes. Assurément, les Montbas ne manquent pas, à l'occasion, de se trouver aux « voyages du Roi » contre les Vénitiens ou les Bourguignons ; nous avons vu Jehan Barton faire son entrée dans Bordeaux à la tête des troupes royales. Mais ce n'est pas leur rôle habituel, et même la plupart d'entre eux sont exemptés d'office de leurs obligations de ban et arrière-ban en considération de leurs emplois. Ils forment essentiellement une dynastie de hauts fonctionnaires civils et de dignitaires du clergé. En deux cent cinquante ans, ils donnent au comté de la Marche trois chanceliers, à la Maison royale un panetier et quatre gentilshommes de la Chambre, à l'État des conseillers, des administrateurs et des trésoriers, à l'Église quatre évêques et cinq abbés mitrés. Lorsque, sous le règne de Henri IV, les guerres civiles terminées, la France se trouvera unie et pacifiée, la tâche des légistes est terminée ; désormais ce sera l'expansion au dehors, les guerres, la « magnificence » : le règne des grands soldats commence. Pour trois siècles, les Montbas entrent dans la carrière des armes.

Par contrat du 17 septembre 1583, un petit-fils de Pierre de Montbas et d'Isabeau de Lévis, François, épousa Diane de Bonneval. Mariage utile : Gabriel de Bonneval, père de Diane, était allié à la maison de Navarre par son aïeule Marguerite de Foix, et le futur Henri IV lui donnait du *mon cousin*. Mariage de convenances aussi : lorsqu'en 1510 Guillaume de Montbas, grand-oncle de François, avait été élevé au siège épiscopal de Limoges en remplacement de son frère Jean II, un rival avait surgi en la personne de Foucand de Bonneval, aumônier ordinaire de Louis XII, et le différend n'avait pris fin qu'au bout de quatre années d'entêtement réciproque, par le désistement simultané de l'un et l'autre concurrent. Le mariage de François de Montbas et de

Diane de Bonneval scellait la réconciliation des deux familles. De cette union naquit Pierre IV de Montbas, qui devait, en levant vers 1620 une compagnie de cinquante « mestres », fonder la fortune militaire de sa maison et décider de la vocation de ses descendants. Pourvu de l'une des charges de « Grand-maître enquêteur et général réformateur des Eaux et forêts de France du département de Normandie », Pierre épousa à Poitiers, le 18 juillet 1611, Jacquette Bonnin de Messignac-Monthaumart. Et nous voici à la génération de l'auteur des *Mémoires*.

De 1614 à 1636, Jacquette de Montbas donna le jour à quinze enfants. Six moururent en bas âge. Neuf survécurent, trois filles et six garçons : le « quinzième et dernier de tous » fut Jean-François. Malgré la grande différence d'âge qui le séparait de ses aînés, ceux-ci jouèrent un grand rôle dans la vie de leur cadet, au moins durant sa jeunesse, et se trouvent mêlés à divers épisodes rapportés dans les *Mémoires*. Arrêtons-nous quelques instants en leur compagnie ; aussi bien méritent-ils mieux qu'une brève mention en passant ; le simple récit de leurs destinées très diverses ne sera pas inutile pour comprendre non seulement certains passages des *Mémoires*, mais surtout l'atmosphère, si l'on peut dire, que respira Jean-François de sa naissance à son adolescence. Le souci de ses proches, — alors même que ce souci se manifeste par d'interminables querelles d'intérêts — est l'une des préoccupations dominantes de Montbas. Attaché à sa province natale par tant de souvenirs et de liens, il y revint souvent pour retrouver l'ambiance familiale au milieu de ses sœurs, belles-sœurs, et des nombreux neveux qu'il comptait, les aimant tous à sa manière parce qu'ils représentaient la *maison*. État d'esprit difficile à concevoir, si l'on ne prend la peine de suivre dans leur vie chacun des enfants de Pierre de Montbas.

François, l'aîné, ressemblait à son père : caractère froid
et autoritaire, sévère pour lui-même comme pour les
autres. Inflexible dans le service, il haïssait d'instinct le
désordre; on assure qu'il fut l'un des inspirateurs des
édits de Richelieu contre les duels. Sa bravoure était peu
commune, et sa piété égalait sa bravoure; à Rocroi, devant
la ferme contenance des tercios espagnols, il se remémo-
rera la parole de l'Écriture : *Il faut qu'un seul meure pour
le peuple*, et fera un grand signe de croix avant de charger,
tête baissée, entraînant ses escadrons hésitants. Destiné
dès l'enfance à l'armée, François avait été élevé parmi les
pages de Richelieu : bonne école pour qui voulait apprendre à commander aux hommes. De bonne heure, son père
lui céda sa compagnie de cavalerie, et, dès lors, il fit une
rapide carrière. En 1638, lorsque les premiers régiments
de cavalerie furent constitués à l'aide des compagnies
franches, Richelieu incorpora celle de Montbas dans *Cardinal-Duc* et confia à son capitaine le commandement du
corps. En 1643, *Cardinal-Duc* devenait *Royal*, et Montbas
mestre de camp. Commissaire d'artillerie en 1644, maréchal de camp en 1646, gentilhomme de la Chambre en
1649, il assista, à la tête de cette troupe d'élite, déjà
fameuse, à dix-neuf sièges et cinq batailles rangées : Saint-
Omer, Hesdin, Bordeaux, Arras, Lens où il reçut cinq
blessures, Rocroi où il eut deux chevaux tués sous lui, et
où, au témoignage des contemporains, la charge de *Royal*
décida de la déroute espagnole. Survint la Fronde : Montbas, loyaliste dans l'âme, ne connaissait que son devoir
envers le Roi, qui lui avait confié le gouvernement des
villes de Melun, Lagny, Corbeil et Montereau. Créé lieutenant général des armées en 1652, il fit des prodiges pour
couvrir l'accès de Paris, disputant à l'armée des Princes
les ressources de la Brie et les routes de la capitale. Il faut
lire, dans sa correspondance conservée aux archives de la
Guerre, les épisodes de cette invraisemblable campagne

durant laquelle, avec trois cents hommes représentant les débris de six régiments fidèles, il lui fallut garder tous les passages de la Marne et de la Seine, de Nogent-sur-Marne à Villeneuve-Saint-Georges. Il n'avait que trente hommes à mettre au pont de Charenton. « Point de poudre, point de mèche, beaucoup de terrain à garder, peu de monde, écrira-t-il le 6 juillet 1652. Si le zèle du commandant peut suppléer à tout, indubitablement le service se fera. » Et le service se fit. C'était un caractère, et qui ne craignait pas les responsabilités, dût-il contrevenir aux ordres du Roi : « Agissant de mon mieux pour son service, et étant, Dieu merci, sans intérêt, quand je juge nécessaire de passer outre, je n'en fais pas de scrupule » : paroles de chef, frappées comme une médaille. Montbas se fût sans doute élevé aux plus hauts emplois, si la mort ne l'avait surpris, en 1653, dans la force de l'âge, « dans le temps que le Roi pensoit à le faire maréchal de France », et au milieu de cette ville de Melun dont les habitants, mettant leur confiance en lui seul, refusaient de le laisser partir. « Il mourut, nous dit l'un de ses biographes, illustré par toutes ses vertus, mais surtout par sa charité envers les pauvres; d'abord qu'il arrivait en quartiers, il visitait premièrement les églises, et après les hôpitaux » : bel éloge pour ce rude soldat.

François de Montbas avait épousé Denise de Maillé, fille du marquis de Benehart et petite-nièce par alliance du grand Condé. Dans sa vie si remplie, ce fut la part du roman que son mariage avec celle qu'il appelait tendrement « sa chère Morette »; la première entrevue avait eu lieu en 1636; à la troisième ils se fiancèrent; le mariage fut célébré, entre deux campagnes, en novembre 1638. Bien que, de huit enfants, il ne lui en restât que cinq, Denise de Montbas, — nous avons son témoignage, — fut la plus heureuse des épouses, la plus inconsolable des veuves. On la verra, souvent, au cours des *Mémoires*, en discussion avec son jeune beau-frère : hautaine, forte de ses droits de femme du frère aîné, elle traitait volontiers sa belle-mère avec une désinvolture qui donna lieu à des incidents aussi vifs que pittoresques.

Autant François de Montbas était de mœurs austères et désintéressé, autant son cadet, Jean, dit « M. de Bret », paraît avoir fait bon marché des vains scrupules qui peuvent surgir au cours d'une existence mouvementée. Attentif aux occasions de rétablir ou d'avancer sa fortune, il se souciait peu du reste, c'est-à-dire de son pays et de sa famille. Son seul trait de ressemblance avec ses frères était la bravoure au feu. Major à *Royal* en 1643, mestre de camp des redoutables Croates de Raab en 1646, « sergent de bataille » aux sièges de Dixmude et d'Ypres en 1647 et 1648, il avait exposé sa vie en quatorze rencontres pour le service du Roi lorsqu'il obtint, en 1651, une commission pour lever un régiment de cavalerie à son nom, et, peu après, la dignité de maréchal de camp. Un coup de tête brisa cette carrière qui s'annonçait sous d'heureux auspices. Chargé d'une mission auprès de la Cour de France, Hugo Grotius avait amené avec lui « en ambassade » sa fille Cornélie, née de son union avec Marie de Reigersibergen : Montbas la rencontra, l'épousa bien qu'elle fût protestante, se démit de ses charges à l'armée, vendit son régiment et passa en Hollande. Il sut mettre à profit la haute situation et l'influence de son beau-père pour se refaire une situation militaire, levant deux régiments à ses frais, reconstituant l'armée des Provinces-Unies. En moins de vingt ans, il parvenait aux fonctions enviées de commissaire général de la cavalerie de la République. Mais les armées du Roi envahirent les provinces ; le 21 juin 1672, elles se présentèrent devant le Rhin. Le stathouder, Guillaume d'Orange, ennemi de la faction des frères de Witt, à laquelle appartenait Montbas par les alliances politiques de sa belle-famille, ne trouva rien de mieux, pour satis-

faire sa rancune, que d'opposer à Louis XIV un de ses
sujets : Montbas reçut l'ordre de défendre le gué de Tolhuis.
On ne lui avait donné que peu de troupes, et peu sûres.
Il flaira le piège, entrevit la défaite certaine, le déshonneur d'un tel combat, quelle qu'en fût l'issue : la France
lui serait à jamais fermée. Il passa le commandement à
Wurts, — chanté et maudit par Boileau, — quitta la rive
au premier engagement et s'enfuit d'une traite à Cologne,
d'où il fit demander raison au prince d'Orange et grâce au
maréchal de Luxembourg. Orange répondit par la confis-
cation de ses biens, ordonna son exécution en effigie et
réduisit à la misère la malheureuse Cornélie, qui, abandonnée de tous, n'allait pas tarder à mourir de chagrin.
Quant à Luxembourg, il se dit, à la réflexion, que le con-
cours inattendu qui s'offrait pouvait être précieux. Montbas fut autorisé à revenir en volontaire au milieu de ses
compagnons d'armes, et les aida à passer la Meuse. Mais
sa position était fausse, et il le sentait ; d'ailleurs il était
fatigué de cette existence précaire. A travers tant de vicis-
situdes, il avait conservé la charge de grand-maître des
eaux et forêts de Normandie, dont il avait naguère, au
moyen d'un stratagème digne de Tabarin, extorqué à son
père la survivance au détriment de son frère Jean-François. Il revint se fixer dans son domaine de Corbeil-Cerf,
en Beauvaisis, et, sur le désir formel de madame de Maintenon, offrit son cœur et sa main à une jeune protégée de
la toute-puissante fondatrice de Saint-Cyr : Louise de
Brinon. Bien établi en Cour, et riche de la dot de sa
seconde femme, Montbas, redevenu gentilhomme rural,
termina paisiblement ses jours, en les agrémentant de
maints procès et chicanes, dans les pacifiques emplois de
capitaine des chasses que le duc de Longueville possédait à Méru.

De deux autres frères de Jean-François, Pierre et
Sébastien, nous ne savons que peu de chose. Ils avaient

été, l'un et l'autre, reçus en 1631 dans l'Ordre de Malte,
au grand prieuré d'Aquitaine. Pierre, auquel un duel
retentissant avec un fils du Grand-Maître avait rendu
impossible le séjour à Malte, revint en France et se fit
bravement tuer devant Casal comme capitaine de dragons.
Sébastien, frère mineur à bord des galères de l'Ordre,
faisait en Méditerranée la chasse à l'Infidèle; il périt en
homme d'honneur, au mois de juin 1644, à l'abordage
d'un galion turc. L'histoire de cette génération de soldats
serait incomplète, si l'on n'y mentionnait ceux de leurs
descendants directs qui prirent leur place dans les armées
du Roi : deux fils de François de Montbas et de Denise
de Maillé, René et Pierre, tués la même année, en 1674,
l'un à Senef, l'autre à Arnheim; et aussi leurs neveux,
François Ier et François II de Montbas, mestres de camp du
régiment de Montbas, dont l'aîné perdit la vie à la Marsaille,
en octobre 1693, tandis que le cadet devait succomber,
quatre mois plus tard, aux blessures qu'il y avait reçues.

Des six fils de Montbas et de Jacquette de Messignac,
un seul ne porta point la cuirasse, courtisan bel esprit
dont les circonstances firent un diplomate. François, — il
portait le même prénom que son frère aîné, —était, d'après
un témoignage de son cadet, « l'un des plus accomplis
cavaliers de son temps, tant pour les sciences que pour
les langues qu'il possédait en grand nombre, beau, bien
fait et très aimé des dames ». Par sa courtoisie avisée,
la sûreté de son commerce, ce séduisant personnage, —
dont l'histoire sera écrite quelque jour, — s'était attiré
l'estime de tous. Mazarin l'appréciait, pour avoir eu
recours à lui en mainte occasion; la Reine mère lui témoignait une entière confiance. Quand, lors des négociations
délicates du congrès de Munster, Abel Servien eut besoin
d'un agent auprès des Électeurs de l'Empire, — celui de
Brandebourg, dont il fallait endormir la méfiance, celui
de Cologne, dont les bonnes dispositions étaient chance-

lantes, celui de Bavière, qu'effrayaient les victoires sué-
doises, — c'est sur Montbas qu'il jeta les yeux. Il l'appelait ainsi à collaborer au succès de la grande politique
française, rêvée par Henri IV, réalisée par Mazarin, et
qui, en faisant des princes allemands nos alliés, devait
établir pour un siècle la paix de l'Europe centrale. La
correspondance relative à ces diverses missions, qui
s'échelonnèrent de 1647 à 1650, est conservée aux
Affaires étrangères; elle nous montre avec quelle finesse
Montbas s'en acquitta. Hugues de Lionne et Longueville
s'en servirent aussi fréquemment comme agent de liaison
avec la Cour. Lorsque Mazarin, en 1649, voulut reprendre
au service de la France l'armée que la Landgrave régente
de Hesse-Cassel venait de licencier, c'est encore à
Montbas que fut confiée la négociation de cette affaire.
Elle demandait, pour être menée à bien, de la décision,
du secret et de l'adresse; elle demandait aussi de l'argent.
Or le Trésor était à bout de ressources. La France,
épuisée par treize ans de guerre, refusait l'impôt. Montbas
partit en Hollande, emportant quelques-uns des joyaux
de la Couronne de France pour les engager aux usuriers
d'Amsterdam. Son habileté les conquit; l'appui de son
frère, mari de Cornélie Grotius, fit le reste; en quelques
mois, il obtenait que fût ouvert au Roi un crédit de
600 000 livres, sans laisser derrière lui un seul des
bijoux confiés à son honneur en un moment de détresse.
Ce succès établit sa réputation. Lui aussi, sans doute,
était promis à un brillant avenir. Rentré en France, il vit
la guerre civile, le Roi chassé de Paris, les révoltés aux
portes de la capitale : il s'en fut rejoindre son frère aîné
dans la Brie. C'est lui qui le remplaçait au gouvernement
de Melun, lorsque les nécessités du service obligeaient
le lieutenant-général à battre la campagne. Il succomba à
la tâche : une maladie foudroyante l'emporta, dans l'été
de 1652, âgé à peine de trente ans.

Quant aux sœurs de Jean-François, l'une épousa un officier de cavalerie, Mathieu Guyot d'Asnières, dont elle eut de nombreux enfants, et l'autre un grand propriétaire foncier de la région, Pierre d'Estourneau, baron du Ris; la troisième se fit religieuse. A l'exception de cette dernière, morte au monde, on les retrouvera souvent dans le cours des *Mémoires*, dont maints passages ont trait aux procès éternellement renaissants qu'elles soutinrent contre leur frère et qui les brouillèrent cent fois avec lui. Ce qui ne l'empêcha pas, âgé et à la veille de quitter le service, de combler de bienfaits ses neveux d'Asnières et d'aider madame du Ris de ses conseils et de sa bourse, voire de son épée.

Jean-François de Montbas vint donc au monde « quinzième et dernier » de cette nombreuse lignée, aux jours les plus sombres de l'été de 1636. Corbie tombait aux mains de l'ennemi; les passages de la Somme forcés, la trouée de l'Oise ouverte, les coureurs de Jean de Werth poussaient leurs incursions jusqu'à la forêt de Chantilly. Paris s'émut à leur approche; spontanément, la levée en masse s'organisa. Sur les marches de l'Hôtel de Ville, le vieux maréchal de la Force présidait aux enrôlements et les crocheteurs des Halles venaient lui « taper dans la main », après avoir failli d'ailleurs massacrer Richelieu, considéré dans le peuple comme responsable de l'invasion, des impôts, de la ruine. Rien de semblable dans les provinces du centre. La vie y déroulait son train ordinaire, et, sauf l'inquiétude pour ceux qui étaient à l'armée, nul ne se préoccupait d'une guerre lointaine, guerre entre deux Couronnes rivales, et non guerre nationale. Montbas a vécu, durant les premières années de son existence, la période la plus critique traversée par notre pays au XVIIe siècle, celle où nous avons été vingt fois à deux doigts de la défaite. Nul ne s'en douterait à lire ces pages, où il nous conte paisiblement

son enfance soit à Montbas, soit à Rouen où il accompa-
gnait son père lorsque celui-ci s'y rendait à sa charge,
soit même à Paris où l'on venait parfois reprendre le
bel air, et où Pierre de Montbas descendait d'ordinaire
« rue des Poulies, paroisse de Saint-Germain-l'Auxerrois,
en la maison qui a pour enseigne *le Boisseau* ». De loin
en loin, une bouffée de l'atmosphère des camps arrivait
jusqu'à la vieille demeure ancestrale, lorsque les aînés,
au galop de leurs équipages, y apportaient les échos des
canonnades d'Arras ou de Lens. On les pressait de ques-
tions, on regardait leurs armes, on écoutait avidement
les récits des grandes chevauchées; à l'heure des adieux,
Pierre de Montbas, d'une voix ferme, exhortait ses fils à
servir le Roi en hommes d'honneur, puis ils repartaient,
dans un nuage de poussière, vers de nouveaux combats,
tandis que, silencieusement, le cours de la vie provinciale se refermait derrière eux.

Ainsi se passa l'enfance de Jean-François de Montbas :
enfance solitaire, entre des parents âgés, au fond d'une
province reculée, avec des frères et des sœurs dont il
était de beaucoup le cadet, qui ne faisaient guère atten-
tion à lui, et qui d'ailleurs étaient déjà tous établis. Son
père et sa mère l'entouraient d'une vigilante et austère
affection; ils paraissent avoir aimé avec prédilection leur
Benjamin, comme ils disaient, et il leur a rendu cette
affection, non sans un peu d'ostentation qui nous choque
parfois, tant il met d'application à nous persuader que
lui seul a su leur témoigner une reconnaissance filiale.
Malgré tout, le milieu demeurait sévère et un peu triste.
Pierre de Montbas était l'un de ces gentilshommes de
vieille souche, durs à eux-mêmes, maîtres à leur foyer,
loyaux envers le Roi, craignant Dieu et les attendrisse-
ments; bon homme dans le fond, et dont le cœur se mon-
trait fugitivement lorsque l'émotion trop forte triomphait
de son apparente impassibilité. Sa femme était *sensible*,

comme on dira au siècle suivant ; elle souffrait de toujours devoir trembler pour l'un des siens ; d'ailleurs l'âme haute et fière, une claire notion de l'honneur ; ses conseils à son fils sont d'une force et d'une élévation peu communes. Mais elle aussi refrénait, autant qu'il était en elle, les effusions sentimentales. Jean-François, qui n'appela jamais son père que *Monsieur*, se souviendra encore, à soixante ans passés, des rares occasions où il s'oublia jusqu'à dire : *Ma chère maman*. Du reste, femme d'esprit et de décision ; quand elle vit Jean-François, encore enfant, dépérir d'une passion ridicule pour une de ses suivantes, cette chrétienne sans reproche n'hésita pas à employer un moyen qui nous paraît singulièrement risqué, mais qui réussit. Et quand, malgré prières et larmes, le *Benjamin* voulut rejoindre l'armée, ne pouvant l'empêcher, et saisie, devant cette vocation impérieuse, d'un respect quasi religieux, ce fut elle qui, seule et à l'insu de tous, l'y aida. Elle était d'ailleurs, comme son mari, fidèle à toutes les traditions de son temps, y compris celle des châtiments corporels pour les enfants indociles, et aussi celle, — pas très différente dans son principe, — de la nécessité d'une formation intellectuelle et morale. Ajoutons-y le constant souci de l'exemple : Jean-François n'eut qu'à ouvrir les yeux pour contempler des modèles de dignité et de simplicité ; il apprit de ses parents l'honneur, la discrétion, la probité ; il apprit aussi quelle charge ce serait pour lui, dans l'avenir, d'appartenir à une maison ancienne et respectée, et quels devoirs lui créait la naissance : envers ses proches, envers ses semblables, envers le Roi surtout, « au service duquel toute considération doit absolument céder ».

Pour la culture de l'esprit, il eut des précepteurs, pédants gourmés et sots dont il nous a tracé de sombres portraits. Il fallut pourtant le mettre en pension à Paris, en lui représentant que « l'on ne pouvait être militaire que l'on ne sût bien lire, bien écrire et l'arithmétique » :

il y consentit à grand'peine, craignant que s'il apprenait
trop bien le latin on fît de lui un homme d'Église, et non
un homme d'épée. Plus tard, après avoir reçu le baptême
du feu sous les murs de Bordeaux, ce capitaine de quatorze ans entra à l'Académie, sorte d'école supérieure des
bonnes manières, où l'étude du rudiment alternait avec
celle de la danse ou de l'escrime. Lorsqu'il en sortit, il
possédait une culture générale très suffisante, singulièrement plus étendue, semble-t-il, que celle de beaucoup de
ses contemporains. Ne parlons pas de l'orthographe, dont
le manuscrit des *Mémoires* nous démontre l'inexistence
complète, ignorance trop universellement répandue pour
être répréhensible. Mais Jean-François avait le goût de la
lecture, et de la lecture sérieuse ; ses connaissances en
matière religieuse étaient assez précises, au point de lui
permettre de les approfondir par la suite, ainsi qu'il fit ;
il possédait suffisamment les mathématiques pour savoir, à
l'occasion, tracer des tranchées et guider convenablement
les travaux d'un siège. Enfin il excellait dans les exercices physiques : danse, tir, course, équitation, et sa
science consommée des armes devait en faire, par la suite,
un duelliste impénitent autant que redoutable.

Ce que fut cette éducation en grande partie familiale,
Montbas nous l'a raconté en détail. Ce n'est pas le moindre intérêt de ses *Mémoires* que de nous retracer cet aspect
mal connu de la vie privée d'autrefois. Les Mémoires du
XVIIe siècle, pour la plupart, ne commencent qu'au moment
où le narrateur entre sur la scène du monde. Comment y
a-t-il été préparé, formé, quel est son caractère, dans quel
milieu a-t-il puisé ses sympathies et ses antipathies ? Nous
ne le savons guère. Et nous savons moins encore, sauf
par de rares livres de raison, comment on vivait dans la
noblesse provinciale, loin de la Cour et de la fortune, loin
aussi des intrigues et des disgrâces. Montbas nous
l'apprend. Et il nous montre quel soin on prit de lui,

quinzième, pour le mettre en mesure de paraître dans le monde avec honneur, dans quelque état qu'il pût se trouver. Que cet état dût être celui des armes, impossible d'en douter, tant la vocation fut précoce et irrévocable. Il la portait dans le sang. D'un tempérament querelleur, peu endurant, enclin aux emportements soudains, il se complut, dès son enfance, aux jeux violents, jusqu'à se mêler aux combats de la canaille des rues. Les récits de ses frères enflammaient son enthousiasme : rien ne lui paraissait plus beau que de porter la cuirasse pour le service du Roi et d'avoir sa part dans les rencontres fameuses dont il écoutait, frémissant d'impatience, les épisodes héroïques. Il avait sept ans lorsqu'on reçut, à Montbas, la lettre écrite par François au lendemain de Rocroi, dans l'enivrement de la victoire chèrement achetée : « Nous avons eu un honneur, disait le mestre de camp de *Royal*, que le général et toute l'armée française et tous les prisonniers recognoissent nostre régiment pour avoir gagné la bataille... Nous sommes en telle réputation que, sans le déplaisir du hasard que courent nos capitaines, on ne nous pourroit tenir. » Rejoindre *Royal*, servir sous les ordres de cet aîné qui était « en telle réputation » : Jean-François de Montbas n'eut plus d'autre idée. Elle l'emporta sur son regret de la peine causée à ses parents par un coup de tête du *benjamin*. A treize ans, il s'échappa de Montbas, retrouva le régiment de son frère : il fallut le ramener, non sans peine, et sous bonne escorte. Ce n'était que partie remise. L'année suivante, grâce à la complicité maternelle, il quitta le toit familial pour n'y plus revenir qu'avec le baptême du feu. Il avait quatorze ans : ce n'est que quarante-quatre ans plus tard qu'il devait déposer le harnois.

Sa carrière fut honorable, d'autant que le mérite y eut plus de part que la faveur. Lieutenant à « Royal » en 1649, capitaine en 1650 dans le même corps, après une première blessure reçue sous les murs de Bordeaux,

Montbas passa ensuite avec sa compagnie à « Commissaire-général » et à « Joyeuse ». Il resta longtemps dans ce grade subalterne, étant peu endurant et vivant en médiocre intelligence avec ses chefs directs. Il lui fallut vingt-deux ans de services, de blessures et de patience pour être nommé major dans « Locmaria », en 1672; en 1673, après la désastreuse retraite de Trèves, où il avait été grièvement blessé, il reçut enfin du Roi le don d'un régiment : « Vaubrun », privé de son mestre de camp, devenait « Montbas » et resta vingt ans sous son commandement. Brigadier de cavalerie légère en 1688, brigadier des armées en 1690, gentilhomme de la maison du Roi, commandeur de Saint-Lazare, Jean-François, en se retirant du service, put regarder avec satisfaction le chemin parcouru par un cadet sans fortune, sans appuis, sans avenir assuré. C'est de Turenne qu'il avait appris la persévérance dans l'effort : « Il n'y a qu'à vouloir », disait souvent le maréchal. Montbas voulut rester fidèle aux enseignements paternels : « Servir le Roi... à qui tout appartient : ta vie et tes biens. » C'est à la pointe de son épée qu'il conquit ses grades, et non, comme il en voyait avec amertume tant d'exemples autour de lui, dans les antichambres de Versailles. Il risqua vingt fois sa vie, des champs de bataille de Flandre à ceux du Roussillon, de Casal à Luxembourg, sans oublier cette meurtrière et inutile expédition de Sicile, d'où il ramena les restes de son régiment décimé par les combats, la maladie, la désorganisation de l'intendance. Si, à ce métier, il fit fortune, acquérant à la fois les honneurs et les profits, reconnaissons qu'il l'avait bien gagné, après avoir attendu près d'un quart de siècle son premier avancement.

Sa bonne étoile voulut qu'il se trouvât à point nommé sur le chemin de Turenne, et que celui-ci vît à l'œuvre le jeune chef de « partisans » qu'il ne connaissait que de réputation. Leur première rencontre n'avait pourtant été

rien moins que cordiale. Quand il fallut, à la mort de
François de Montbas, nommer un nouveau mestre de
camp à *Royal*, le choix du Roi tomba sur un officier de
grand mérite, mais qui était étranger au corps ; et le corps,
— la *république*, comme Montbas l'appelle quelque part,
— refusa de reconnaître son chef. Une délégation d'officiers s'en fut protester auprès de Turenne. Montbas était
du nombre, et l'un des plus ardents. Le maréchal remit
vertement les plaignants à leur place ; il traita Montbas en
enfant sans conséquence, le menaçant de la colère paternelle, et l'engageant un peu dédaigneusement à se retirer
de ces intrigues. Les hasards de la campagne suivante
firent passer l' « enfant » sous les ordres de Turenne, qui
était naturellement simple dans ses manières et accueillant
pour ses officiers. De la confiance mutuelle naquit l'estime,
et de l'estime une amitié que la mort seule rompit.
Turenne aida souvent Montbas de ses conseils, et, plus
d'une fois, le tira par son intervention en haut lieu d'un
mauvais pas. Montbas lui voua, en retour, une gratitude
qui se mesure à cette simple remarque : le maréchal était,
avec son père, le seul homme au monde dont il acceptât
les décisions sans murmurer. Après avoir, durant quarante-quatre ans, fait campagne sous la plupart des généraux de Louis XIV, — Noailles, Harcourt, Vivonne,
Navailles, Palluau, Schomberg et combien d'autres ! —
Montbas considérera toujours Turenne comme « surpassant
en capacité tous les généraux de son temps ». — « Si vous
devenez officiers généraux, écrit-il à ses neveux, et que
vous ayez besoin d'un parfait modèle, ah ! instruisez-vous
et voyez la manière dont M. de Turenne agissait. C'était
un si puissant génie, que qui pourrait l'atteindre serait
parfait. » « C'est un modèle si parfait, dit-il encore plus
loin, que si vous y pouviez parvenir, vous seriez d'une
grande utilité au Roi, et votre gloire serait éternelle. » Il
faudrait citer en entier cet émouvant éloge, où Montbas

retrace les qualités de cœur et d'esprit du maréchal, sa
bienveillance, sa franchise, sa vigilance que nul ne prit
jamais en défaut, non plus que sa perspicacité : qualités de
chef, dont Monthas nous donne un nouveau témoignage à
ajouter à ceux que l'histoire a déjà enregistrés.

Violent de caractère, ombrageux, chatouilleux à l'excès
sur le point d'honneur, mais facile à ramener ; tenace
jusqu'à l'entêtement, entêté en diable, mais sachant n'être
ni absurde, ni odieux ; inaccessible à l'ingratitude, sensible
aux rancunes de ses proches, fidèle à ses amitiés, persé-
vérant dans ses inimitiés ; à tout prendre, un sentimental,
mais dans un corps robuste au service d'une volonté très
décidée : tel nous apparaît Jean-François de Monthas
durant ces quarante-quatre années de vie militaire qui
furent la grande occupation de son existence. Tel il restera
jusqu'à la mort. Sa bravoure est extrême, mais, comme
les vrais braves, il avoue qu'à la première décharge de
mousqueterie qu'il entendit, il eût préféré se trouver
ailleurs. Il pratique assidûment sa religion, hormis le
pardon des injures : tout gentilhomme d'humeur chagrine
le trouve toujours disposé à aller sur le pré, et s'il ne
propose pas le même procédé à sa belle-sœur Denise,
c'est par égard pour sa mère. Il chérit ses frères qu'il
voit sincèrement parés de mille vertus, mais les accusera
des pires bassesses et n'admettra jamais que l'un d'eux ait
entouré leurs parents de plus d'affection qu'il ne l'a fait
lui-même. Deux mots le résument : mauvaise tête et bon
cœur. Que de disputes, de litiges, de procès, de récrimi-
nations, que de péripéties et d'agitations, dans cette vie
« dédiée au service du Roi », et dont nous retrouvons,
entre les pages des *Mémoires*, un écho à peine assourdi !
Tantôt c'est le cadavre de son père qu'il escamote, si l'on
peut dire, à l'insu des autorités ecclésiastiques ; tantôt il
se brouille avec son frère Jean, le Hollandais, huit jours
après lui avoir prêté de grosses sommes d'argent. Il

pourfend d'un coup d'épée un laquais de sa belle-sœur,
coupable d'une grossièreté vis-à-vis de sa mère. Il provoque en duel son colonel, puis, la provocation n'ayant
pas réussi, trempe dans un complot ayant pour but d'assas-
siner ledit colonel « à la tête des troupes », après quoi,
dompté par Turenne, il ira « offrir son amitié » au même
personnage, et s'étonnera que l'autre ne l'en remercie pas
avec effusion. C'est cette vie mouvementée, agitée de
passions diverses, que nous racontent les *Mémoires*, sans
rien cacher des torts, ni parfois, des remords rétrospectifs
de l'auteur.

D'où vient que ce dernier nous soit, à tout prendre,
assez sympathique? D'abord de ce que nous le sentons
près de nous, par ce mélange bien humain de qualités et
de défauts : il ne nous écrase point, comme tant d'autres,
en posant pour la postérité dans la noble attitude d'une
statue de Coysevox; — et aussi parce qu'il reconnaît ses
défauts avec franchise : on les lui pardonne parce qu'il
s'en absout lui-même et qu'il tient à ce que le lecteur en
fasse autant. Il a été joueur, follement joueur, à risquer
des fortunes que d'ailleurs il n'avait pas, ce qui est grave.
Et surtout, il n'a jamais pu dominer la fougueuse galan-
terie d'un tempérament qui s'annonçait, dès l'âge le plus
tendre, comme particulièrement vif. Les femmes ont tenu
une grande place dans la vie de Jean-François de Montbas,
toutes les femmes, surtout celles qu'un soldat trouve sur
son chemin, au hasard des villes prises ou des quartiers
d'hiver. Ni à Paris, ni aux armées, il ne se montre difficile
sur le choix de ses conquêtes. Mais il établit une distinction assez nette, — et rare pour l'époque, — entre les
femmes que l'on doit respecter, femmes de qualité, jeunes
filles, et les autres, celles qui ne se soucient guère de
l'être. C'est que, dans les « dérèglements » dont il
s'accuse avec une componction où, sous le repentir du
chrétien, perce encore la secrète complaisance de l'homme

du siècle, — le libertinage de l'esprit ou du cœur n'a que faire : il ne s'agit que d'un « maudit entraînement ». Malgré ce caractère rudimentaire, certaines aventures faillirent mal tourner. Elles donnèrent à réfléchir à Montbas. Considérant, comme il le dit lui-même, la grandeur de son péché et la miséricorde divine, il résolut de mettre fin à une existence de « scandales », et de quitter les plaisirs coupables en même temps que la gloire des combats.

En 1693, une douloureuse infirmité, qui lui interdisait de monter à cheval, contraignit enfin Montbas à abandonner définitivement le métier des armes. Ce ne fut ni sans regrets, — car il eût voulu monter plus haut, — ni sans appréhension, la petite fortune amassée au cours de ses campagnes ayant fondu de diverses manières, et sa « retraite » étant assez mince. Créé chevalier de Saint-Lazare lors de la fondation de l'ordre, en 1681, Montbas avait été pourvu, la même année, de la commanderie de Tournai dans le prieuré de Flandre. Il la géra de telle manière qu'elle lui rapporta bientôt le triple de ce qu'avait prévu la munificence royale : il eut alors la loyauté, — d'aucuns dirent : la naïveté, — d'aller raconter la chose à Louvois, lui offrant de restituer au Roi tout ce qui dépassait le chiffre fixé. Louvois, surpris, le remercia et récusa la proposition, n'y étant guère accoutumé. A la réflexion, il crut devoir en rendre compte à Louis XIV, lequel à son tour, se prit à songer au tort qu'il se donnait devant Dieu en distrayant des biens d'Église d'aussi riches patrimoines. Le résultat en fut qu'au bout de peu de temps, le Roi, « par scrupule de conscience », raconte Montbas avec une mélancolique simplicité, ôta leurs commanderies aux dignitaires de Saint-Lazare pour les remplacer par des pensions de quinze cents livres sur l'ordre de Saint-Louis. C'était une brèche sérieuse dans les

revenus de Montbas, d'autant que son « inclination » le
portait à s'occuper de ses proches, particulièrement de
ses neveux, auxquels il venait libéralement en aide de
toutes manières et en toute occasion. Il tira l'un de la
misère et de l'abandon, procura à un autre une carrière
honorable dans les armées, fit don à un troisième de son
régiment, ce régiment si longtemps convoité et dont il
était fier, après en avoir refusé une grosse somme à un
postulant étranger à la famille. Il n'était dépense qu'il ne
fît ou privation qu'il ne s'imposât pour faciliter à ces héritiers aux dents longues leur établissement dans le monde.
La seule récompense qu'il en eut jamais fut une ingratitude quasi royale, ce qui lui permit, dans ses *Mémoires*,
d'opposer à leur cupidité brutale son propre désintéres-
sement. Ils nous apparaissent odieux, et lui généreux :
satisfaction d'amour-propre qui n'est pas à dédaigner,
lors même qu'on la paie de quelques mécomptes. Il
jugeait cependant n'avoir point fait assez. Lorsque, retiré
du service, il revint à Montbas, et qu'il se retrouva seul,
triste et fatigué, dans le vieux logis où tous les siens
avaient vécu, où il avait passé son enfance, il songea à
mettre une de ses nièces à l'abri du besoin, en la conviant
à partager son existence et à entourer sa vieillesse d'une
affection, ou d'un semblant d'affection, dont elle n'aurait
sans doute pas à attendre longtemps le profit.

Ce n'était point la première fois qu'il était question
de mariage. A la veille de refaire sa vie avec mademoiselle de Brinon, Jean de Montbas s'était souvenu qu'il
avait, de son premier mariage, une fille qu'il avait quelque
peu négligée ; il offrit à Jean-François de l'épouser,
malgré la différence d'âge, et bien qu'elle fût, comme sa
mère, calviniste. On pense si la proposition eut du succès.
Plus tard, à Verdun, un jésuite expert aux controverses,
et dont Montbas, en quartiers d'hiver avec son régiment,
était devenu le disciple et l'ami, conçut l'idée singulière

de le mettre en relations matrimoniales avec une ancienne
marchande de poisson, veuve d'un négociant en draps; il
trouvait tout naturel que cette femme, possédant une
grosse fortune, aidât Montbas à mener une large existence dans quelque lointaine province où nul ne s'aviserait de rechercher l'origine des écus. Le Père Dez, excel-
lent théologien, fut, en l'occurrence, un piètre psychologue,
et son imagination fertile en fut pour ses frais. Au sur-
plus, Montbas, du sein des plaisirs coupables, commençait
d' « avoir une pensée » pour une de ses nièces. Il la
demanda, et son père la refusa. L'expérience s'avérait
malaisée, devant réunir les avantages de la naissance, les
agréments de l'âge et les satisfactions d'une bonne action.

Montbas ne se tint point pour battu. A force d'ins-
tances, il obtint de son neveu d'Asnières la main de l'une
de ses filles. Les sentiments personnels de cette nouvelle
Iphigénie eurent sans doute peu de part à la conclusion
de l'hyménée; aussi le succès en fut-il médiocre, à la
grande joie des autres héritiers qui regardaient, con-
sternés, l'expérience tentée par un oncle sexagénaire.
Louise d'Asnières, au témoignage de son mari, « était
fidèle de son corps, mais fort peu de tout le reste » :
entendons qu'elle se montra cupide et intéressée. Au bout
de peu de temps, elle mourut. On trouva dans ses papiers
de faux billets grâce auxquels ses frères eussent pu ruiner
leur grand-oncle devant la justice, sans préjudice de toutes
les dispositions qu'elle-même avait prises pour capter un
héritage qu'elle escomptait prochain. Il y avait vraiment
de quoi décourager à jamais un honnête homme de vouloir
faire le bien autour de soi.

Cependant la vieillesse et les infirmités devenaient
chaque jour plus à charge à l'ancien brigadier des armées
du Roi; il s'attristait de la solitude où il se voyait confiné.
Son unique distraction était de venir en aide aux ingrats
neveux et nièces qui ne s'intéressaient à lui, d'ordinaire,

que pour mesurer les progrès de l'âge. On lui signala un jour une de ces nièces, particulièrement digne d'intérêt, Catherine d'Oyron de Chérignac. Il essaya, sans succès, de lui faire obtenir une prébende au chapitre noble de Maubeuge. Sur ces entrefaites, et alors que la jeune fille attendait patiemment, chez lui, l'issue des négociations, Montbas tomba si dangereusement malade, qu'on le crut bientôt à toute extrémité. De ce coup, mademoiselle de Chérignac ne pouvait plus partir. Elle demeura auprès de lui, le soigna avec un dévouement sans bornes, émue de compassion devant ce moribond qu'elle connaissait à peine, qui lui avait voulu du bien, et dont, après une vie batailleuse, l'agonie était guettée avec impatience par tant d'héritiers avides, qui n'entraient dans la chambre que pour s'assurer de la fin prochaine et sortaient en toisant d'un regard furieux la jeune fille veillant au chevet. Contre toute attente, Montbas guérit. A travers ses paupières mi-closes, il avait vu la sollicitude inquiète dont il était entouré. Lorsque, son rôle terminé, la garde-malade voulut repartir, il la retint, et, n'ayant pu en faire une chanoinesse, lui offrit de devenir sa femme. Après une faible résistance, elle accepta. Ce fut au tour des héritiers d'être malades, mais de male rage, d'autant que, cette fois, le bonheur du jeune couple fut sans nuages, bonheur que la naissance d'un fils acheva bientôt de rendre parfait.

Désormais apaisé, satisfait, entouré des soins d'une femme dont il avait « tout sujet de se louer », Montbas songea à employer utilement les années qui lui restaient à vivre. Seul survivant de sa génération, il devait aux siens de continuer à donner l'exemple et à bien servir, ne fût-ce que de la plume. Il se résolut donc à écrire « pour Dieu, pour le Roi et pour la famille », voulant léguer à ses descendants les témoignages d'une longue expérience et les fruits de ses méditations.

Les *Réflexions sur la Religion*, qui ouvrent cette série

d'écrits, sont une œuvre singulière, d'une lecture malaisée, composée de différents fragments sans lien entre eux. On y trouve des considérations générales sur la divinité du Christ, l'interprétation des Écritures, la création de l'homme et sa destinée, des prières appropriées aux grandes fêtes de l'année, des aspirations enfin, d'un accent sincère, vers une vie intérieure plus parfaite. Le passage le plus curieux est une controverse en règle avec les docteurs de la « religion prétendue réformée ». On se souvient que Montbas, pressé d'épouser la fille de son frère Jean et de Cornélie Grotius, avait décliné l'offre ; mais la jeune fille, intelligente, cultivée, demeura en correspondance avec cet oncle original qui avait failli devenir son mari et qui prit à tâche de la convertir à l'aide d'arguments appropriés. Le plus curieux, c'est qu'il y parvint : ce qui dénote évidemment des connaissances théologiques plus approfondies qu'il n'était d'usage chez un homme de guerre. Montbas faisait de fréquents retours sur lui-même, étant enclin à voir dans les traverses de cette vie le châtiment réservé dès ici-bas à ses péchés par la Providence. De là naquirent ces *Réflexions*, sorte de cahier spirituel où il nota, sans ordre, mais avec une évidente sincérité, ses raisons de croire et ses motifs d'espérer.

Le *Mémoire sur la guerre de campagne pour la Cavalerie*, — le second des travaux de Montbas, celui qui fut écrit « pour le Roi », — est autrement important et présente pour l'histoire militaire un réel intérêt. Non que le sujet en soit original : maints officiers du Grand Roi, — à commencer par le fameux Alain Manesson-Mallet, instructeur des Pages — nous ont laissé des réflexions sur le métier des armes et sur les procédés tactiques en usage de leur temps. Mais nous croyons pouvoir dire, en toute impartialité, que le *Mémoire* de Montbas compte parmi les plus originaux et les plus vivants. Il n'a pas été composé en vue d'une publication ; il se contente de résumer fidèlement, au courant des souvenirs et de la plume, l'expérience de quarante-quatre années de campagnes, de fatigues et de dangers. Et pour cela, il définit les devoirs du cavalier, depuis le simple « maître » jusqu'à l'officier général, décrivant les emplois particuliers de chaque grade en homme qui a dû gravir lui-même tous les échelons de la hiérarchie, et qui n'a pas, — il s'en faut, — trouvé dans son berceau un brevet de mestre de camp, ainsi qu'il arrivera trop souvent au XVIII° siècle. C'est dans ce *Mémoire* que se trouve le portrait de Turenne dont il a été parlé plus haut : Montbas propose le maréchal-général en exemple à tout soldat digne de ce nom. Et n'est-on point doublement soldat quand on a l'honneur de servir Sa Majesté en qualité de cavalier, c'est-à-dire quand on est « de cœur et d'honneur »? Pour Montbas, comme pour ceux de sa génération qui ont connu les derniers vestiges d'une armée quasi féodale, tout cavalier est gentilhomme, et il le dépeint comme tel, exigeant de lui des qualités rares : « Les vices les plus dangereux pour l'homme de guerre sont le jurement, l'ivrognerie, la paresse, dont il faut absolument qu'il se défasse s'il veut réussir. Il ne faut pas que le cavalier, aussi bien que l'officier, se contente simplement de faire sa guerre, sa garde et autres commandements : *il faut qu'il s'évertue à quelque chose de plus*... Et je ne fais pas mention que la principale partie d'un homme de guerre est d'avoir du cœur et de l'honneur : le cœur nous est commun avec les bêtes féroces, mais l'honneur est suivi de cette bravoure que les honnêtes gens possèdent : *ils ambitionnent la victoire et ils la remportent.* » Qui ne voit là un écho du : « *Il n'y a qu'à vouloir* », de Turenne? Et notons qu'il ne s'agit que du simple soldat : mais dans l'arme de la cavalerie, encore qu'il y ait parfois quelque racaille, Montbas ne considère pas que la différence soit grande entre ses hommes et lui; plus d'une fois, il lui arrivera de croiser le fer avec un cavalier, et chacun sait qu'on ne saurait s'aligner sur le pré qu'avec des égaux.

Nous arrivons enfin au troisième écrit de Montbas, le plus important, celui qui occupe la majeure partie du gros cahier in-folio « commencé le 24 juillet 1705 » : les *Mémoires* proprement dits, destinés à montrer à ses neveux ce qu'on pouvait faire à force de persévérance et de ténacité, malgré les défauts inhérents à toute nature humaine, malgré la fortune modeste et la mort prématurée des aînés. Après cette grande œuvre, qu'il craignait de ne pouvoir mener à bien, Montbas pouvait mourir, l'esprit apaisé. Il avait fini par se fixer définitivement au manoir de Corbeil-Cerf, hérité de son frère. C'est là qu'il fit en 1709 son testament solennel, « sain d'esprit, mémoire et entendement », bien qu'entièrement paralysé, tendrement soigné par sa jeune femme qui continuait auprès de lui son rôle d'autrefois.

Il vécut encore longtemps. Bien que nous n'ayons pu retrouver la date exacte de sa mort, il semble qu'on puisse la fixer vers 1727, ou tout au moins aux environs de 1725 : la douceur d'un aimable foyer lui fit une vieillesse paisible, et c'est nonagénaire qu'il s'éteignit au milieu des siens.

Ce n'est pas ici le lieu de commenter les *Mémoires* : le lecteur les jugera lui-même. Essayons cependant de les caractériser au moins sommairement et de marquer les points principaux sur lesquels ils nous apportent d'utiles indications.

Leur grand mérite est de n'avoir pas été écrits pour les siècles futurs. L'histoire qu'ils nous retracent avec une si franche simplicité, dédaigneuse du beau style, insoucieuse des redites, n'a en soi rien d'extraordinaire. C'est celle de beaucoup de familles françaises d'autrefois, de ces familles provinciales auxquelles ne saurait s'adresser le reproche d'avoir préparé et justifié la Révolution. Chacun y fait son

métier dans la condition particulière où le sort l'a placé.
Les générations se succèdent sans bruit, sans grands
éclats, se relayant à la même tâche qui est de « bien servir », attentives surtout à garder intact l'honneur du nom
et la dignité des alliances. C'est par là précisément que les
Mémoires de Montbas présentent tant d'intérêt. Un Gour-
ville, un La Rochefoucauld, un Retz, un Montrésor, pour
ne citer que ceux-là, ont brassé de larges fresques histo-
riques où les intrigues des grands, les négociations des
couronnes, les batailles fameuses tiennent la plus grande
place : l'auteur et son milieu ne se laissent voir qu'à
travers les événements. Montbas n'éprouve aucun scrupule à parler de lui, des siens, à se mettre au premier
plan, et c'est à travers lui que nous voyons passer le
Grand Siècle. Outre qu'il se sent inégal aux vastes tableaux
d'histoire, il estime que le récit des menus incidents de sa
vie sera pour ses neveux une meilleure leçon. Ce qu'il
nous a ainsi laissé, c'est, à tout prendre, le livre de raison
d'un officier de Louis XIV, avec de pittoresques aperçus
sur la vie privée, sociale, militaire, au XVII⁰ siècle[1].

De tels documents humains sont rares. Il faut le regretter. Ils soulèvent un coin de voile qui nous cache encore
tant d'aspects de cette France d'autrefois, sur laquelle tout
n'a pas été dit, et dont nous ne connaissons trop souvent
que certaines apparences. Derrière la noble ordonnance
des façades et des parterres, derrière les toiles où Van der
Meulen peignait pour la postérité des sièges et des combats
nets et propres, où les bombes explosent avec grâce dans
un ciel clair, il y a eu, comme à tous les âges de notre histoire, des réalités plus prosaïques. Ce sont elles que nous
trouvons dans les *Mémoires* : la rudesse des mœurs y voi-

----

1. Les *Mémoires* de Pontis sont les seuls actuellement connus qui
présentent certaines analogies avec ceux de Montbas, tant pour le
caractère du récit que pour la période embrassée. Mais ils étaient
destinés à la publication.

sine avec la noblesse des sentiments, l'avidité avec la
générosité, le singulier mélange d'un dévouement sans
bornes envers le Roi avec une incurable indiscipline à son
service, une haute conception de l'honneur des armes et
en même temps une utilisation toute pratique de la guerre
et de ses profits ; les familles sont étroitement unies, mais
la procédure les divise et la chicane éternise ces divisions ;
jusque chez ceux-là mêmes qui traditionnellement craignent
Dieu et servent le Roi, il est impossible, malgré menaces
et châtiments exemplaires, d'abolir le goût furieux des
duels. Combien d'antinomies de ce genre ne relève-t-on
pas dans les *Mémoires*, sans même que l'auteur semble
s'en apercevoir? C'est qu'il a vécu durant une période
de transition : l'adaptation des classes privilégiées de la
France à la monarchie centralisée. Quand on songe que,
moins de quarante ans avant cette paix de Nimègue qui a
bien marqué l'apogée de son règne, Louis XIV enfant
s'enfuyait de Paris devant l'émeute ; — quand on songe qu'à
cette même époque, la France soutenait avec peine une
guerre ruineuse pour défendre son existence menacée, et
que l'on mesure, au long du récit de Montbas, le chemin
parcouru entre 1650 et 1679, on comprend mieux la tâche
qui incombait au Roi ; et l'on demeure confondu qu'il ait
pu l'accomplir.

Dans l'histoire de l'ancien Régime, la Fronde marque
plus qu'une étape : la disparition définitive d'un état
social, l'État moderne se substituant à l'agrégat féodal.
Montbas est un homme d'avant la Fronde : il a fait ses
premières armes durant la guerre civile; il a entendu,
autour de son enfance, les récits et les regrets des temps
passés. Cela se sent à la manière dont il juge ses contemporains. Rien ne lui paraît plus méprisable qu'un officier
qui parvient aux honneurs par les bonnes grâces du Roi.
C'est le commencement de la scission entre noblesse de
cour et noblesse de province; celle-ci peine et se ruine à

la vie des champs, sans parvenir à supplanter dans les faveurs du monarque sa rivale, dont le seul titre est l'assiduité aux levers. Fidèle aux leçons paternelles, Montbas accepte le service du Roi comme partie intégrante du patrimoine familial, et son loyalisme n'est pas douteux. On sent néanmoins passer parfois sous sa plume comme une secrète amertume de voir combien le Roi a changé. Est-ce bien le même qu'il a vu naguère au siège de Bordeaux, — cet enfant du même âge que lui, enjoué, rieur, simple, — et qui, maintenant, impassible à l'énumération des campagnes et des blessures, répond distraitement par un éternel: « *Je verrai* » aux demandes de l'un de ses vieux officiers généraux? Du moins peut-on encore approcher le Roi sans trop d'obstacles. Il reçoit tout un chacun, laisse les solliciteurs se promener à cheval à ses côtés, et s'il ne donne pas toujours satisfaction, il éconduit rarement. Ce n'est pas comme les Ministres, engeance quasi inconnue en 1636, alors qu'un petit homme de mine chétive et d'allure monacale, et qui s'appelait Sublet de Noyers, avait la charge du secrétariat d'État de la Guerre. Trente ans plus tard, on donne du *Monseigneur* au propre successeur de Sublet de Noyers, à ce Michel Le Tellier auprès duquel Turenne ne rougit pas de faire lui-même des démarches en faveur de ses protégés. Quelle révolution en moins d'une génération! Les intendants deviennent les maîtres, la discipline resserre la hiérarchie naissante, les « commis » parlent haut et ferme. Dans ce désarroi, Montbas se perd, renonce à comprendre et à réclamer. Si du moins son frère François était encore de ce monde pour l'aider à faire son chemin! Cette idée de la primauté de l'aîné est encore dans toute sa force. Montbas, parvenu au grade de mestre de camp, regrettera à plusieurs reprises que le lieutenant-général soit mort trop tôt et n'ait pu lui être utile; lui qui ne redoute pas grand'chose, il se juge incapable d'avancer seul et se résigne, faute d'appui, à n'atteindre jamais les plus hauts échelons de la « généralité ».

Au moins autant que sur l'histoire sociale, on trouve à glaner, dans les *Mémoires*, de précieuses indications sur l'histoire militaire de cette époque. Malgré les travaux récemment publiés à ce sujet, nous concevons imparfaitement les efforts presque surhumains déployés par Sublet de Noyers d'abord, puis par Michel Le Tellier et enfin par Louvois, pour transformer un troupeau confus de compagnies mal armées, mal payées, médiocrement encadrées, sans instruction sérieuse, en une armée régulière à la solde du Roi, commandée par des officiers nommés par lui, tantôt au choix, tantôt à l'ancienneté, pourvue de tous les services techniques et auxiliaires, obéissant enfin à la ferme direction d'un ministre civil et d'origine roturière. En moins de quarante ans, la transformation est complète. C'est en 1638 que Richelieu, pour briser la féodalité militaire, reprend, avec succès cette fois, le projet avorté en 1635, crée les trente-six premiers régiments de cavalerie et soumet les capitaines aux ordres d'un mestre de camp. Trente-quatre ans plus tard, en 1672, Louvois osera « mettre à pied », d'un coup, trois maréchaux de France, pour avoir témoigné de la répugnance à servir sous Turenne. Entre ces deux dates, l'armée royale s'est fondée, organisée, affermie; et nous suivons dans les *Mémoires* les étapes de cette réforme. Quand, après le siège de Trèves, le Roi donna à Montbas le régiment de *Vaubrun*, il eût fait beau voir que ce régiment le reçût, lui, étranger au corps, comme lui-même et ses camarades avaient reçu, en 1653, le nouveau mestre de camp de *Royal!* S'il est un fait dont on doive s'étonner, c'est la rapidité avec laquelle on sut imposer le nouvel ordre de choses à des officiers comme lui, et ils étaient nombreux. Les mœurs sont rudes et violentes chez la troupe : elles sont violentes et hautaines à tous les échelons du commandement. Montbas provoque en duel, séance tenante, un simple cavalier qui a eu le malheur de comparer son frère François à un « ministre »; le lendemain, il ira provoquer de la même manière son chef, le marquis de Montpezat : nulle différence. La hiérarchie l'étonne, et il a peine à la comprendre, lui, l'homme d'avant la Fronde, amoureux des grands coups d'épée, des randonnées aventureuses à la manière des reîtres de l'ancien temps, du temps où il n'y avait pas de ces régiments correctement alignés qui doivent attendre, pour marcher au feu, l'ordre d'un lointain état-major. A un caractère de cette trempe, l'établissement de la discipline semble une atteinte à sa dignité. En dehors du Roi, à qui tout appartient en principe, pourquoi investir d'une autorité permanente des officiers qui sont ses égaux à lui, Montbas, aussi bien pour le rang que pour la naissance? Ici encore, comme lorsqu'il compare le Roi-Soleil de 1675 avec le Roi-enfant de 1650, l'auteur des *Mémoires* laisse percer une secrète amertume. Aussi cherche-t-il à servir surtout dans les *partis*, c'est-à-dire en éclaireur, pour des missions de sûreté ou de reconnaissance : il s'y sentira plus d'initiative, les coudées plus franches, loin du rang, loin des vexations qu'il faudrait quotidiennement subir de la part du chef de corps.

A la longue, Montbas comprendra l'esprit de l'armée nouvelle : il ne s'y fera jamais entièrement. Ses neveux, pour qui il écrivait, durent, entre eux, le trouver terriblement « vieux jeu ». Son témoignage n'en est que plus précieux. En dehors des rares ouvrages spéciaux, nous possédions peu de renseignements de première main sur l'évolution parallèle de l'organisation sociale et de l'organisation militaire durant le règne de Louis XIV, et encore moins sur l'accueil que la noblesse fit à la volonté du maître. Les *Mémoires* de Montbas aident à combler cette lacune.

Encore une fois, que l'on ne s'attende à trouver dans

ces pages ni récits épiques, ni affaires d'État. Un cadet
de province, qui a vécu le Grand Siècle entre son régiment et sa famille, nous raconte sa vie en semant de
réflexions personnelles le simple récit de ses combats, de
ses procès, de ses espoirs et de ses déceptions. Un mot,
un détail, illuminent parfois l'histoire profonde d'une
classe et d'une époque. Montbas est l'un des derniers
représentants du temps où les gentilshommes de France
n'étaient pas tous, qu'on nous passe l'expression, coulés
dans le même moule, comme ils le seront désormais,
enserrés dans les cadres rigides d'une hiérarchie sociale,
soumis aux mêmes influences intellectuelles, dévorés
d'une même ambition qui est de briller à Versailles, en
un mot se séparant de plus en plus du reste de la nation
en même temps que de leurs traditions essentielles.
Durant le demi-siècle qu'il a passé au service du Roi,
Jean-François de Montbas, brigadier des armées, a vécu
et raconté ce chapitre de notre histoire, et nous aide
à le comprendre. Il nous montre comment la rudesse
des mœurs peut s'allier aux plus hautes conceptions de
l'honneur, la violence du caractère avec la plus délicate
fidélité aux amitiés, le regret du passé avec un loyalisme
absolu. En fermant les *Mémoires*, on a l'impression de
quitter un entretien qui serait un peu une confession, et
un peu aussi une leçon.

H. M.

AU SERVICE DU ROI

CHAPITRE PREMIER

ENFANCE ET ÉDUCATION
DE JEAN-FRANÇOIS DE MONTBAS

Je suis né le vingt-huitième jour du mois d'août, l'an mil six cent trente-six, le quinzième enfant et le dernier de tous, ma mère ayant plus de cinquante ans quand elle accoucha de moi, et mon père ayant quelques années de plus qu'elle n'avait.

Comme ces bonnes gens étaient fort vieux, ils avaient des tendresses toutes particulières pour moi et m'élevèrent avec tous les soins possibles. Dans mon baptème, étant le dernier de tous, on fit deux de mes frères mes parrains, savoir l'aîné pour lors qui s'appelait François Barton[1], et celui dont est ci-devant parlé, qui était en Hollande, ayant épousé la fille du grand Hugo Grotius, célèbre auteur, lequel frère se nommait Jean Barton[2]; de sorte qu'à

1. François Barton, vicomte de Monthas, seigneur de Monthaumart, Le Daffan, Luhignac et autres lieux, gentilhomme de la Chambre du Roi et lieutenant général des armées, né en 1614, mort à Melun en 1653.

2. Jean Barton, comte de Montbas, seigneur de Bret, mestre de camp

mon baptême on me donna les deux noms : Jean-François.

Quand j'eus atteint l'âge de cinq ou six à sept ans j'étais fort coureur, d'une vivacité extraordinaire, bon enfant et fort crédule; mais dans cet âge où l'on ne peut savoir de longtemps après ce que c'est que l'amour, je ne laissais pas de trouver les petites filles de mon âge fort à mon gré. Je me ressouviens même que l'on permettait lors à des canailles de s'attrouper sous le nom de *Bohèmes*, faisant des compagnies, élisant des capitaines entre eux, et allant par les noblesses à la campagne où la plupart des seigneurs les logeaient. C'étaient gens qui dansaient fort bien. On me fit danser avec une petite bohémienne de mon âge qui me plut si fort, que quand ces gens s'en allèrent, je suivis la compagnie et y marchai tout le jour, sans que l'on s'aperçût à Montbas [1] de mon évasion. Quand l'heure du souper fut venue, où je ne manquais jamais (aussi m'appelait-on : *le cadet de haut appétit*), mon père et ma mère furent dans une si grande désolation que l'on croyait qu'ils mourraient avant que le jour soit venu. Cependant, l'on me cherchait dans un étang qui est joignant la maison, dans des fossés qui étaient lors de l'autre côté, dans toutes les métairies des environs du château, dans une garenne où je m'allais quelquefois promener. Enfin, comme par une révélation divine, mon père, s'informant fort exacte-

du régiment des Croates de Raab, devint commissaire général de la cavalerie des Provinces-Unies, à la suite de son mariage avec Cornélie Grotius, fille de Hugo Grotius. Mort en 1696.

1. La terre et le château de Montbas, sis paroisse de Gajoubert, dans la Basse-Marche, au nord-est de Confolens. Il ne subsiste plus aujourd'hui qu'une aile du château.

ment de la route de ces bohêmes, monta à cheval, prit deux ou trois hommes avec lui, et atteignit ces gens-là à la pointe du jour, avant que la compagnie fût sortie d'un bois où nous avions passé la nuit; où le capitaine de cette compagnie fut fort fâché de ce que j'avais suivi, et m'invitait de remonter à cheval et me prendre devant lui pour m'apporter à Montbas, lorsque, malheureusement, mon père tomba sur lui et ne sachant pas que ce n'était pas sa faute, le battit à outrance et me fit prendre par un de ses gens qu'il avait mené, lequel me mit sur son cheval devant lui et me ramena à ma mère qui me fouetta avant que mon père fût débotté, pour l'empêcher de me châtier plus rudement.

Je n'ai fait cette digression que pour faire voir qu'il est bien difficile et comme quasi impossible de corriger une mauvaise inclination lorsqu'elle nous est naturelle; ainsi nous sommes bien redevables à Dieu, quand nous naissons sans de mauvaises inclinations. Il m'a préservé, par sa grâce, de deux grands vices, qui sont, qu'encore que j'aie fait la guerre toute ma vie, je n'ai jamais volé ni fait tort à qui que ce soit au monde, — et que jamais je ne me suis enivré, n'aimant le vin que autant que j'ai soif et n'en buvant que rarement de pur. Mes grandes inclinations ont été la guerre, l'amour des femmes, et la chasse, et surtout celle de tirer en volant, dont je m'acquitte assurément des mieux.

A l'âge de sept à huit ans, mon père étant Grand-Maître des eaux et forêts de Normandie [1], ma mère

---

1. La charge de Grand-Maître Ancien des Eaux et Forêts à la table de Marbre de Normandie, que possédait Pierre Barton de Montbas, père de Jean-François, fut, ainsi qu'on le verra plus loin, cédée par lui à son fils

m'emmena en Normandie, à Rouen, et nous séjour-
nâmes quelques jours à une terre en Beauce, nommée
Moléans[1], qui appartenait à monsieur et madame de
Benechart dont mon frère aîné, qui était un de mes
parrains, avait épousé la fille. Dans ces temps-là, bien
des gens se plaisaient à faire la guerre aux enfants
pour les rendre plus *éveillés*, ce dont assurément je
n'avais pas besoin. Entre autres, un grand laquais
du marquis de Benechart, nommé Saint-Cloud, me
mena dans une chambre où il y avait des épées
sur le ciel du lit, et les atteignant, me dit que j'étais
un poltron et que je n'oserais me battre contre lui.
Moi qui ne savais ce que c'était, mais qui naturellement n'étais pas endurant, je lui dis que je me battrais
et pris une de ces épées. Ce grand sot de laquais ne
voulait que rire, et ne me voulait faire aucun mal,
et ne croyait pas que je lui en pusse faire; cependant,
je lui donnai un coup d'épée dans l'aine dont il pensa
mourir. Beaucoup de gens, principalement des messieurs
et dames de Benechart, me taxaient d'une mauvaise
inclination, et disaient fort à ma mère qu'elle me
devait châtier sévèrement. Ma mère ne fut pas de
cet avis, et la chose se passa doucement à mon
égard.

Enfin, nous arrivâmes à Rouen, où je demeurai
depuis l'âge de huit ans jusqu'à l'âge de neuf avec ma
mère et mon père, qui était dans l'année de l'exercice
de sa charge, car il y avait trois charges de Grand-
Maître des Eaux et Forêts en Normandie, savoir :

Jean, comte de Monthas, au grand mécontentement de Jean-François,
frère de ce dernier.

1. Eure-et-Loir, canton de Châteaudun.

l'ancienne, l'alternative et la triennale, et mon père avait l'ancienne.

Il m'arriva dans cet âge-là (de huit à neuf ans) deux choses où l'on peut voir, comme j'ai dit ci-devant, que l'on ne se défait guère des inclinations de naissance. C'est que je devins si éperdument amoureux d'une lingère nommée madame Marthe, que j'en pensai mourir; on riait du commencement de cet amour, mais enfin, ma mère fut bien étonnée de me voir maigrir à vue d'œil, ne mangeant quasi plus, ce qui était fort contre mon ordinaire. La nuit, en dormant, je proférais souvent le nom de madame Marthe. Ma mère fut contrainte de prier cette fille, qui avait plus de trente ans, de venir au logis coucher avec moi, qui n'avais que huit ans et demi, ainsi ne prétendant ni ne sachant d'autre plaisir que celui d'être dans le lit avec cette fille, de même manière que si je n'eusse eu que deux ans. Cependant, après cette seule nuit, on vit de jour à autre revenir ma santé.

Une autre chose m'arriva, qui fit croire à plusieurs que quelque jour je n'appréhenderais pas les fatigues de la guerre. Je m'étais amusé, un jour de fête, à voir trop tard danser des marionnettes, et revins au logis de mon père et ma mère lorsque tout le monde était couché. On avait cru, sur le rapport d'un laquais à qui l'on avait dit de m'aller chercher aux marionnettes, que j'étais revenu, que je ne voulais pas souper et que je m'étais allé coucher, et tout cela pour s'éviter la peine de me venir querir. De sorte qu'après avoir heurté plusieurs fois à la porte de la rue, je me couchai devant cette porte, y prétendant passer la nuit; lorsque passa un carrosse dans lequel était un des

1.

amis de mon père, qui m'aperçut, et, faisant arrêter,
me voulut amener coucher chez lui. Je lui répondis,
ne voulant pas y aller : « Avez-vous peur qu'un cadet
de Montbas, qui ira à la guerre quelque jour, se
trouve incommodé de coucher dehors? » Cet homme,
surpris de cette réponse d'un enfant, et ne pouvant
m'emmener, descendit de son carrosse et fit heurter
si fort et si longtemps à cette porte que cela mit tout
le logis en rumeur. Enfin on lui vint ouvrir, et, crainte
que je ne fusse châtié d'être revenu si tard, il demanda
à parler à mon père et à ma mère, auxquels il dit cette
réponse qui leur plut et que je leur ai entendu répéter
souvent, en la contant à d'autres gens, parlant de moi.

Peu de temps après, il arriva à Rouen un de mes
frères, chevalier de Malte[1]. L'on portait lors des
bottes, et quasi tout le monde allait botté. J'avais
une envie extrême d'en avoir. Enfin, ce frère, par
complaisance, eut la bonté de m'en faire faire, dont
je fus si aisé qu'après les avoir portées tout le jour, je
voulais me coucher sans les débotter; il fallut l'autorité
de mon père qui me fit quitter les bottes avant de me
mettre au lit. Mais il n'y gagna rien, car comme je ne
dormais point, songeant toujours à mes bottes, quand
je crus tout le monde endormi, je me rebottai et me
recouchai. Le matin, quand on vint pour me lever,
je dormais encore, et l'on me vit en cet état, dont on
fut avertir mon père; qui, prenant cela pour une désobéissance, prit une poignée de verges pour me fouetter.
Ma mère, qui survint, l'en empêcha, lui disant que ce

1. Sébastien Barton de Montbas, tué en 1644 dans un combat des galères
de Malte contre les Turcs.

n'était pas par un sentiment de désobéissance, mais par une inclination guerrière, qu'apparemment j'aurais quelque jour, qu'il faudrait bien que je prisse ce train-là, et qu'ainsi il fallait m'excuser. Ce que mon père lui accorda facilement, d'autant qu'il était bien aise de me voir ce sentiment. Cela fut même cause que comme on m'envoyait à l'école journellement, je m'attachais beaucoup à bien apprendre à lire et à écrire, et point du tout au latin, car le maître m'avait voulu faire commencer le rudiment et m'avait dit que l'on me destinait à être prêtre. Cela me donnait une telle aversion pour le latin que je ne pouvais étudier ce rudiment ; aussi en demeurais-je à *musa*, qui est la première leçon du latin, ma mère me dispensant de l'apprendre pourvu que j'apprisse parfaitement à lire, à écrire, et l'arithmétique, ce que je lui promis sur mon honneur avec beaucoup de joie, par la crainte que j'avais d'être prêtre et par l'envie d'aller à la guerre, où l'on m'inspirait que l'on n'y pouvait faire fortune, que l'on ne sût bien lire, bien écrire et l'arithmétique.

Je demeurai donc avec mon père et ma mère à Rouen jusqu'à l'âge de neuf ans, qu'ils allèrent à Paris et m'emmenèrent avec eux, et me mirent ensuite, à Paris, en pension chez un prêtre nommé Poyer. Il était Provençal de nation, et avait cinquante ou soixante enfants de qualité en pension chez lui. Le cardinal de Janson, évêque de Beauvais, y était ; le chevalier de Janson, chef d'escadre, y était ; le chevalier de Siguerant (qui, je crois, a été capitaine aux Gardes) y était ; enfin tous petits enfants de qualité, qui payaient cinq cents livres de pension et deux cents livres pour chaque valet. J'y demeurai un an, pendant lequel il m'arriva une chose assez particulière pour un enfant : c'est que m'étant fâché contre un autre petit écolier, nous convînmes de nous battre en duel; pour cet effet, nous prîmes les épées de nos valets sans que l'on s'en aperçût, nous nous enfermâmes dans une chambre, et mîmes l'épée à la main; mais, dans ce temps-là, survint le valet de celui contre qui je me battais, qui nous menaça tant de le dire au maître, si on ne lui ouvrait pas, et de ne point le dire si on lui ouvrait, qu'enfin nous lui ouvrîmes; et après beaucoup de menaces il nous promit de ne le point dire. Ce sont valets d'âge que l'on met auprès des enfants de bas âge, et qui leur servent plus de pédagogues que de domestiques. En vérité, je crois qu'il n'en parla pas. Mais ayant eu le bonheur d'être né de père et de mère craignant Dieu, et qui ont élevé leurs enfants dans la piété autant qu'ils ont pu, par la grâce de Dieu, ayant pris ces principes, je crus qu'il n'y avait plus de salut pour moi si je ne m'allais confesser le plus tôt que je pouvais. Notre maître était prêtre, auquel assurément je n'aurais pas dit mon secret; mais il y avait un autre prêtre, dans la même maison, que j'allai trouver le soir dans sa chambre pour me confesser. M'ayant entendu, il me dit qu'il ne me pouvait pas lors donner l'absolution, parce qu'il n'avait pas sa soutane (raison qui est bonne à dire à un enfant de dix ans, ainsi que j'étais); et ce prêtre l'alla dire à notre maître, qui fouetta autant nos fesses qu'ont accoutumé les pédants les plus rigides et qui ont le moins d'esprit.

Mon père et ma mère étaient toujours à Paris, et

ils ne m'y avaient mis en pension hors d'avec eux qu'afin que je m'attachasse mieux à apprendre à lire et à écrire. Comme j'en savais déjà raisonnablement pour mon âge, ils me retirèrent de là, me faisant venir des maîtres à lire, écrire et à danser. Quand les heures de mes études étaient passées, si l'un d'eux allait en ville, il me menait en visite avec lui : cela donne de la hardiesse aux enfants, les divertit et leur donne l'air du monde, ce qui fait ensuite qu'ils y brillent, sans comparaison, mieux qu'un jeune homme nourri toute sa vie dans les collèges, et qui au sortir de là sera fort savant en latin et fort sot en français. Je ne blâme pas l'étude; elle est belle, utile et satisfaisante; c'est la pédanterie que je blâme. On peut mettre ses enfants au collège, mais je voudrais que tous les jours de fêtes et de congé, ils vinssent voir, hors de leur collège, leurs parents et amis, avec néanmoins quelqu'un avec eux, crainte qu'ils ne se débauchassent.

Enfin, voilà la manière dont mon père et ma mère en agissaient. Ils n'étaient point fâchés de ce que je m'étais voulu battre, mais les manières pédantes ne leur convenaient pas, et ils avaient raison.

Il m'arriva, cinq ou six mois après, que, dans un été, étant sur le Pont-Neuf du côté des Augustins (qui est d'ordinaire le côté où il y a le moins d'eau), je regardais quantité de vauriens comme gens, laquais sans maîtres, enfin, canailles de toutes les espèces, qui s'étant séparés en deux bandes se battaient à coups de fronde, où très souvent il y avait quelques têtes cassées. Pour moi, je trouvais cela beau. Étant un jour de fête, on m'avait permis d'aller voir danser les marionnettes, — mais je trouvais cela bien plus beau et au lieu de porter mon argent pour voir les marionnettes, j'en achetai une fronde. Je n'avais personne avec moi; assemblant bientôt mon conseil, j'allai prendre parti avec les honnêtes gens dont je viens de parler. Il me passa bien des pierres auprès de moi, mais enfin je fus blessé au bras droit d'une grosse contusion. N'étant pas revenu au logis, mon père et ma mère envoyèrent un laquais pour me chercher à ces marionnettes, mais ce laquais me trouva en chemin, revenant, voyant que je ne pouvais soutenir mon bras qu'à peine, il me demanda ce que c'était; ce que je lui avouai franchement. Eh bien! mon père ni ma mère ne parurent aucun chagrin contre moi, me disant seulement que je leur aurais dû demander congé, et qu'ils ne m'auraient pas permis d'aller avec toute cette canaille. Puis ils envoyèrent querir un chirurgien qui me mit quelques cataplasmes et, n'ayant rien de cassé ni d'entamé, je fus entièrement guéri huit ou dix jours après.

Ce que voyant ma mère, elle me voulut châtier; elle prit une poignée de verges, les mit dans une chambre, et m'y fit venir. La chose étant passée il y avait longtemps, je ne songeais plus à cela; étant donc seul avec elle, ne sachant pas qu'il y eût des verges dans cette chambre, je la vis d'un visage sérieux; elle me dit : « Lagort (c'est ainsi que je m'appelais jusqu'à ce que mon frère, le baron de Montbas [1], qui

1. François Barton, baron de Montbas, « était, au témoignage de son frère Jean-François, un des plus accomplis cavaliers de ce temps, soit pour les sciences, soit pour les langues qu'il possédait en nombre; il estoit un peu trop beau pour un homme, bien fait du reste, très chéri des dames et brave autant qu'on le pouvait estre ». Fort en crédit à la Cour, estimé de la Reine Mère, François de Montbas fut souvent employé par Mazarin

avait été en ambassade, fût mort, dont j'ai porté le nom ensuite), je ne prétends pas vous châtier pour paraître du cœur; vous seriez indigne de porter le nom que vous avez si vous en manquiez. » Cette leçon fit tant d'impression sur moi, que j'en ai toujours retenu sinon quasi tous les mots, du moins parfaitement le sens. Elle me dit donc encore, qu' « à suivre l'exemple de mon père et de mes frères, il ne fallait pas prendre parti avec des canailles comme laquais, crocheteurs et autres; qu'un gentilhomme est né pour servir le Roi dans ses armées, que c'était là où il fallait se distinguer, et, en se distinguant, faire sa fortune, et par ce moyen s'élever au-dessus de ses égaux ». Les larmes me tombèrent des yeux à tous ces discours, du déplaisir que j'avais d'avoir fait une bassesse et quoique je n'eusse en ce temps-là qu'approchant de onze ans, il me sembla remarquer sur le visage de ma mère qu'elle s'attendrissait à mon égard. Elle me dit ensuite : « Je vois ton repentir, je te pardonne de bon cœur et ne te châtierai point, mais ton père a

dans les délicates négociations avec les princes allemands qui précédèrent la signature des traités de Westphalie. C'est grâce à lui que la France conquit ou conserva la « neutralité bienveillante » des électeurs de Cologne, de Trèves, et même de Brandebourg (1647-1648). Il fut chargé, d'autre part, d'acheter pour le Roi les troupes licenciées par la Landgrave régente de Hesse-Cassel; on lui confia à cet effet une partie des joyaux de la Couronne de France afin qu'il se procurât, en les engageant aux usuriers d'Amsterdam, la somme nécessaire. Il sut tirer parti de la situation de son frère Jean, le gendre de Grotius, et rapporta 600 000 livres sur sa seule parole, sans laisser derrière lui la moindre part de son précieux dépôt. Il aurait été sans doute appelé à jouer un rôle important dans la diplomatie royale, s'il ne fût mort à vingt-neuf ans à Melun, en 1652, durant un séjour qu'il faisait chez son frère.

La correspondance du baron de Montbas au sujet de ses missions en Allemagne et en Hollande est conservée aux Archives des Affaires étrangères.

résolu de t'écorcher à toute outrance pour te faire payer l'affront que tu fais à ceux de ton nom. » Lors mes larmes redoublèrent, étant au désespoir de ma faute, et me jetant aux pieds de ma mère, je lui dis de me fouetter ou de laisser venir mon père pour qu'il me châtiât. Mon père, entendant du bruit dans cette chambre, y vint, qui ne sachant point tout cela, ne demandait pas mieux que de me corriger et prit les verges pour me donner le fouet. Ma mère se mit à genoux pour le prier de n'en rien faire, et moi, transporté de repentir et de honte, je lui dis : « Mon père, ce n'est pas assez de me fouetter, je vous prie de me tuer; si je ne suis plus digne d'être votre fils, je ne veux plus vivre. » Je jure que je rendis mon père et ma mère si étonnés de ce discours, qu'ils croyaient hors de la portée de mon âge, que peu s'en fallut qu'ils ne pleurassent autant que moi. Mon père me prit par la main et me dit : « Mon fils, lève-toi; je vois par ton repentir que tu ne feras jamais rien d'indigne de ta naissance. » Je l'écoutai et il ne disait pas une parole qui ne m'entrât jusqu'au fond du cœur pour ne l'oublier jamais; ensuite, il me baisa et me dit : « Console-toi : c'est tour de jeunesse que tu as fait; il est vrai que tu n'as pas encore onze ans. Mais le cours de la nature n'est fait que pour les animaux. La naissance, le cœur et l'esprit nous doivent faire devancer notre âge. Achève de bien savoir lire et écrire, afin que tu entres sur le théâtre du monde comme les autres. »

Il ne m'en fallait pas la moitié tant pour me faire apprendre; j'étais nuit et jour à lire et à écrire. Ayant atteint ma douzième année je sus parfaitement lire, écrire, et l'arithmétique; ensuite de quoi mon père et ma mère s'en allèrent à Montbas en Poitou, et m'emmenèrent avec eux, où je commençai à tirailler et tuer quelques oiseaux, et quelques lapins dans la garenne. Comme mon père et ma mère appréhendaient que j'oubliasse ce que je savais et que j'avais une sœur mariée à Asnières[1] qui n'est qu'à une lieue de là, laquelle avait beaucoup d'enfants quasi aussi vieux que moi, et qu'elle avait un maître d'école pour leur apprendre à lire et écrire, on m'y envoya. Mais comme j'étais grand et ayant plus de douze ans, que je savais aussi bien lire et mieux écrire que mon maître, une fois il se voulut mêler de me menacer du fouet, et moi je le menaçai de le tuer. Franchement, il ne voulut plus me rien montrer, disant que j'en savais assez, et que de plus je lui débauchais tous ses autres écoliers; de sorte que ma sœur me renvoya à ma mère, disant que ce maître d'école ne voulait plus demeurer dans son logis si j'y restais. Il ne s'y fiait pas trop. Je m'en retournai donc à Montbas, et ma mère me mena dans une chambre particulière où elle me fit voir la lettre qu'elle venait de recevoir d'Asnières, puis me dit : « Mon cher Benjamin (car elle me nommait souvent ainsi, à cause que j'étais le dernier de tous), dis les peines que tu as eues à apprendre à lire et à écrire, la nécessité qu'il y a à un gentilhomme de le savoir. Tu ne faisais que courir ici; je t'ai envoyé chez ta

1. Marie de Monthas, huitième enfant de Pierre de Monthas et de Jacquette Bonnin de Monthaumart, épousa, le 4 septembre 1631, Mathieu Guyot, seigneur d'Asnières et autres lieux, capitaine de chevau-légers. On verra plus loin les démêlés de Jean-François de Monthas avec ses neveux d'Asnières, bien qu'il eût, à un âge déjà avancé, épousé leur fille, et fût ainsi devenu leur gendre.

sœur non pour apprendre, mais afin que tu n'oublies
pas, et tu les fais enrager! Tu as menacé le maître de
le tuer! Je crois bien (reprit-elle tout de suite) que
tu ne l'avais pas voulu faire. — Pardonnez-moi, ma
mère; je ne l'aurais point fait s'il n'avait pas voulu
mettre la main sur moi; mais s'il s'était mis en devoir
de cela, je l'aurais fait, ou je serais mort en la peine!
— Eh! comment parlez-vous, mon fils! — Comme un
garçon qui ne souffrira jamais d'être battu, que de
son père et de sa mère! Vous le pouvez, l'un et l'autre,
tant qu'il vous plaira; quand même vous, ou mon
père me tuerait, je recevrais la mort sans me plaindre
et ne laisserais pas de vous aimer; mais pour d'autres,
cela n'arrivera jamais sans que je me défende! » Ma
mère me dit : « Mon fils, par l'amitié que tu as pour
moi, ne tiens point ces discours à ton père, il se cabre-
rait contre toi. Il veut plus de docilité. — Eh bien!
ma chère mère, faites qu'il ne m'en parle point; per-
mettez-moi seulement que cet été, et dimanche après
la messe, je puisse aller à la chasse, et je vous donne
ma parole que je m'appliquerai tellement à la lecture
et à l'écriture, que bien éloigné de l'oublier, j'appren-
drai encore quelque chose de plus s'il est possible. »

Je lui tins parole.

Ce sont là les manières dont on devait élever les
enfants de qualité. Mon père quelquefois, et ma mère
plus souvent, ne cessaient pas de me châtier; quand
j'étais fort petit, ma mère avait commis ce soin à
une gouvernante de ses enfants, qui, ayant pris les
principes de sa maîtresse, ne nous châtiait que rarement, à la vérité un peu rudement quand elle s'y mettait, mais ce n'était que dans une nécessité absolue

et après nous avoir réprimandé plusieurs fois de la
même chose, se voyant réduite à ces petites extré-
mités qui n'étaient jamais outrées qu'autant qu'une
absolue nécessité le requérait. Mais aujourd'hui, l'on
voit la plupart des femmes qui ne se soucient guère
de leurs maris et aussi peu de leurs enfants, n'ayant
en vue que leurs plaisirs, et qui donnent le soin de
l'éducation de leurs enfants à des gouvernantes qui ne
savent pas gouverner elles-mêmes. Ainsi les enfants
sont misérables, et sont le plus souvent châtiés, sans
l'avoir mérité, par le caprice d'une femme sans raison.
Au sortir de là, ces pauvres enfants sont mis entre
les mains de pédants encore plus ridicules.

Mais pour revenir à moi, je tins parole à ma mère;
je n'oubliai point à lire et écrire; mais ayant atteint
l'âge de treize ans et étant à Montbas, où je voyais
plusieurs de mes frères revenir de l'armée pour y
passer une partie de leurs quartiers d'hiver, et puis
raccommoder leurs équipages pour retourner en campagne; j'avais une envie démesurée d'y aller. Mon
frère aîné était Mestre de camp du régiment Royal
de cavalerie [1]; lequel régiment venant de Flandre s'en

1. Le régiment « Cardinal-Duc », ainsi qu'il s'appela tout d'abord, appartenait au cardinal de Richelieu. Il avait été l'un des premiers régiments
créés par Sublet de Noyers, secrétaire d'État de la Guerre, en vertu de
l'ordonnance du 24 janvier 1638, et comprenait alors neuf compagnies de
cavalerie, dont celle de Montbas. Le commandement effectif en avait été
confié par le Cardinal à François de Montbas, qui demeura en fonctions
lorsque Richelieu, à sa mort, légua Cardinal-Duc au Roi, qui devint mestre
de camp du corps. C'est alors que le régiment prit le nom de « Royal-Cava-
lerie », qu'il devait conserver jusqu'à la Révolution. « Royal » était, dans
l'ordre des préséances établi par Louis XIV le 1er mai 1690, le 4e régiment
de cavalerie de l'armée royale, après « Colonel-Général », « Mestre de camp
général » et « Commissaire-général » (les trois grandes charges de l'arme).
Il devint, par la suite, le 2e cuirassiers.

allait aux environs de la Rochelle et Niort en quartiers
d'hiver [1]. Un jour j'entendis mon frère aîné, qui était
à Montbas, qui avait copie de la route de sa compagnie
Mestre de camp [2] qui devait arriver à tel jour à Croustelle, qui est un endroit près de Poitiers. Les enfants
écoutaient. Pour moi, j'écoutais si bien cela, et avec
la grande envie que j'avais d'être dans les troupes,
que j'eus bientôt assemblé mon conseil, et sans en
parler à personne, je partis de Montbas à pied. Je ne
songeai pas même que j'aurais faim : je ne portais
point de pain et n'avais pas un sou.

Dans cet état, j'arrivai à Thios [?] et passai la rivière
dans un bateau avec bien d'autres gens. Quand j'eus
passé, je dis au batelier que, sur mon honneur, je le
paierais bien à mon retour; il se prit à rire, se moqua
de moi et me laissa aller. Quand je fus en haut, où
est le bourg de Thios, à quatre lieues de Montbas, je

François de Montbas demeura quinze ans « mestre de camp lieutenant »
de « Royal ». Il le conduisit brillamment en plusieurs rencontres et notamment à Barroy, dont il nous a laissé, dans une lettre à sa femme, un pitto-
resque récit. A sa mort, en 1653, le régiment passa sous le commandement
du marquis de Montpezat. On verra plus loin les querelles et les différends
de tout genre auxquels cette nomination donna lieu.

1. Campagne de 1649-1650 (siège de Bordeaux par l'armée royale).

2. Tout mestre de camp conservait, dans le régiment placé sous ses
ordres, sa compagnie particulière, qui portait son nom, comme du temps
des compagnies franches de chevau-légers, et qui demeurait à ses ordres
directs. Cette compagnie porta d'abord le nom de « compagnie mestre de
camp », et, plus tard (à la fin du règne de Louis XIV) celui de « compagnie
colonelle », lorsque le titre de colonel commença à se substituer à celui de
mestre de camp, qui rappelait trop l'indépendance des anciens chefs de
corps.

Un mestre de camp était donc, à la fois, colonel d'un régiment et capitaine d'une compagnie. Lorsque, par surcroît, il devenait officier général,
commandant une brigade ou une armée, il réunissait sur sa tête trois
charges très différentes. Ce cumul, contraire à l'établissement d'une discipline régulière, disparut sous Louis XV et était entièrement aboli à la
veille de la Révolution.

mourais de faim, et ne savais où aller loger. J'avais
une petite épée qu'un de mes oncles, nommé Batigniat[1],
m'avait donnée. Je crois que je serais plutôt mort de
faim que de laisser mon épée en gage pour avoir du
pain. Je trouvai un bourgeois de ce bourg, lequel je
priai de me donner le couvert; il me dit que très volontiers il me le donnerait, mais que je serais mieux chez
le curé que chez lui et qu'il me conseillait d'y aller.
Effectivement, ce bonhomme de curé me reçut fort
bien, et me voyant une petite épée à mon côté, il me
demanda si j'étais gentilhomme; je lui dis que oui.
Il me demanda mon nom; il me vit embarrassé. Il me
dit qu'apparemment j'étais quelque petit fripon, qu'il
voulait savoir absolument qui j'étais; je lui dis que
je m'appelais Lagort. Or, par ce nom, il ne savait
qui j'étais et voulut savoir le nom de mon père; je
lui dis qu'il s'appelait Pierre Barton. « Qu'est-ce que
cela veut dire? Il y a bien ces Messieurs de Monthas
qui se nomment ainsi! » Il me vit embarrassé. Enfin,
je lui trouvai une menterie à conter, et lui dis qu'étant
allé à la chasse sans congé, quand je fus retourné au
logis, on m'avertit que mon père me voulait châtier,
que la peur m'avait pris, et que je m'en allais. « Et
où? » me demanda-t-il. « Je ne sais! lui répondis-je.
— Fort bien! me dit-il; je n'ai point de cheval, mais
j'en emprunterai un qui est assez fort pour nous porter
tous deux, je vous ramènerai à Monthas et ferai votre
paix avec monsieur votre père. » Cependant il me fit
bien souper et me donna un bon petit lit dans un cabi-

1. Isaac Barton, sieur de Batigniat, était un frère cadet de Pierre de
Monthas, frère de Jean-François. Il épousa Françoise d'Archiac et mourut
sans postérité.

net près de sa chambre, qui avait une porte qui allait
dans son jardin.

Après que j'eus fait mon premier somme, ne voulant point retourner à Montbas, je m'habillai et je
sortis par cette porte de jardin; il faisait clair de lune.
Je sortis du jardin à travers un buisson, où j'eus bien
de la peine à passer, et enfin regagnai le grand chemin,
où, en l'abordant, je trouvai un homme qui voitu-
rait sur un âne et un cheval du charbon qu'il portait à
Poitiers. Je lui dis : « Et moi, je vais à Croustelle. »
Il me répondit que je pouvais venir avec lui jusque
auprès de Poitiers, que nous coucherions à un cabaret,
et que le lendemain au matin il me mettrait dans mon
chemin. Il fit repaître sur le jour ses montures de
l'herbe dans le chemin et mangea du pain noir, dont
je lui demandai un morceau qu'il me donna, et me
demanda si je marchais sans argent, disant qu'il m'en
faudrait si je voulais souper au lieu où nous allions
passer la nuit. Cet homme allait si lentement avec ses
animaux et les laissait paître si souvent, que cela
m'impatientait beaucoup. J'appréhendais de trouver
la compagnie partie : il fallait de toute nécessité que
j'arrivasse à Croustelle le lendemain au soir. Pour
mon épée, j'étais résolu de la donner pour ma dépense.
Enfin, sur le soir, nous arrivâmes à ce cabaret, propre
à loger gens comme ce voiturier, et pas davantage.
Heureusement pour moi, le matin, ce voiturier payant
cinq ou six sous pour lui, je dis à l'hôtesse que je
n'avais pas un sou et que je lui donnais en garde mon
épée qui lui répondrait du pain qu'elle m'avait donné,
avec une petite omelette faite avec de l'huile de noix.
Elle me demanda qui j'étais. Je lui dis que j'étais des

environs de Bellac, que mon père m'ayant maltraité, je m'en allais trouver un oncle que j'avais à Croustelle. Non seulement cette femme ne prit point mon épée pour la dépense, mais elle me donna dans mes poches un gros morceau de pain noir et un petit morceau de fromage, et je partis avec mon voiturier qui me montra le chemin de Croustelle quand il fallut quitter celui de Poitiers.

Enfin j'arrivai à Croustelle le soir; la compagnie de mon frère y était logée depuis environ deux heures. Le lieutenant de cette compagnie se nommait de Vergnes, fort honnête homme, qui même me connaissait fort et qui était parfaitement aimé de mon père, de ma mère, de mon frère aîné son capitaine et enfin de toute la maison de Montbas. Jamais surprise ne fut pareille à la sienne : il était dans un si grand étonnement, qu'il ne savait en revenir; enfin, après l'avoir embrassé, je lui contai généralement toutes les choses comme elles étaient, et comme il ne doutait point du désespoir où mon père et ma mère étaient; ils pensèrent mourir de douleur, mon père était nuit et jour à cheval dans cette recherche, et enfin apprit que j'avais passé à Thios et apprit du curé ce qui s'était passé. De Vergnes, dès la pointe du jour, fit partir un homme à cheval en toute diligence pour aller à Montbas. Cet homme trouva mon père à une lieue de Thios, allant du côté de Poitiers, et mon père lui demanda, ne le connaissant point, s'il n'avait point vu un petit garçon par les chemins, me dépeignant du mieux qu'il pouvait. Cet homme se douta et lui demanda s'il n'était pas M. de Montbas. Il lui dit que oui. « Votre petit-fils n'est pas perdu, dit l'homme; il est à la compagnie.

Vous ne le sauriez joindre qu'à la garnison qui sera à Surgères, qui est à cinq lieues de la Rochelle, mais voilà une lettre de M. de Vergnes qui vous instruira du tout. »

Mon cher père eut une consolation que l'on ne peut exprimer d'entendre ces paroles confirmées par la lettre de de Vergnes, dont il connaissait parfaitement l'écriture, et s'en retourna à Montbas où il combla ma mère de joie.

Je fus donc à Surgères avec la compagnie, monté sur un petit cheval qui était ce qu'il me fallait, car il aimait à courir et moi aussi. Je n'eus pas demeuré cinq ou six semaines dans cette garnison, que je vis arriver un homme sur un cheval et qui en menait un autre en main, et le tout pour me ramener à Montbas. Il portait des lettres à de Vergnes, qui faisait son possible pour me consoler, mais il n'en pouvait venir à bout, ce qui obligea ce cher ami (c'est ainsi que je l'appelais) de me venir conduire à cinq grandes lieues de là, où nous couchâmes dans un cabaret. Il appréhendait que, tout enfant que j'étais, me voyant dans ce grand désespoir, l'homme destiné pour me ramener n'en fût pas le maître. Enfin il me dit tant de raisons et me promit si fort que dans la lettre qu'il avait écrite il avait fait tout son possible auprès de mon père et de ma mère pour les obliger à me renvoyer à la compagnie, qu'il me donnait sa parole que l'on m'y renverrait; mais que, puisque j'étais parti de la sorte, il fallait se soumettre à eux, et que eux-mêmes me renverraient. Enfin il fit ce qu'il put pour me le persuader; et effectivement, comme on se persuade facilement les choses que l'on désire, j'en crus quelque chose et m'en retournai à Montbas.

A mon arrivée, j'appréhendais l'abord de mon père et de ma mère, et je crois que mon père s'en aperçut, car moi l'abordant, il me prit par la main et me dit : « Lagort, ne crains point ; si tu m'avais quitté pour une mauvaise action, tu n'aurais point d'autre bourreau que moi ; mais tu veux servir le Roi et suivre les traces de tes frères. » Puis, me baisant, il me dit : « Tu es trop jeune. Attends ; et dans la suite tu auras contentement. » Je lui pris une de ses mains pour la baiser, mais il me poussa du côté de ma mère en me disant : « Va, va à ta mère qui meurt d'envie de te manger de caresses! » Effectivement, cette pauvre mère qui aimait son *cher petit Benjamin* (l'ayant eu à plus de cinquante ans), aimait aussi les braves gens (aussi bien était-elle la fille d'un des plus braves hommes de son siècle, dont elle m'avait fait prendre le nom, qui était Lagort, fils de M. de Monthomart, Chevalier des Ordres du Roi). Pour revenir à cette mère, m'embrassant, pleurant, et me tenant collé sur son estomac, elle ne pouvait me dire un mot, mais son silence me parlait assez, car si elle m'aimait éperdument, je puis dire que jamais fils n'a tant aimé sa mère que j'ai aimé la mienne, dont j'honorerai la mémoire jusqu'au tombeau.

Enfin, cette première scène se passa avec assez et même beaucoup de satisfaction pour moi. Mais quand je repassai les paroles de mon père, « que j'étais trop jeune et qu'il fallait attendre », j'étais dans des peines inconcevables. Comme on épiait mes démarches, et surtout ma chère mère qui avait peur que la cervelle ne m'en tournât ou que je ne me dérobasse une autre fois, et que très souvent j'allais dans une chambre du logis assez écartée des autres, où je me renfermais et y demeurais très souvent deux ou trois heures, ma mère, en étant avertie, au sortir de table à dîner faisant semblant d'aller dans son cabinet, s'en alla dans cette chambre où j'avais coutume d'aller et se mit dans la ruelle d'un lit derrière une tapisserie. Moi, y étant venu ensuite et croyant être seul, ayant fermé la porte au verrou, je m'abandonnai à mon chagrin, disant : « Eh! pourquoi venir le dernier? Que mes frères sont heureux! Ils font bien ce que je ferai quelque jour; mais il faut attendre, dit mon père, et je suis trop jeune. Ah! que je suis malheureux! » Puis, me jetant sur le lit, je pleurai. Ma mère ne put pas se soutenir plus longtemps et débusqua pour venir mêler ses larmes aux miennes. Dont elle fut pourtant fâchée, car ma surprise fut si grande que j'en eus quelque frayeur. Elle me parla, me rassura du mieux qu'il lui fut possible, et enfin, y étant parvenue et voyant que je répandais encore quelques larmes, elle me dit : « Mon fils, il est vrai que tu n'as que quatorze ans, mais la grande envie que tu as d'aller à l'armée devance ton âge; ainsi, il lui faut donner quelque chose. Va, je te promets que je t'y ferai aller dès cette campagne; fie-toi en moi. Mais je te dirai bien des choses qu'il faut que tu observes. Je n'ai pas le temps de te les dire toutes, mais je commence par deux que je vais te dire. Assure-toi si bien sur ce que je te promets que tu n'appréhendes plus; et sois secret, mon cher enfant, c'est une des principales qualités d'un honnête homme. Quand on dépense mal à propos son argent, c'est une grande faute; mais, par une grande épargne, on peut rattraper ce que l'on a dépensé mal à propos.

Tu seras maître de ton secret tant que tu ne l'auras
dit à personne, mais dès lors que tu l'as révélé, il n'est
plus à toi; et comme la plupart des gens ne sont pas
fidèles, la confidence que tu auras faite à un seul
deviendra publique. » Puis elle se mit à genoux et
m'y fit mettre aussi; ensuite, elle dit ces mots que je
n'oublierai jamais : « Seigneur, cet enfant devance
son âge; il veut aller à l'armée; vous en êtes le Dieu;
je le mets sous votre protection. » Puis, tout en pleurs,
elle m'embrassa et me dit : « Mon fils, Dieu est ton
Roi au Ciel; le Roi l'est en la terre où tu vis. Sers
Dieu dans la pureté de conscience : ton âme appartient
à Dieu. Ton corps et tes biens (si tu en as jamais)
appartiendront au Roi. Sacrifie l'un et l'autre à son
service; ce ne sera que faire ton devoir, pourvu que
ton honneur n'y soit pas offensé. Mais pour ton âme,
elle est à Dieu, il l'a faite immortelle, afin qu'elle fût
son image et semblance. Ainsi, mon fils, ne t'écarte
jamais de sa loi. » Derechef elle se mit à genoux, et
dit : « Je viens de parler à un enfant en votre présence,
mon Dieu, qui ne pourra concevoir ce que je lui viens
de dire; mais, Seigneur, je vous demande la grâce
(quoique je n'en mérite aucune) de tracer si bien dans
sa mémoire la prière que je vous fais aujourd'hui, que
de sa vie il ne l'oublie. » Ensuite, me faisant toujours
tenir à genoux auprès d'elle, elle me fit répéter ces
mots comme si j'avais été un enfant qui n'eût eu que
quatre ans, qui sont : « Mon Dieu, suppléez à ma jeunesse et me faites mériter les grâces que ma mère
vous demande pour moi. »

Ma mère et moi nous revînmes alors au lieu où il
y avait le plus de monde dans le logis. Je n'eus garde

de rien dire, ma mère m'ayant si étroitement ordonné
de garder le secret. Or, effectivement, un jour, mon
frère aîné étant sur le point de partir, ma mère lui dit :
« Mon fils, pour votre petit cadet, votre père et moi
sommes trop vieux pour le voir jamais en âge d'homme.
Vous êtes notre aîné, et il est le cadet de tous. Vous
êtes son frère et son parrain, nous le mettons entre
vos mains, il faut que vous lui serviez de père, et que
vous l'emmeniez avec vous. » Il répondit qu'il ne pouvait pas se charger de cet enfant, en un âge aussi tendre
que celui où j'étais ; enfin, quelques raisons que ma
mère lui pût dire, il n'y voulut jamais consentir. Moi,
qui étais présent et qui n'en osais parler, j'étais dans
un chagrin mortel. Ma mère sortit en me faisant doucement signe de la suivre, ce que je fis ; elle me mena
dans le jardin, où, me voyant dans une désolation
extrême, elle me dit : « Mon fils, si tu veux être homme
de guerre, il faut de bonne heure t'accoutumer aux
revers de fortune. Apprends de moi, mon pauvre
enfant, que tu en trouveras un nombre infini en ta
vie, qu'il faudra que tu tâches incessamment de surmonter. Voici ta première épreuve sur ce fait, par le
refus de ton frère aîné. Mais, mon enfant, ne t'amollis
pas pour cela, c'est-à-dire ne désespère pas ; il ne faut
pas céder aux revers de la fortune, mais tâcher de les
surmonter. Sois secret ainsi que je te l'ai dit, et du
reste, laisse-moi faire. »

J'avais une petite jument. Elle en acheta secrètement une autre de bonne taille (et comme Dieu d'ordinaire bénit ses desseins, quoiqu'elle ne lui eût
coûté que quarante écus, j'en refusai plusieurs années
après cinq cents francs) et elle fit mener cette jument

dans une métairie de Monthas située au bout de la
vigne du château. Elle y fit aussi mener ma petite
jument, m'acheta une mule, et débaucha un des
laquais de mon père pour venir avec moi. Et comme
ce garçon avait de l'esprit, elle lui confia son secret et
lui fit promettre d'avoir bien soin de moi. Puis elle
débaucha aussi le valet du jardinier du logis, pour
venir avec moi et panser mes chevaux. J'eus deux
petites malles, que portait ma mule, où il y avait
un habit, du linge, deux paires de draps, et par-dessus
ces malles un petit matelas, une couverture et un
chevet avec une toile cirée dessus. Mon petit équipage
était ainsi fait, sans que personne en eût connaissance
que les deux valets dont je viens de parler, sa femme
de chambre, et moi. Cependant, je ne laissais pas
d'être embarrassé de voir tous mes frères partir pour
aller à l'armée, et que je demeurais toujours là. Enfin,
l'équipage de notre aîné partit à son tour, s'acheminant pour aller au siège de Bordeaux, que l'armée du
Roi assiégeait, commandée par le Maréchal de la
Meilleraie. M. de Bouillon[1], frère aîné de M. de
Turenne, était dans cette ville, qui la défendait.
C'était en l'an mil six cent cinquante. Mon frère était
parti quelques jours devant son équipage qu'un gentilhomme à lui, nommé Chalesme, conduisait.

Or, le lendemain que cet équipage fut parti, ma
mère me mena à cette métairie où était mon petit
bagage avec mes deux valets, puis me dit : « L'équipage de ton frère aîné va assez lentement pour le

---

1. Frédéric-Maurice de la Tour, duc de Bouillon, mari de la célèbre
intrigante qui fut l'une des mortelles ennemies de Richelieu.

pouvoir joindre facilement avant qu'il soit à la moitié chemin de Bordeaux, où il va joindre l'armée. Chalesme, qui conduit l'équipage de ton frère, sera fort surpris et fâché de te voir; il n'y a chose au monde qu'il ne fasse pour t'obliger à t'en retourner; il usera possible de menaces, mais ne t'étonne point, et ne quitte point la file des mules de ton frère. » Il n'était pas trop nécessaire de me faire cette leçon : j'avais trop d'envie d'aller pour jamais songer à m'en retourner. Mais, pour revenir au départ de cette métairie, ma mère fit charger ma mule devant elle, me fit coudre dans la bande de mes culottes, par sa femme de chambre, vingt-deux écus d'or, et mit dans ma poche vingt écus d'argent et pour environ la valeur d'une pistole en monnaie. Puis, elle me fit mettre à genoux, et me dit : « Souviens-toi, mon fils, d'aimer et de craindre Dieu, et de suivre sa loi. Voilà à l'égard du ciel. Pour la terre, souviens-toi aussi que tous tes ancêtres, particulièrement ton père et tes frères, n'ont jamais rien fait de bas ni de honteux : suis bien leurs traces, mon enfant; je t'aime cent fois plus que ma vie, mais j'aimerais mieux voir la fin de tes jours que si ta vie était tachée d'aucune infamie. » Elle me donna sa bénédiction, m'ayant auparavant fait mettre à genoux, puis m'embrassa avec tant de tendresse et de pleurs, qu'elle pensa évanouir; enfin elle me vit monter à cheval, mais elle ne put jamais dire un mot davantage.

CHAPITRE II

Je m'en allai à la suite de l'équipage de mon frère, et l'atteignis à dix-huit ou vingt lieues de là, s'en allant sur le chemin de Bordeaux qui était assiégé comme est dit ci-dessus. Comme je le joignais, ce gentilhomme dont est ci-devant parlé, qui conduisait cet équipage, fit tout ce qu'il put pour m'intimider et m'obliger à m'en retourner. Quand il vit qu'il n'y gagnait rien, il alla à ce grand laquais de mon père que ma mère m'avait donné, ainsi que je l'ai dit, et le menaça de le maltraiter. Ce garçon, qui ne manquait pas d'esprit, lui dit la vérité, qui était que ma mère lui avait commandé de me servir et de joindre l'équipage de mon frère, et qu'il lui disait cela de la part de ma mère qui lui avait commandé de lui dire. Ledit sieur de Chalesme n'osa plus s'opposer à la chose, et me laissa suivre, et eut soin de moi pendant la route.

Le Roi, la Reine Mère et M. le cardinal Mazarin

étaient lors à Bourg auprès de Bordeaux. C'est là que nous trouvâmes mon frère, qui y attendait son équipage. Me voyant là, et ledit sieur de Chalesme ayant dit à mon frère ce qui s'était passé à mon égard, mon frère prit la chose de bonne grâce et en usa bien dans toute la suite.

Il était lors Maréchal de camp et Mestre de camp du régiment Royal. Il me fit faire la révérence au Roi et à la Reine sa mère, et dit au Roi que j'étais son *petit cavalier*, puisque j'allais dans sa compagnie mestre de camp dudit régiment Royal. Le Roi, qui n'avait lors que aux environs de douze ans (je n'en avais que quatorze), prit grand plaisir à me voir, qui était plutôt enfance que aucune considération que l'on dût avoir pour moi. Nous passâmes la rivière au Bec d'Ambez, qui est l'assemblage de la Garonne avec la Dordogne, et joignîmes l'armée au camp devant Bordeaux qui était assiégé. Quasi aussitôt que nous fûmes arrivés, on fit l'attaque du faubourg Saint-Surin, où il y eut bien du monde tué de part et d'autre; mais enfin, on en chassa les ennemis. J'étais dans le premier rang du premier escadron dudit régiment Royal, où nous soutenions les Suisses; et quoique nous ne nous mêlâmes point avec les ennemis, ne faisant qu'être à la queue de l'infanterie qui donnait devant nous, nous ne laissâmes pas de perdre bien des gens, tous les coups qui passaient au-dessus de l'infanterie venant à nous. Nous tuâmes bien du monde, mais nous eûmes plusieurs cavaliers et officiers de tués. J'étais joignant la cornette mestre de camp[1] qui avait son

---

1. La « cornette mestre de camp » était le porte-fanion du mestre de camp et marchait en tête de sa compagnie.

étendard sur sa droite; le cavalier qui le joignait sur sa gauche fut tué. Je n'avais pas assurément assez de peur pour vouloir quitter mon poste, quand même il aurait été plus dangereux, mais j'avoue que je n'avais pas assez de fermeté pour ne me souhaiter pas d'être ailleurs. Quand nos Suisses poussèrent les ennemis jusque auprès de l'église de ce faubourg de Saint-Surin (il y avait une petite muraille autour de cette église, d'où les ennemis faisaient un feu continuel), je reçus un coup de mousquet à la cuisse droite, et la balle m'ayant percé mon buffle et la genouillère de ma botte, que l'on portait en ce temps-là fort relevée, n'eut pas la force de me casser la cuisse et demeura dans les chairs. De sorte que, dès le premier appareil, on me retira cette balle, et dès le moment que je fus blessé, on me donna un cavalier pour me ramener. Mon frère n'était pas à la tête du régiment, mais, étant officier général, à la tête des troupes.

Le gain de ce combat étant considérable, d'autant que c'était un grand acheminement à la prise de cette place, M. le maréchal de la Meilleraie en donna promptement avis au Roi, à la Reine Mère et à M. le cardinal Mazarin, et cela par mon frère, afin de déduire mieux toutes les particularités de ce combat que n'aurait pu faire un autre, les officiers généraux devant mieux prendre garde à tous les mouvements d'un combat que les autres gens. La Cour eut beaucoup de joie de la réussite de ce combat, et le Roi, qui était enfant, demanda à mon frère des nouvelles de son *petit cavalier*. Mon frère lui disant qu'il était blessé, la Reine, qui avait bonté pour notre famille, le blâma de m'avoir exposé si jeune; il lui dit que j'étais le quinzième et dernier cadet d'une maison qui s'était de tout temps, de père en fils, absolument dédiée au service du Roi, qu'il fallait bien que je suivisse la trace de mes frères, mais qu'un grand remède à ma blessure serait de me donner une compagnie, et que si Sa Majesté lui voulait accorder deux commissions pour deux compagnies dans le régiment Royal, il y avait un lieutenant qui avait de quoi faire une compagnie à ses dépens, et qu'à mon égard, il y emploierait ma légitime [1], et qu'après cela ce serait à moi de poursuivre ma fortune [2].

Mon frère n'y employa rien de ma légitime. Il ne me donna que trois de ses chevaux, deux valets, et trois de ses palefreniers. Voilà la base et le fondement de ma compagnie, à l'âge de quatorze ans. A la vérité, comme Dieu visiblement m'a toujours protégé jusqu'à présent, mon frère me donna pour lieutenant ce gentilhomme qui lui servait d'écuyer, nommé Chalesme, homme d'esprit, de cœur, et fort honnête homme. N'ayant donc qu'un lieutenant et trois cavaliers qui composaient ma compagnie, ç'aurait été peu de chose, sans un secours que Dieu m'envoya, et qui fut tel.

La nuit que la ville parlementa et fit battre la chamade un peu avant le jour, mon frère, qui commandait la tranchée, en fit avertir mon dit sieur le maréchal de la Meilleraie, qui se fit porter à la tranchée, car il était si goutteux qu'il ne pouvait aller. Le jour était grand lorsque les otages furent donnés de part et d'autre; et comme c'était mon frère qui commandait

---

1. C'est-à-dire la dot.

2. C'est le 2 septembre 1650 que Monthas fut autorisé à lever une compagnie; sa commission de capitaine fut signée un mois plus tard, le 3 octobre.

la tranchée dans le temps de cette reddition, M. le
maréchal lui fit l'honneur de l'envoyer dans la ville
non seulement en otage, mais encore pour régler
quelques différends. Et pour donner incessamment
avis à M. le maréchal de la Meilleraie de ses négociations et recevoir ses ordres, mon frère mena avec lui
à sa suite dans Bordeaux mon dit lieutenant, pour faire
les allées et venues qu'il conviendrait. Or, dans la
capitulation, M. de Bouillon se retirait du service de
M. le Prince, et, par ainsi, congédiait ses gardes dont
il avait une compagnie de braves gens et bien montés.
Mon lieutenant sut profiter de l'occasion, et voici comment il me fit faire une bonne affaire.

Il tâcha de faire connaissance avec quelques-uns de
ces gardes, puis, ayant commandé à une grande hôtellerie un repas considérable, il y convia le plus qu'il
put de ces gens et eut quasi toute la compagnie qui
vint dîner avec lui. Étant à plus de la moitié du repas,
il leur proposa de venir composer ma compagnie, dont
j'avais eu la commission depuis peu de jours; ceux
de ces gardes qui étaient demeurés d'accord avec mon
lieutenant de cette assemblée, et qui avaient incité
leurs camarades à s'y trouver, ne manquèrent pas,
à la proposition qu'on leur faisait, de dire qu'ils y
viendraient. Cela induisit d'autres à en faire autant.
Enfin, avant que le repas fût fini, mon dit lieutenant
en engagea trente-cinq et le trompette de la dite compagnie, tous bien montés et armés, lesquels ne demandèrent aucun argent pour leur engagement, et l'on vit
sortir mon lieutenant de Bordeaux à la tête d'une
compagnie de trente-cinq mestres, plus mes trois cavaliers dont est ci-devant parlé; j'en avais donc trente-

huit. Il convenait d'avoir des tentes et encore quelques
cavaliers et chevaux pour moi, car mon frère ne
m'avait donné que ces trois chevaux et ces trois valets
dont j'ai parlé; mon lieutenant me fit demander au
sieur de Canferant, commandant du régiment[1], mille
francs que je promettais de lui rendre au quartier
d'hiver, ce qu'il fit de bonne grâce; de sorte que, au
décampé de Bordeaux, je fus reçu dans le régiment
Royal où ma compagnie fut incorporée; pareillement,
celle de ce lieutenant auquel mon frère avait fait
donner l'autre commission de capitaine, et qui avait
fait sept ou huit cavaliers; mais je pris le pas devant
ce capitaine, qui se nommait Bridiers.

Par la suite, le régiment Royal marcha par différentes routes comme aussi beaucoup d'autres troupes,
de celles qui étaient à ce siège de Bordeaux, d'où nous
nous rendîmes près de Rethel, à l'armée que commandait M. le maréchal du Plessis-Praslin[2]. M. de
Turenne commandait l'armée ennemie; car aussi bien
que M. le duc de Bouillon son frère aîné, il avait pris
le parti de M. le prince de Condé dans les guerres
civiles qui étaient pour lors en France. Près d'un lieu
nommé Sonpais, il se donna une bataille[3], où notre
régiment eut disputé contre le régiment Mestre de
camp, qui lors était Palluau (mais M. de Palluau ayant
été fait Maréchal de France du depuis, prit le nom de

1. Lorsqu'un mestre de camp était officier général et ne remplissait
effectivement les fonctions, il confiait la direction administrative de son
régiment à un officier qui prit bientôt le titre de major; mais il conservait
le commandement du corps.

2. César de Choiseul, duc du Plessis-Praslin, 12 février 1598-23 décembre 1675. Créé duc et pair en 1665.

3. Bataille de Rethel, 15 décembre 1650.

Clérambault [1]) et on en pensa venir aux mains. Les raisons de notre régiment étaient qu'étant le régiment du cardinal de Richelieu, lequel était mort, le feu roi Louis XIII, de glorieuse mémoire, l'avait pris et l'avait honoré de son nom en le qualifiant de régiment Royal; et cela est si vrai qu'à la bataille de Rocroi, le régiment Royal avait la droite de la première ligne. Je ne sais pas cela de moi, puisque je n'ai commencé, comme a été dit, qu'en l'an mil six cent cinquante, mais je l'entendais dire lors aux plus anciens officiers de notre régiment. Les raisons des autres étaient que les charges de Colonel Général de la cavalerie légère, de Mestre de Camp Général et de Commissaire Général se trouvaient celles des commandants de la cavalerie dans toutes les armées où ils se pouvaient rencontrer, et qu'ainsi, il était juste que leurs régiments passassent devant tous les régiments, même ceux que le Roi honorait de son nom, attendu que toutes les troupes appartenaient également à Sa Majesté, et qu'enfin, si le Roi en honorait quelques-uns de son nom, à moins que d'un ordre exprès de Sa Majesté, les régiments Colonel Général, Mestre de Camp Général et Commissaire Général devaient passer devant.

Le régiment Colonel Général n'y étant pas, il fut décidé que le régiment Mestre de Camp prendrait la droite de la première ligne, et nous la gauche de la même ligne, où nous allâmes. Le régiment Royal était lors dans une réputation de bravoure extraordinaire; M. de Turenne, le sachant dans sa valeur et le croyant

1. Philippe de Clérambault, comte de Palluau, né en 1606, mort le 24 avril 1665; créé Maréchal de France le 24 août 1652, après la prise de Montrond.

à la droite de la première ligne, renforça sa gauche de ses meilleures troupes; effectivement, l'aile gauche des ennemis fit beaucoup pâtir notre droite, et même, le régiment Mestre de Camp fut enfoncé; mais étant soutenu, il reprit son poste et rechargea, ainsi que toutes les autres troupes de l'aile droite, qui, faisant leur devoir, firent plier l'aile gauche des ennemis, ce qui gagna la bataille; car à l'égard de notre aile gauche, il y avait un petit ruisseau entre les ennemis et nous, et chacun attendait que l'autre passât ce ruisseau afin de le charger dans ce temps-là. Les officiers généraux de notre aile l'ordonnaient ainsi, et je crois que ceux des ennemis en faisaient autant. Ainsi, tandis que notre aile droite se battait contre la gauche de l'ennemi, nous étions assez tranquilles, n'y ayant que quelques petites escarmouches qui n'aboutissaient à rien de considérable. Mais, lorsque nous vîmes l'aile droite des ennemis plier, on nous fit avancer pour passer ce ruisseau et charger les ennemis, lesquels, voyant leur gauche en déroute et que nous allions à eux, nous firent quelques décharges d'assez loin, et qui ainsi ne firent que peu de chose, et se mirent à fuir; de sorte que pour la première bataille rangée que j'aie jamais vue, je la vis fort commodément et sans aucun danger.

De là, nous vînmes en garnison dans le Bourbonnais, et la campagne d'après se passa sans qu'il y eût de choses fort remarquables. On s'était accommodé avec M. le Prince, et ses troupes étaient avec nous. Mais M. le Prince se retira chez les ennemis, et ses troupes en firent autant. On fit mine de les suivre : je le dis ainsi, parce qu'après avoir fait un gros détachement de l'armée pour les suivre, quand on les eut

atteint à Marles et qu'ils y eurent passé un défilé et
tourné tête à nos gens, on demeura assez tranquille
et on s'en retourna. N'ayant alors qu'aux environs de
quinze ans, je ne pouvais savoir les motifs de notre
démarche ; je dis seulement ce que j'ai vu. De plus,
nous fûmes longtemps campés à Arleux [1] sous les ordres
du maréchal d'Aumont [2].

La campagne ensuite fut les guerres de Paris, l'affaire
du Faubourg Saint-Antoine [3], le siège d'Étampes, et le
reste. Ensuite, l'armée des ennemis et la nôtre s'observè-
rent, c'est-à-dire celle du Roi, car je ne me suis jamais
départi du service de Sa Majesté, qui est pour moi une
joie intérieure qui ne se peut exprimer. Dans ce temps-
là, M. de Turenne était revenu dans le service du Roi.

Dans cette campagne, M. de Palluau, avec un petit
corps d'armée, assiégeait Mouron [4] où il y avait un
bon château ; M. de Persant pour M. le Prince le
défendait, et comme cette place était pressée, on
détacha huit cents chevaux de l'armée ennemie, commandés par le comte de Briolle, pour la secourir.
Mon frère fut alors détaché de notre armée avec pareille
quantité de huit cents chevaux, et partit des environs
de Tournon avec ce détachement pour suivre et attaquer le comte de Briolle, et empêcher le secours qu'il
prétendait donner à cette place assiégée. J'étais de
ce détachement avec mon frère [5] qui me faisait servir

1. Près d'Arras.
2. Antoine d'Aumont, créé Maréchal en 1651.
3. 2 juillet 1652.
4. Il s'agit probablement de la localité de ce nom qui se trouve dans le
canton de Corbigny (Nièvre).
5. François de Montbas venait d'être promu lieutenant général des
armées, par pouvoir du 10 juillet 1652.

d'aide de camp sous lui. Comme il était un des meilleurs officiers de cavalerie de son temps, qu'il était mon aîné de vingt-trois ou vingt-quatre ans et mon parrain, il souhaitait, en me faisant servir sous lui d'aide de camp, de m'instruire de son mieux de toutes ses démarches et ainsi de m'apprendre mon métier. Comme cela me donnait beaucoup plus d'occupation qu'à tous ceux qui le suivaient d'ordinaire, le soir, avant que de prendre un peu de repos, il me faisait venir pour que je lui dise toutes les démarches que je lui avais vu faire durant le jour, car il ne me les disait point; mais il voulait que cela vînt de moi. Quand j'oubliais quelques-unes que je lui avais vu faire, il m'en blâmait beaucoup, me disant qu'un homme à la guerre, qui ne s'attache simplement qu'à faire ce qui lui est ordonné, mérite peu de louanges, quand même il s'en acquitterait bien, parce qu'il faut qu'un officier qui veut parvenir prenne garde à tout pour imiter le bien, dans de pareilles rencontres, et éviter les fautes qu'il aurait remarquées; que, de plus, l'on ne peut apprendre son métier qu'en l'étudiant incessamment, et que, pour y bien parvenir, il fallait bien prendre garde à tout.

Ainsi, lui ayant dit à peu près toutes les démarches que je lui avais vu faire, il me demandait sur chacune pourquoi je pensais qu'il l'eût faite. Il fallait que je lui répondisse, bien ou mal, car il voulait toujours une décision, disant que la plus méchante de toutes les choses était l'indécision, et qu'il valait mieux dire une chose mal à propos que de ne point parler de ce que l'on a vu et des lieux où l'on a été. Ainsi, sur chaque article, je lui disais mon sentiment, qu'il approuvait s'il était bien; s'il était mal, il me reprenait avec bonté et douceur, me disant pourquoi il avait fait les choses, et enfin toutes les raisons de ses démarches.

Revenons à notre voyage de Mouron, où, comme j'ai déjà dit, nous allions pour empêcher le secours que M. le comte de Briolle prétendait donner à M. de Persant, qui défendait cette place contre M. de Palluau qui l'attaquait. Le comte de Briolle, qui était parti avec son détachement, avait trente heures de marche devant nous; et comme mon frère espérait que Briolle ne saurait pas être suivi, et par ainsi l'atteindre, il faisait faire à ses troupes une marche précipitée, c'est-à-dire autant que l'on pouvait, en conservant ces troupes en état d'attaquer celles qu'elles tâchaient de joindre. Il m'arriva deux rencontres personnelles, l'une en allant et l'autre en revenant, que je vais dire.

Un de mes frères, qui avait été en ambassade dans le Landgraviat de Hesse, était mort à Melun, l'une des villes du gouvernement de mon frère aîné, lequel avait eu une si grande douleur de la mort de son frère, qu'encore qu'il fût à la tête des troupes, il en portait le deuil. D'ailleurs, d'aucunes gens de ce détachement se plaignaient de cette marche, disant que l'on fatiguait trop, et tout cela, parce que la plupart songent plus à leur commodité qu'au service du Roi. De manière qu'une halte que l'on faisait pour repaître, n'étant pas assez longue au gré d'un chevau-léger de la Reine qui repassait, passant devant lui au galop pour porter quelque ordre de mon frère, il m'appela, me disant des choses assez fâcheuses, en ce qu'il me dit que mon frère semblait un ministre à la tête des troupes avec son habit noir, et autres choses semblables.

J'étais seul; il me fallait porter les ordres de mon
frère, et il y avait cinq ou six hommes avec cet homme-
là, de sorte que je fus contraint de passer outre, sans
lui répondre que très peu de chose. Nous marchâmes
jusqu'à l'entrée de la nuit, que l'on passa dans les
champs où l'on amassa du fourrage. On y fit du feu,
on y reput, et l'on remonta à cheval à la petite pointe
du jour. J'avais eu le cœur gros toute la nuit. Je pris
un des chevaux de main de mon frère, duquel je ne
savais pas qu'il avait la bouche très mauvaise; je
n'avais lors que seize à dix-sept ans, et j'avoue franchement qu'un homme à cet âge n'a pas toute la
fermeté que l'on acquiert dans la suite. Je voulais
me battre contre cet homme pour venger mon frère,
et moi aussi, et je n'avais pris ce cheval que pour
cet effet. Mais, quoique mon dessein fût de vigueur,
néanmoins je remarquai qu'en mettant le pied à
l'étrier, il me tremblait : dont j'eus honte en moi-
même; mais étant sur la selle, je me sentis tout raffermi,
et au lieu d'aller joindre mon frère comme j'avais
accoutumé de faire, j'allai joindre cet homme à la
troupe où il marchait; je l'accostai : à peine daignait-il
tourner la tête de mon côté pour écouter ce que je
lui disais; je le fis ressouvenir de ce qu'il m'avait dit
le jour précédent, dont je lui demandai raison : « Vous,
jeune homme, me dit-il, si j'avais une poignée de
verges, je vous ferais fuir si loin de moi, que je ne
vous verrais plus. » Cette menace, au lieu de m'intimider, me donna une telle rage contre lui, que s'il
ne se fût écarté de la marche des troupes pour me
satisfaire, je l'aurais chargé où il était. Nous nous
écartâmes un peu de la file des troupes et mîmes le

pistolet à la main. Je m'étais mis en tête de ne pas
tirer le premier, afin que, s'il ne me touchait pas de
son premier coup, j'eusse deux coups à tirer contre
lui un; effectivement, cet homme vint droit à moi
avec vigueur, et à la passade de son coup de pistolet
cassa le pommeau de la selle de mon cheval. Je ne
tirai point : mais mon cheval, qui, comme j'ai dit,
avait la bouche mauvaise, m'emporta, et cet homme,
ayant tourné son cheval, me criait fort de lui tourner
tête, m'accusant de fuir, ce qui n'était assurément
pas vrai. Je faisais ce que je pouvais pour retourner
sur lui, et n'en trouvai pas d'autre moyen que de
tirer une des rênes de la bride de mon cheval, que
cela força de tourner. Cela ne fut pas plutôt fait, que
cet homme, qui courait toujours après moi, ne se
trouva qu'à deux ou trois pas de moi avec son autre
pistolet à la main : dans ce temps-là, je lui tirai et
fus assez heureux pour lui tuer son cheval, et cela
si roide, que lui ayant donné par la tête, il la mit
entre les jambes, fit la culbute, et, mon homme tom-
bant, son pistolet se lâcha et ne me blessa point, et
se trouva engagé sous son cheval. Il me dit de le venir
dégager et de mettre pied à terre pour cela, ce que
j'aurais généreusement fait; mais Dieu, qui m'a toujours protégé, m'en empêcha. Je pensai en moi-même
que si j'allais pour lui aider, étant quatre ou cinq
fois plus fort que moi, s'il me tenait dans ses bras, il
m'aurait écrasé sous lui. Ainsi je n'en voulus rien faire;
mais voulant avoir son épée et ayant encore un coup
à tirer, je mis pied à terre, la bride de mon cheval
passée à un de mes bras et ayant mon pistolet en
l'autre, et je lui dis de me donner son épée : ce qu'il

pouvait faire, car il n'avait qu'une cuisse prise sous son cheval mort et ce n'était pas celle du côté de l'épée. Mais il me dit que je la lui vienne prendre. Je lui dis donc que, s'il ne me la donnait, je le tuerais; effectivement, il connut que je lui allais tirer mon pistolet, mais au lieu de me donner son épée il me la *darda*, ce qui me pensa obliger de le tuer, lui tirant mon pistolet : ce qui m'aurait été facile. Mais en même temps, voyant cet homme sans aucune défense et pris sous son cheval, je ne le voulus pas tuer et remontai sur mon cheval. Dès que je fus remonté, cet homme, s'étant débarrassé de dessous son cheval, se rebotta, et puis me dit que, les troupes ayant toujours marché, je ne le quittasse point que nous ne les eussions rejointes : ce que je lui accordai généreusement. Mais comme nous marchions ensemble, lui à pied et moi à cheval, il voulait recharger ses pistolets : à quoi je m'opposai, d'autant qu'il m'avait paru de mauvaise foi en me dardant son épée au lieu de me la rendre. Et dans ce temps-là, M. de Siron qui avait dans ce détachement son régiment (lequel fut depuis gouverneur de la place de la Fère), et qui était demeuré derrière les troupes, marchait pour les rejoindre : il nous trouva. Il avait deux ou trois hommes avec lui; il menaça extrêmement cet homme, le fit marcher le plus vite qu'il put pour rejoindre les troupes où il lui fit donner un bidet; puis il me pria de lui donner l'épée de cet homme (ce que je fis) qu'il prit, et porta à mon frère, et il fit mener cet homme par deux ou trois cavaliers à mon frère, qui simplement lui dit d'être sage et lui rendit son épée. Mon frère ne m'en dit jamais rien. Cependant, comme j'avais demeuré un assez long espace de temps sans le joindre, et cela contre mon ordinaire, j'avais quelque peine à l'aborder; je fus vitement remettre le cheval au palefrenier de qui je l'avais pris, remontai sur un autre que j'avais accoutumé de monter plus souvent, et m'en allai auprès de mon frère comme si de rien n'était.

Le même soir nous arrivâmes à Mouron, où M. de Palluau, qui en faisait le siège, fut fort aise, car le comte de Briolle, qui ne croyait pas être suivi, y était arrivé seulement deux heures devant nous, qui était aux environs des trois aux quatre heures du soir, et nous y arrivâmes sur les six à sept heures. Le comte de Briolle ne voulut pas d'abord faire donner ses troupes pour tenter le secours, et voulut attendre que ses gens fussent un peu rafraîchis; et comme apparemment ils ne furent pas avertis du secours que nous avions amené aux assiégeants, ils tentèrent le secours le matin. Ils s'aperçurent lors de notre présence et après fort peu de coups tirés, ils s'en allèrent.

J'ai oublié de dire qu'en arrivant, mon frère proposa à M. de Palluau de lui donner deux cents chevaux de ses meilleures troupes, et qu'il en laisserait deux cents de ses cavaliers des plus fatigués, attendu que nous venions de faire une fort longue marche, fort précipitée, qu'il assurait de battre les ennemis, et que Mouron n'en serait pas pris plus tard : car il y avait une espèce de capitulation faite entre M. de Persant, assiégé, et M. de Palluau assiégeant, qui était que si mon dit sieur de Persant n'était secouru dans un tel temps, il rendrait la place. M. de Palluau ne voulant point donner les deux cents cavaliers qu'il lui avait demandés, mon frère se préparait à attaquer, les ennemis ne s'étant allés camper qu'à un peu plus de la portée de mousquet du camp de mon dit sieur de Palluau. Mais, comme il se mettait en marche, M. de Palluau vint avec des supplications extrêmes le prier de ne point *hasarder* ce combat. Le hasard n'était pas si grand que de merveille : le détachement de l'armée que commandait mon frère était aussi nombreux que celui que commandait pour les ennemis le comte de Briolle; le nôtre était composé du régiment de d'Estournant, de celui de Siron, de la compagnie des Chevau-légers de la Reine, et le reste d'un détachement de toute l'armée, par mestres commandés de chaque régiment; joindre que nous avions encore le camp de M. de Palluau, qui pouvait, sans se dégarnir par trop, nous fournir plus qu'il n'était nécessaire pour être sûr de battre ces gens-là. Mais M. de Palluau, qui était sûr d'avoir la place si elle n'était pas secourue (ce qu'elle ne pouvait être, mon frère ayant amené ce secours aux assiégeants), avait ses raisons; il en espérait un bâton de Maréchal de France, ce que effectivement il obtint peu de temps après.

Les ennemis s'étant retirés et retournés sur leurs pas, il fallait attendre que la place fût évacuée pour les suivre; ainsi, les ennemis s'éloignèrent toujours de nous. Néanmoins nous nous mîmes sur leur voie pour tâcher de les attraper, mais eux se retirèrent avec tant de précipitation qu'il nous fut impossible de les joindre. Ils se retirèrent par Sancerre, lequel lieu était dans le parti de M. le prince de Condé et donna toutes sortes d'assistances aux ennemis pour passer promptement la rivière de Loire au port Saint-

Thibault qui est au-dessous; et même, quand tous les
ennemis eurent passé, les gens de Sancerre enfoncèrent
les bateaux dans l'eau de l'autre côté de la rivière,
et quand nous abordâmes Sancerre, tout ce que je
viens de dire était fait : ainsi, plus de moyen de joindre
les ennemis.

Nos troupes étaient extrêmement fatiguées. Ne
pouvant poursuivre davantage, mon frère fut d'avis
de faire reposer ses troupes, et ce, dans les villages
dépendants de Sancerre, tant parce qu'elles en avaient
grand besoin, que pour châtier un peu messieurs de
Sancerre d'avoir favorisé la retraite des ennemis en leur
faisant trouver plus de bateaux et de bateliers qu'il n'y
avait de coutume d'en avoir audit port de Saint-
Thibault. Ils ne demeurèrent pas longtemps à s'apercevoir de la faute qu'ils avaient faite, et députèrent
des principaux de Sancerre pour représenter à mon
frère que ses troupes dans leurs villages les incommodaient beaucoup, et qu'ils le suppliaient de les
soulager; à quoi mon frère leur dit qu'il savait très
bien que le séjour de ses troupes ne les accommodait
pas, mais qu'il ne saurait trop les châtier de s'être
si ouvertement déclarés contre le service du Roi. Nous
demeurâmes là trois ou quatre jours; et ces messieurs de
Sancerre, appréhendant un plus long séjour, solli-
citaient journellement mon frère, lequel leur fit connaître qu'un peu d'argent le satisferait; ce qu'il ne
voulait point pour lui, mais bien pour faire ce que je
vais dire.

Sancerre était composé lors d'autant de huguenots
pour le moins que de catholiques; et mon frère, fort
homme de bien et aumônieux, d'un autre côté voulant

un peu châtier ces gens-là, convint avec eux qu'ils lui donneraient six mille livres argent comptant, qu'ils donnèrent; puis il leur demanda s'ils n'avaient pas dans leur voisinage quelque vieux gentilhomme de probité. Ils dirent que oui, et lui amenèrent. Mon frère lui dit qu'étant gentilhomme, avec la réputation d'homme d'honneur, il ne doutait point qu'il ne fût dans les intérêts du Roi, ainsi que son devoir l'engageait, mais qu'il n'en était pas de même de messieurs de Sancerre qui avaient facilité la retraite des ennemis, ce qui l'avait obligé d'y faire rafraîchir ses troupes qui en avaient besoin et de leur faire payer six mille livres d'argent comptant, ce qui ne lui faisait plaisir qu'en ce qu'il faisait connaître leur faute à ces messieurs de Sancerre. En marque de cela, il lui remettait les six mille livres entre les mains : qu'il en donnât aux pauvres catholiques de la ville quinze cents livres, aux pauvres huguenots de la même ville pareille somme de quinze cents livres, et que les trois mille livres restant, il les gardât pendant un an; et que, au bout de cette année-là, si messieurs de Sancerre demeuraient fidèles pour le service du Roi, ainsi qu'ils lui avaient promis, il leur rendît cet argent; que si, pendant tout le cours de cette année-là, ils prenaient d'autre parti que celui du Roi, il donnait ces trois mille livres à ce gentilhomme, pour en disposer à son profit ainsi qu'il aviserait.

Après cela, et que l'on eut fait relever les bateaux qui avaient été enfoncés, nous passâmes avec toutes nos troupes la rivière de Loire. Nous apprîmes, étant passés, que les ennemis ayant appris notre séjour en deçà de la rivière, avaient aussi séjourné de l'autre côté, parce que leurs troupes étaient fatiguées aussi bien les nôtres : ce qui nous fit croire, étant passés de leur côté, qu'ils ne pouvaient pas être fort loin de nous. Cela nous fit marcher en diligence du côté que nous les croyions trouver; mais eux, étant parfaitement avertis de toutes nos démarches (la plupart de ce pays-là étant dans les intérêts de M. le prince de Condé), apprenant que nous avions fait relever les bateaux et que nous allions passer, décampèrent incessamment, et quand nous fûmes passés, ils se trouvèrent par trop éloignés de nous pour les pouvoir joindre. Cependant, mon frère ne laissait pas de les suivre du mieux qu'il pouvait avec ses troupes; il arriva, à plusieurs journées de là, une affaire assez mémorable pour en parler.

En continuant toujours notre marche pour tâcher de joindre les ennemis, environ deux ou trois heures avant soleil couché, nous abordâmes à un lieu nommé Chéroy[1], qui n'est qu'une espèce de grand bourg et néanmoins renfermé d'une petite muraille. Nous y trouvâmes les portes fermées, et plusieurs gens en armes derrière ces murailles. Cela fit croire à mon frère que les ennemis que nous suivions étaient retirés en ce lieu, n'étant pas à croire que de simples bourgeois en petit nombre voulussent tenir contre un corps de troupes réglées; et comme, effectivement, mon frère ne voulait point s'arrêter là, étant de trop bonne heure pour rester[2] à des troupes qui suivent leurs ennemis, il leur proposa seulement d'y laisser entrer deux ou trois officiers pour voir si les troupes des ennemis du

____

1. Chéroy (Yonne, arr. de Sens, ch.-l. de canton).
2. Faire le cantonnement.

Roi étaient là: ce qu'ils ne voulurent pas. Ainsi mon frère se confirma dans la croyance que les ennemis y pouvaient être. Mais, voyant bien que si les ennemis n'y étaient pas, ce pauvre petit endroit se trouverait abîmé, et étant fort homme de bien (on pouvait dire de lui qu'il avait su unir la piété avec les armes), il voulut encore tâcher de les inciter à laisser entrer quelqu'un, pour voir si effectivement les troupes ennemies n'étaient pas réfugiées là dedans. Pour cet effet, il alla tout autour des remparts leur dire cela, ou qu'autrement il les ferait attaquer; comme je lui servais d'aide de camp, j'étais toujours près de lui, et, partant, témoin oculaire de tout ce que je viens d'écrire. En achevant de faire le tour de la muraille, il ne nous fut répondu que par quelques coups de fusil, qui néanmoins ne blessèrent personne. Cela fit que mon frère ne douta plus que les ennemis n'y fussent réfugiés : nos troupes attaquèrent par quatre ou cinq endroits à la fois ce pauvre lieu de Chéroy, qui dans le même moment fut pris de tous côtés. Les ennemis n'y étaient point; mon frère ne put éviter que l'on ne fît main basse de tous côtés sur ces pauvres bourgeois, qui avaient été mal conseillés de ne laisser pas entrer deux ou trois officiers dans leur lieu.

Mon frère courut à l'église pour empêcher le meurtre qui s'y faisait, et fit sortir tous les cavaliers qui y étaient entrés. Comme quelques femmes qui étaient là le virent empêcher le carnage, elles lui vinrent dire qu'il y avait dans une maison quantité de femmes qui n'avaient encore point été pillées; il m'y envoya sur le moment avec trois de ses gardes, et un de ses pages qui m'aimait beaucoup y vint aussi avec moi. J'abordai ce logis, et trouvai la porte fermée, où assurément il y avait plus de cinquante femmes ou filles; bien loin de m'ouvrir la porte pour les mener dans l'église en sûreté, dans le temps que je faisais enfoncer cette porte, au refus de me l'ouvrir, il y avait un degré de bois que ces femmes défaisaient; de sorte que quand je fus entré, je ne trouvai plus de degré pour monter en haut, où elles s'étaient retirées. Mais comme j'étais fort jeune et agile, je montai sur les épaules d'un de ces gardes que j'avais mené, et entrai où toutes ces femmes s'étaient retirées. Me voyant là, elles crurent être perdues : elles se jetèrent toutes à genoux; les unes me présentaient des bagues, les autres de l'argent. Voyant que je ne voulais rien de tout cela, et que effectivement je n'étais venu là que pour sauver leur honneur et les mener en sûreté dans l'église, elles descendirent toutes du mieux qu'elles purent, et je les menai en cette église, ce que je ne fis pas sans peine; car nos troupes, qui étaient pour la plupart allemandes, comme les régiments de Destournant et de Siron, étaient si acharnées au pillage, que l'on peut dire que, hors le feu, toutes sortes de crimes furent commis[1], de manière que ce ne fut pas sans peine que je conduisis ces femmes dans l'église. Quand le meurtre fut calmé, qui fut grand, la nuit approcha, de sorte que l'on passa là cette nuit, les officiers étant dans les maisons, et les cavaliers dans les rues, avec leurs chevaux, où ils

1. François de Monthas, écrivant à sa femme, au lendemain de Rocroy, un récit de la bataille, disait déjà à propos du sac des bagages espagnols par l'armée victorieuse : « Il y a tel soldat allemand, c'est-à-dire de ceux qui vont promptement au pillage et tardivement aux coups, qui a gagné jusques à 20 000 livres... Les Allemands ont profité, et nous avons eu l'honneur. »

faisaient cuire des viandes et ne manquaient de rien, le pillage ayant été grand.

Il m'arriva cette nuit-là une chose qui m'a fait connaître visiblement que Dieu m'a toujours protégé et qu'il a eu toujours pour moi des bontés que je n'ai jamais bien méritées, étant porté, je crois, plus que qui que ce soit au monde, au péché de la chair avec les femmes. J'étais aimé de mes cavaliers, et il en vint un, cette nuit-là, qui m'amena une fort belle demoiselle, — je ne sais pas son extraction, — richement habillée, laquelle était dans la plus grande désolation du monde, et me disant dans l'abondance de ses pleurs que la plupart de toute sa parenté avait été tuée devant ses yeux. Ce cavalier avait été un de ceux qui avaient été dans ce désordre; et sachant mon vice, ainsi que je viens de dire, il crut me faire un grand plaisir que de prendre cette fille pour me l'amener, m'assurant que personne ne lui avait touché. Effectivement, cela me plut beaucoup et je tâchai de consoler cette fille du mieux qu'il m'était possible et la voulus faire souper avec moi, mais cela me fut impossible, de sorte que je soupai tandis qu'elle était auprès de la cheminée dans la désolation que je viens de dire. Quand j'eus mangé, j'envoyai mes valets souper dans une autre chambre du logis. Ce fut là que je fis mes efforts de persuader cette fille de m'accorder sa jouissance; et même il y eut quelque insolence de ma part, non pas que j'eusse dessein d'user de la dernière violence (par la grâce de Dieu, je n'ai jamais eu de desseins si bas et si pernicieux), mais ne voulant rien m'accorder, je la menai sur la porte de la rue qui, comme j'ai ci-devant dit, était pleine de cavaliers, lui disant que je ne voulais point la violer, mais que puisqu'elle ne voulait me rien accorder, je n'avais que faire d'elle dans mon logis et que je l'allais faire sortir. Elle, se voyant dans cette extrémité, et que, me refusant, elle allait être en proie à tous ces cavaliers, se jeta à genoux pour me prier de la tuer, disant qu'elle préférait la mort à la perte de son honneur, et ensuite, implora le secours de Dieu et celui de la Vierge comme Vierge des Vierges. Tellement que Dieu, par son intercession, accorda à cette fille l'effet de ses grâces, dont j'ai aussi à le remercier tout le reste de mes jours : car dans le moment, j'eus pour ainsi dire les yeux de l'âme ouverts ; je ne regardais plus cette fille que pour avoir horreur de mon péché, de l'avoir voulu insulter dans l'état pitoyable où elle était. Lors j'entrai dans un grand dépit de moi-même, et dis à cette demoiselle que je ne lui demanderais jamais rien de déshonnête, mais que j'avais une prière à lui faire, qui était de me pardonner. Elle me dit que je n'avais plus qu'à demander pardon à Dieu, que pour elle, elle se trouvait trop heureuse qu'il m'eût touché le cœur. Je lui dis : « Mademoiselle, ce n'est pas tout, vous n'êtes pas bien dans ce logis ; il faut que je vous mène à l'église, où il y a garde, et où quasi toutes les femmes du lieu sont retirées. » Elle me dit qu'elle souhaitait beaucoup y être, mais qu'elle en appréhendait le trajet : et elle avait raison, la plupart des cavaliers qui remplissaient les rues étant ivres et par conséquent fort insolents. J'aurais pu garder cette demoiselle dans mon logis jusqu'à notre départ ; mais je me défiais de moi-même ; de sorte que j'envoyai quérir deux cavaliers de ma compagnie que j'avais dans ce détachement, deux gardes

de mon frère avec leurs casaques de garde, ce jeune
page de mon frère qui était de mon âge et qui m'aimait
éperdument. Enfin nous mîmes cette fille entre nous,
étant bien armés, et moi dans le dessein de plutôt
mourir que l'on lui fît une insulte. Nous abordâmes
l'église et la menâmes dedans; lors, je vis toutes les
femmes et filles de ce lieu venir au-devant de cette
demoiselle, qu'elles abordaient avec joie, autant que
l'état pitoyable leur pouvait permettre, mais avec
respect, et une grosse femme brune, que je pris d'abord
pour sa mère, mais dont je me désabusai ensuite par
l'honneur qu'elle lui rendait, en parut plus de satisfaction qu'aucune. Je crus faire plaisir à cette demoiselle
de dire, comme je fis, à cette grosse femme, qui pouvait
être de l'âge de cinquante ou soixante ans, que sur
mon honneur, je l'assurais, dans la maison de Dieu
que je prenais lors à témoin, que cette demoiselle
était aussi vierge, pure et entière qu'elle l'était avant
que l'on eût fait l'attaque du lieu. A quoi cette fille
me répondit seulement qu'elle prierait toujours Dieu
pour moi.

CHAPITRE III

Nous partîmes de ce lieu désolé, et continuant notre marche, nous joignîmes notre armée, commandée lors par M. de Turenne, qui était campée à Villeneuve-Saint-Georges près Paris, où nous demeurâmes long-temps en présence des ennemis. Nous étions retranchés et il ne s'y passait rien, que quelques escarmouches qui ne furent néanmoins pas fort considérables; puis les ennemis se retirèrent et nous aussi, l'arrière-saison approchant. Cependant, on ne laissa pas de faire quelques petits sièges, pour nettoyer les places qui restaient à remettre sous l'obéissance du Roi, mais qui duraient fort peu : se voyant sans secours, le parti de M. le Prince diminuait en France; et celui du Roi reprenant le dessus, mon frère s'en retourna à un de ses gouvernements qui était à Melun, et me renvoya à la tête de ma compagnie.

Peu de temps après que j'eus joint le régiment, je

tombai malade, auprès de la ville de Reims, où je me
fis porter; et pareillement, mon frère étant arrivé à
Melun peu de jours après, tomba malade d'une maladie
qui ne lui dura que quelques jours, et mourut [1]. Pour
moi, après avoir eu l'émétique à vin que l'on ne donnait lors qu'aux malades désespérés [2], comme j'étais
jeune et vigoureux je me tirai d'affaire. Mais dans le
temps que je commençais à me remettre, j'appris la
mort de mon frère arrivée à Melun; et quand je fus
assez remis pour entreprendre de faire voyage, je
m'en allai à Paris où je trouvai mon père qui m'y
garda quelques jours; ensuite de quoi, nous allâmes
à Rouen, où ma mère était, qui n'avait point vu mon
père depuis la nouvelle qui leur était venue de la
mort de mon frère; ce fut là encore un redoublement
de douleur pour ces pauvres gens, qui ne se rejoi-
gnirent que les larmes aux yeux de la perte de leur
fils aîné.

Peu de temps après, je pris congé d'eux et m'en
allai rejoindre le régiment, qui était lors en son entier
en garnison à Soissons; ma compagnie y était comme
les autres. En abordant à Soissons, les nouvelles
vinrent au régiment de M. le cardinal Mazarin, qui
pour lors faisait le tout en France, la Reine Mère de
notre roi Louis XIV, de glorieuse et éternelle mémoire,
se confiant en lui de la direction des plus considérables affaires du royaume (et c'est le prétexte que
messieurs les Princes avaient pris pour fomenter les

1. 13 janvier 1653.
2. On sait que c'est avec ce remède qu'un empirique sauva le jeune
Louis XIV, auquel les médecins ne savaient plus qu'ordonner (Voy.
Chéruel).

guerres civiles du royaume, et qui ont été soutenues par notre susdite reine Anne d'Autriche avec tant de vertu et de fermeté, que dans la suite les historiens ne lui sauraient donner trop de louanges), mais pour revenir à notre régiment Royal où j'avais ma compagnie, la nouvelle lui vint que mon dit sieur le cardinal Mazarin voulait donner ledit régiment à M. de Montpezat [1], qui pour lors était Maréchal de camp. Or dans ce régiment, il y avait un esprit de bravoure parmi tous les officiers qui le composaient, si particulier, et par leurs manières ils se distinguaient si fort des autres troupes, que par une espèce de petite plaisanterie on nous appelait la *république*; il est vrai que nous nous étions fait des statuts tout particuliers, où il ne venait point de gens qui eussent obtenu une compagnie dans ce corps, qu'avant que de les recevoir on ne leur eût lu les dits statuts, et qu'ils n'eussent promis, sur leur honneur, de les garder et entretenir. Voici ce que c'était.

Premièrement, si on avait connaissance de quelque lâcheté que quelque officier eût faite, de quelque grade qu'il pût être, il fallait en avertir le corps. Lors on faisait venir cet officier en particulier, en présence des quatre officiers principaux du régiment, et on lui disait ce que monsieur un tel avait dit de lui, et puis on le laissait pendant deux fois vingt-quatre heures pour voir la manière dont en aurait agi l'accusé contre son accusateur, où on ne souffrait aucune supercherie ni de second. Et si cet accusé n'avait pas fait une bonne manœuvre, on lui envoyait l'aide-major, de la

---

1. François de Trémolet de Buccelli, marquis de Montpezat.

part de tout le régiment, lui dire que l'on ne lui donnait que vingt-quatre heures pour se retirer et pour ne jamais paraître au régiment; et il n'y avait plus ni appel, ni excuses; et si cet officier ne s'était pas retiré avec tout son équipage, il était chassé par force ignominieusement, et ce par les valets du régiment qui leur faisaient mille insultes.

Que quand bien même un officier du régiment aurait été mal avec un autre officier de ce même régiment, et qu'il eût ouï dire la moindre chose au désavantage de cet officier qu'il n'aurait point aimé, sans en prendre le parti et soutenir le contraire, sans aucune rémission on le chassait du régiment.

Si quelque officier avait quelque plainte à faire d'un autre, il s'en allait trouver le commandant et dire ce dont il avait à se plaindre; lors ce commandant en avertissait deux ou trois des principaux officiers, qui tous ensemble faisaient leur possible par toutes sortes de voies douces et raisonnables d'accommoder ces officiers. S'ils n'y pouvaient pas réussir, ils commençaient par blâmer celui qu'ils croyaient avoir tort, et si ce dernier ne voulait point se rendre à la raison, on les laissait aller se battre, et on les voyait partir; personne ne les suivait pour les séparer ni autrement, et point de seconds. A l'égard de celui que l'on avait jugé avant ce combat avoir tort, qu'il tuât ou non, qu'il fût blessé ou blessât, ou quand même ils se seraient séparés sans accident de part et d'autre, celui que l'on avait jugé avoir tort était prié honnêtement de la part du corps d'en sortir, à quoi il fallait de nécessité qu'il se rendît, car autrement on l'aurait fait sortir par force.

De cette façon, il se faisait très peu de combats dans
le régiment; et si c'étaient de braves gens, quand
il s'y faisait quelque combat sans que l'on en eût
averti ainsi qu'il est expliqué ci-dessus, on faisait sortir
sans quartier celui qui avait fait l'appel à l'autre.

Quand il y avait eu dans les querelles des coups
donnés, on ne tâchait point de les accommoder, mais
on les faisait partir ensemble sans seconds, ainsi qu'il
est dit ci-dessus.

Les officiers qui avaient querelles contre d'autres
qui ne fussent pas du régiment, se pouvaient servir
de seconds ou non, comme bon leur semblait : on ne
donnait aucun avis de leur démêlé.

A l'exemple des officiers, cela donnait une émulation
de bravoure aux cavaliers si extraordinaire, que l'on
pouvait être assuré d'être bien suivi, si on allait aux
ennemis. L'on ne frappait jamais un cavalier à coups
de canne, et, très rarement du reste, si un capitaine
malheureusement avait battu un cavalier à coups de
bâton, ce cavalier avait son congé, pourvu qu'il entrât
dans une autre compagnie du régiment. Quand un
cavalier avait des défauts par trop considérables, après
beaucoup de récidives, comme quelques coups de plat
d'épée, quelques jours de prison ou de cachot, on le
chassait honteusement du régiment, ayant dit aux
autres cavaliers pourquoi on le chassait de la sorte.

Jamais un officier ne se trouvait si riche que lorsqu'il était malade ou blessé : chacun lui offrait tout
ce qu'il avait d'argent. Sur l'arrière-saison, où l'argent
devenait rare, tous les capitaines s'assemblaient chez
le commandant où chacun apportait tout ce qu'il avait
d'argent, que le major recevait et mettait par mémoire

ce qu'il avait reçu d'un chacun, puis le distribuait
ensuite à tous les capitaines également; et les subalternes faisaient la même chose, s'assemblant chez le
lieutenant de la compagnie mestre de camp, ou, en
son absence, chez le lieutenant de la compagnie la plus
ancienne. L'aide-major recevait leur argent, ainsi que
le major faisait de celui des capitaines et leur distribuait de même, avec cette différence que dessus toute
cette masse il donnait aux uns plus, aux autres moins,
par exemple au lieutenant pour quatre, au cornette
pour trois et au maréchal des logis pour deux; la raison
était que si on eût donné à tous également, un lieutenant qui aurait été bon ménager pendant la campagne,
apportant beaucoup d'argent à cette masse, si les
maréchaux des logis (dont les paies sont beaucoup
moindres en quartier d'hiver) avaient autant touché
d'argent dans cette répartition que les lieutenants,
l'aide-major aurait eu de la peine ensuite à avoir sur
les paies des maréchaux des logis de quoi rembourser
ceux qui auraient avancé le plus d'argent. Car c'était
une chose si essentielle que le retour de cet argent
que, préférablement à toutes choses, sur les premiers
deniers qui étaient payés généralement de tous officiers tant subalternes que autres, cet argent était levé
par le major et l'aide-major, et était rendu à ceux qui
l'avaient avancé.

Et étant sur ce chapitre, je ne saurais encore m'empêcher de dire, pour marquer la concorde de ce corps,
ce qui advint à un capitaine du régiment, nommé
Bellechasaigne, natif d'auprès la ville de Montluçon,
lequel était partisan et fut pris par les ennemis, et
cela au commencement d'une campagne. Par l'absence

de cet homme, sa compagnie s'était un peu diminuée; de plus, les ennemis ne le voulurent point rendre pour sa rançon, ce qui arrive assez souvent aux partisans quand ils ont le malheur d'être pris. On voulut faire à la Cour réforme de quelque cavalerie : il y avait lors quatorze compagnies au régiment, ce qui serait assez difficile à croire en ce temps ici, car depuis un grand nombre d'années dans notre cavalerie on n'en a vu que douze dans les plus forts régiments. Très souvent, quand on réformait quelques compagnies de chaque régiment, on n'envoyait point de lettres de réforme comme on a fait depuis; mais on envoyait les ordres du quartier d'hiver à chaque régiment, où étaient nommées toutes les compagnies qui participaient à ce quartier d'hiver, et il n'était point parlé des autres; ainsi, celles dont il n'était fait nulle mention se trouvaient cassées.

Celle dudit sieur de Bellechasaigne se trouva dans ce malheur; et comme le corps vit l'injustice que l'on lui rendait, nous fîmes monter toute sa compagnie à cheval et choisîmes les vingt-quatre meilleurs chevaux et les vingt-quatre meilleurs hommes; on se les partagea dans les douze compagnies restantes; chaque capitaine prit deux cavaliers, auxquels pendant le quartier d'hiver il donna pour la subsistance la même paie, et enfin tout comme aux cavaliers de sa compagnie, ce qui coûta plus de quatre cents francs à chaque capitaine. Puis, on fit très humblement prier le Roi, de la part du corps, de remettre Bellechasaigne, ce qu'il fit; et au commencement de la campagne où ce dernier fut échangé, chaque capitaine lui rendit ses deux cavaliers, sans qu'il en coûtât rien audit

Bellechasaigne. Tous les officiers commandants de chaque compagnie nourrirent pendant quinze jours, avec leurs valets et équipage, des subalternes de Bellechasaigne, et leur fournirent outre cela en argent, pendant ces quinze jours, ce que le Roi leur avait payé de quartier d'hiver.

Il serait trop long à décrire les générosités qui se pratiquaient dans ce régiment. Un gentilhomme pauvre de biens, mais riche en vertus, brave homme au possible, nommé Verdelin, ayant été fort blessé, s'en alla chez lui, où il fut contraint de demeurer toute la campagne et d'aller aux bains de Barèges qui étaient près de sa maison. Il ne put pas même rejoindre sa compagnie le quartier d'hiver suivant, et son lieutenant, nommé Noguez, qui était d'auprès de la Réole en Gascogne, prenait grand soin de la compagnie de son capitaine absent. De sorte que M. le cardinal Mazarin, la chose lui étant rapportée, crut que Verdelin avait absolument abandonné sa compagnie, et étant instruit du grand soin que Noguez en prenait, le fit venir en Cour et lui témoigna le bon gré que le Roi et lui-même lui savaient du soin qu'il avait pris de cette compagnie abandonnée depuis si longtemps par son capitaine, que Sa Majesté lui accordait la compagnie, et qu'il lui en allait faire expédier la commission. A quoi Noguez répondit que si Verdelin, son capitaine, avait si longtemps demeuré absent, c'était à cause des grandes blessures qu'il avait reçues pour le service du Roi, et qu'il se croirait indigne de porter la qualité d'homme s'il acceptait sa compagnie. M. le Cardinal répondit qu'il n'était plus le temps de ces générosités, que le Roi le voulait. Noguez lui dit que le Roi était maître de sa vie, qu'il en pouvait disposer comme bon lui semblerait, qu'il l'avait bien des fois exposée pour le service de Sa Majesté, ce qu'il était toujours prêt de faire quand l'occasion s'en présenterait, mais qu'il aimerait mieux mourir que de rien faire qu'il croirait contre son honneur. M. le Cardinal lui dit que l'on l'allait donner à un autre. Noguez répliqua que si c'était à quelqu'un du régiment, l'on ne trouverait personne qui eût le cœur assez bas pour vouloir profiter du malheur d'un brave homme où il n'y avait aucun reproche à faire, et qu'il ne croyait pas qu'il y eût personne, dans les armées du Roi, qui voulût entrer dans le régiment Royal par cette porte. Effectivement Verdelin revint à peu près guéri de ses blessures dans la campagne suivante, et fut fait longtemps après Mestre de Camp, et enfin, fut tué en Catalogne.

J'ai allégué ces deux actions au sujet de Bellechasaigne et ce que je viens de dire de Noguez, parce que ce sont les premières qui me sont venues en pensée. Il faudrait un volume entier, car je pourrais en citer plusieurs centaines, dont il y en a quantité d'aussi fortes; et c'est seulement pour ceux de ma famille qui se voudront donner la peine de lire ces écrits après ma mort, afin de leur faire remarquer que l'école des honnêtes gens forme les esprits, règle les mœurs et insinue dans nos âmes et dans nos esprits toutes les qualités qu'un parfait honnête homme possède; et que comme le mérite nous porte à la vertu, les vices nous portent au mal; ainsi, il faut suivre l'un et éviter l'autre.

Tout ceci est une forte digression. Mais cela fera connaître que si, dans le récit que je prétends faire de ma vie, on remarque quelque chose d'extraordinaire, il faudra aussi remarquer que c'est grâce à ceux qui m'ont donné l'être et l'éducation, lesquels avaient une vertu en quelque façon au-dessus de toutes celles de leur temps, et qui n'a point été égalée depuis. Au sortir de leurs mains, j'entrai dans ce régiment qui était la plus belle école de ce temps-là pour la guerre, de sorte que si j'ai des sentiments particuliers et qui ont été peu imités, c'est d'où je les tiens. Mais enfin, il faut sortir de cette digression et revenir à la nouvelle qui vint au régiment, que mon dit sieur le cardinal Mazarin faisait donner ce régiment à mon dit sieur de Montpezat. Nous nous assemblâmes tous, savoir les capitaines ou commandants des compagnies, les lieutenants et les cornettes, pour savoir à la pluralité des voix ce qu'il convenait faire pour empêcher que le régiment fût donné à d'autres qu'aux officiers du corps.

Mon frère aîné avait été le premier Mestre de camp de ce régiment, car quoique je ne sois pas de ce temps-là, on m'a dit qu'au retour de la retraite de Mayence [1] il n'y avait encore point de régiments en France, mais que des compagnies franches, et qu'on prit cette méthode d'Allemagne, qui fut de mettre plusieurs compagnies ensemble pour former un corps de régiment. M. le cardinal de Richelieu assembla plusieurs de ces compagnies et en fit un régiment auquel il donna son nom, et en fit mon frère aîné Mestre de camp [2].

---

1. Retraite du cardinal de la Valette après avoir fait lever le blocus de Mayence, en 1635. C'est, en effet, cette année-là que furent organisés en France les régiments de cavalerie.

2. Pour l'historique du *Royal*, v. *Histoire du 2ᵉ régiment de Cuirassiers*, par le baron Rothwiller.

Mon dit sieur le cardinal de Richelieu étant mort, le roi Louis XIII, de glorieuse mémoire, lui donna son nom, et voilà la naissance du régiment Royal de Cavalerie qui est présentement, ayant toujours continué; mais, sans vouloir fâcher ceux qui le composent aujourd'hui, les choses ne sont plus sur le pied qu'elles ont été, et pour marque de cela, il faut reprendre le fil de ma narration commencée.

Le résultat de la susdite assemblée, fut que l'on enverrait un capitaine du régiment en Cour, pour supplier le Roi et M. le cardinal Mazarin de faire donner le régiment à un des officiers qui le composaient, et, en cas de refus, de déclarer ne vouloir plus servir, puisqu'il était persuadé devoir avoir cet honneur dans le corps, n'ayant jamais vu plier leurs armes devant celles des ennemis de Sa Majesté. La décision pour cet envoi tomba sur le sieur de Lespaux, capitaine au régiment; il était dans son pays sénéchal de la Basse-Marche; mais pour des affaires qu'il avait eues contre la ville de Bellac, il se mit dans ce régiment où il eut par son mérite une compagnie.

Il avait son fils pour lieutenant, nommé Aurilliat; et véritablement cet homme avait bien pris l'esprit du régiment, où il avait acquis l'approbation des gens de cœur et de service; il ne manquait non plus d'esprit que de fermeté. Ainsi il répondit dans l'assemblée que l'on lui faisait bien de l'honneur, mais que pour être encore plus sûr de ce qu'il avait à dire, il était bon que l'on lui écrivît, et que cela fût signé de tous les capitaines ou commandants de compagnie, des lieutenants et cornettes, et aussi du major et de l'aide-major. Cet écrit portait donc, en substance,

que le dit sieur de Lespaux demanderait au nom du
régiment qu'il fût donné à un officier du corps, tel
qu'il plairait au Roi et à Son Éminence le choisir.
On ne nommait point dans le corps le nom du premier
capitaine qui le commandait, nommé Canferant; mais
on disait que c'était par soumission pour le Roi, et
que l'on était persuadé que si on nommait un officier
du corps, que ce ne pouvait être autre que lui, puisqu'il en était le premier capitaine. La vérité était
qu'encore bien qu'il fût le plus ancien du régiment,
n'ayant jamais fait d'action que l'on pût absolument
convaincre de bassesse, néanmoins, il n'était pas de
la plus fine bravoure; ce qui fit que l'on ne l'avait
point nommé personnellement, mais on remettait le
tout au choix du Roi et de M. le cardinal Mazarin.
Ainsi donc, cet écrit fut signé de tous les officiers et
j'y signai à mon rang comme les autres.

Il fut aussi arrêté dans cette assemblée, qu'un capitaine du corps irait en Cour pour prier M. de Montpezat de n'accepter point le régiment quand même
on lui voudrait donner, et en cas de refus, de lui
demander de se battre en duel contre lui. Lors Canferant prit la parole, et dit qu'étant le plus ancien
capitaine, c'était à lui à avoir cet honneur; on lui dit
que ce n'était que pour vaincre ou mourir, qu'un
homme qui, par le malheur des armes, aurait demandé
la vie à Montpezat, ne serait plus reçu dans le régiment. Il en demeura d'accord. Cependant, comme j'ai
dit ci-dessus, son mérite n'était pas bien établi, et
dans la suite il a bien fait voir que l'on ne se trompait pas trop.

Thieux, le troisième capitaine lors dans ce régiment,

n'était pas bien avec Canferant. Thieux lui dit que possible il lui faudrait un second, et qu'ainsi, Verdelin n'y étant pas, ce ne pouvait être à d'autre qu'à lui à lui servir de second en cas qu'il en eût besoin; à quoi Canferant lui répondit qu'il était vrai qu'il pouvait avoir besoin d'un second, et que pour cet effet il mènerait avec lui un capitaine du régiment; mais que ce n'était pas sur lui qu'il jetait les yeux pour cela. Là-dessus les contestes s'échauffèrent, et pour apaiser la chose on prit l'avis de tous les commandants de compagnie : la pluralité des voix fut que puisque c'était à Canferant de se battre, qu'il lui devait être loisible de se servir du second qu'il lui plairait; à quoi Thieux, qui n'aimait ni n'estimait Canferant, lui dit qu'il savait bien pourquoi il ne se voulait pas servir de lui pour second, et que c'était qu'il ne voulait rien faire qui vaille. Ils s'échauffaient de paroles, à quoi on mit le holà autant que l'on put, et Canferant emmena avec lui le chevalier de la Neuvelle; de manière que Lespaux, député du corps, partant avec eux, on les vit tous trois partir ensemble pour se rendre à la Cour.

M. le cardinal Mazarin était l'homme du monde le mieux averti, car dans tous les corps il y avait quelqu'un des officiers qui, sans que l'on le sût, l'avertissait de tout ce qui se passait; de manière que l'avis de tout ce que je viens de dire était arrivé à la Cour avant que nos trois sus-dits officiers fussent à moitié chemin. De sorte que Lespaux, étant arrivé, demanda à voir M. le cardinal Mazarin, qui d'ordinaire était assez difficile à voir; et contre son ordinaire, celui-ci, sachant que Lespaux demandait à le voir, le fit entrer, et alla au-devant de lui les bras ouverts, avec démonstration de joie et d'amitié, lui disant qu'il était bien aise de le voir pour lui apprendre une bonne nouvelle, qui était que le Roi lui promettait le premier régiment vacant et trois mille livres de pension qui lui seraient payées par avance et qu'il avait ordre de lui faire payer sur l'heure. M. le Cardinal parlait de cette sorte, parlant toujours au nom du Roi, qui lors ne se mêlait que de peu de chose, et c'était mon dit seigneur le Cardinal qui faisait tout.

A quoi Lespaux lui répondit : « Quoi, Monseigneur! qu'a fait Lespaux en toute sa vie, qui puisse avoir donné lieu à Votre Éminence de croire qu'il fût capable de vendre l'honneur de ses camarades? Je vois bien, par ce que Votre Éminence me dit, qu'elle sait l'ordre que j'ai du régiment. » A quoi M. le Cardinal lui répondit : « Oui, monsieur, je le sais; et je sais aussi que vous avez beaucoup de crédit sur tous les esprits de ce régiment, qui sont tous braves gens; mais le Roi veut plus de docilité, et croyez-moi, monsieur de Lespaux, le Roi sera obéi; Sa Majesté serait très fâchée que d'aussi braves officiers que sont ceux qui composent son régiment Royal courussent à leur perte. » A quoi Lespaux répondit encore un coup qu'il n'était point capable de trahir ses camarades par l'acceptation des choses que l'on lui offrait, qu'il ne doutait point que Son Éminence ne sût parfaitement l'ordre de sa mission, et comme ils avaient tous signé de ne plus servir, si on ne leur accordait la grâce qu'ils demandaient qui était de donner le régiment à tel des officiers du corps qui plairait au Roi et à Son Éminence; mais puisque cette affaire prenait un autre cours, il allait montrer le chemin à ses camarades, et qu'il s'en allait vendre sa compagnie et donner sa lieutenance dont son fils était pourvu. Effectivement, au sortir de l'appartement de M. le Cardinal, il rencontra le jeune Lambert dont le père avait été gouverneur de Metz; ce jeune homme sortait de l'Académie, et commençait à faire sa cour; de sorte que voyant Lespaux dire se vouloir défaire de sa compagnie, il lui proposa de l'acheter, et Lespaux connaissant et étant ami du père, lui dit que très volontiers, et qu'il ne voulait d'argent de sa compagnie que ce qu'il en conviendrait avec le père, dont il le faisait le maître. Ainsi cela s'exécuta de la sorte.

Il n'en alla pas de même de Canferant et de la Neuvelle. Montpezat, quoique brave homme, vit bien qu'il fallait tâcher de gagner les esprits de ce régiment. Moi, n'ayant lors qu'aux environs de dix-huit ans, j'étais néanmoins de mon chef allé à Paris, peu de temps après que ces trois messieurs furent partis du régiment. Lespaux s'était défait de sa compagnie avant que je fusse arrivé à Paris, où la Cour résidait lors. Mon père y était, et Montpezat n'avait pas manqué de l'aller voir avant que je fusse arrivé, et de lui dire qu'il ne pouvait pas refuser le régiment que le Roi et Son Éminence lui voulaient donner, mais qu'à mon égard, il me rendrait tous les soins et les services que défunt mon frère m'aurait pu rendre, qu'il lui en donnait sa parole. Mon père, voyant bien que la Cour n'en aurait pas le démenti, et que je me perdrais si je suivais les emportements des officiers du régiment, se mit en tête de me distraire; la vérité était que comme cet homme prenait ce régiment, je croyais, quoique je ne fusse pas des plus anciens capitaines, que la chose me touchait plus qu'à un autre, parce que c'était le régiment de défunt mon frère. Et effectivement, le sujet de mon voyage était pour faire mettre l'épée à la main à Montpezat. Je mis pied à terre chez mon père, qui avait l'esprit pénétrant, qui me connaissait fort, et que j'aimais beaucoup : si bien qu'il lui fut aisé de découvrir mon dessein; je ne sais pas même s'il n'était pas de concert avec Montpezat, car ce dernier nous vint voir, et mon père lui fit bon accueil et voulut que je lui fisse civilité. Montpezat me faisait mille offres de service, que j'écoutais avec peine, mais n'en osais rien témoigner à cause de mon père, que j'aimais beaucoup plus que moi-même. Ainsi, pour ne lui déplaire, je quittai le dessein que j'avais de me battre contre Montpezat, et aussi pour ne faire à celui-ci aucune incivilité aux offres continuelles qu'il me faisait de me servir. Je dis à mon père qu'il fallait de nécessité que je retournasse à ma compagnie, prétextai des raisons pour cela, et m'en retournai à Soissons où le régiment était en quartier d'hiver.

Je dis à mes camarades la manœuvre de Lespaux, qu'ils savaient déjà; je leur dis l'embarras où mon père m'avait mis, ce qui avait été cause que je l'avais quitté pour les rejoindre. Ils me demandèrent fort des nouvelles de Canferant et du chevalier de la Neuvelle, dont je ne leur pus rien dire; ils s'étonnaient beaucoup de n'entendre point parler d'eux et ils n'avaient garde. M. de Montpezat avait gagné entièrement leur esprit; et bien plus, tout le monde disait que mon dit sieur de Montpezat leur avait donné une somme d'argent considérable. Je l'ai toujours cru de la sorte, non point tant pour éviter de se battre contre Canferant, car Montpezat avait du cœur, mais aussi beaucoup de politique, et il voulait se servir de ces deux hommes qui avaient de l'adresse pour partager les esprits du régiment, afin d'y faire une faction pour lui, et ainsi disjoindre les esprits, à quoi ils réussirent et voici comment.

Canferant et le chevalier de la Neuvelle revinrent au régiment. Quasi tous les officiers, principalement tous les commandants de compagnie, les vinrent trouver, surtout Thieux, qui, comme on a pu remarquer par ce que j'en ai dit, n'était pas des amis de Canferant. J'allai comme les autres à l'arrivée de Canferant et du chevalier de la Neuvelle; Thieux lui dit qu'il était bien aise de le voir revenu en bonne santé, que c'était marque qu'il était Mestre de camp du régiment; à quoi Canferant lui dit qu'il ne l'était point; à cela Thieux lui dit « Eh! qu'êtes-vous donc? » L'autre lui dit : « Je suis Canferant, commandant le régiment et qui vous fera bien obéir; vous, vous êtes un coquin, et qui mériteriez d'être chassé du régiment, indigne de la place que vous y avez tenue! » Et mille autres injures. Tous les officiers étaient là. On les sépara, mais ce fut en retenant chacun de leur côté tous les officiers, qui suivant leurs sentiments et inclinations se séparèrent. La faction de Canferant se résolut à recevoir M. de Montpezat pour Mestre de camp, et celle de Thieux tout au contraire. Voilà le commencement de la désunion de ce corps, qui depuis ne s'est jamais remis dans cette belle union dont j'ai ci-devant parlé.

Quinze jours ou trois semaines après nous arriva Verdelin, qui se mit à la tête de la cabale de Thieux comme second capitaine du régiment, et j'étais aussi de tout mon cœur de ce parti-là. Nous avions de notre côté Verdelin, Thieux, moi, Duret, Bridiers, Lambert, dernier capitaine, Noguez, qui était major, quoique d'ailleurs il fût lieutenant de Verdelin, et à peu près la moitié de tous les subalternes. D'autre côté, Canferant, Mézière, la Neuvelle, Cateuille, Lavalade d'Arsy, et l'autre côté des subalternes qui n'étaient pas dans notre parti.

Les choses en cet état, on ne se voyait plus des deux partis les uns chez les autres; on ne se parlait que très peu; et nous tenions les autres à mépris, comme gens qui par faiblesse se dédisaient de leurs paroles que même ils avaient signées.

M. de Montpezat, qui dès Paris, avec Canferant et la Neuvelle, avait fomenté cela, crut ne pouvoir pas mieux prendre son temps que de venir au régiment pour s'y faire recevoir. Effectivement il y vint. Le voilà donc à Soissons où nous étions en quartier d'hiver : Canferant et tous ceux de son parti ne manquèrent pas de l'aller voir au lieu où il avait mis pied à terre; pas un de nous autres n'y alla. Canferant donna ordre que le lendemain, à neuf heures, le régiment montât à cheval; pas un de nous autres ne refusa de monter à cheval avec le régiment qui devait être en bataille; nous nous assemblâmes néanmoins, tous ceux de notre parti, tant capitaines que subalternes, dans le logis de Verdelin, et là nous convînmes tous d'un commun accord qu'il fallait tuer Montpezat à la tête du régiment, lorsque l'on parlerait de le recevoir pour Mestre de camp; mais, néanmoins, afin qu'il en fût averti, et que, par ainsi, ce ne fût pas un assassinat, on demeura d'accord de lui envoyer un de nous autres de la part de tous ceux de notre parti, pour lui dire la résolution où nous étions. Verdelin dit que c'était à lui à aller faire ce discours à Montpezat. Quoique jeune, je pris la parole et dis à M. Verdelin que nous le regardions comme chef de notre parti, et que ce n'était point au chef d'être envoyé, que M. de Thieux était trop brouillé avec Canferant qui ne quittait jamais Montpezat, et que ne s'agissant que de donner cet avis à M. de Montpezat, qui prétendait prendre la place de mon frère, c'était plus à moi qu'à qui que ce soit de lui aller parler. Alors Noguez, le major, dit que ce ne devait être à d'autre qu'à lui; qu'étant major, il était personne publique pour déclarer l'intention du corps; qu'il ne regardait plus Canferant comme commandant du régiment, mais comme un membre pourri, lui et tous ses adhérents. Enfin il fut arrêté que ce serait Noguez, qui irait; il y fut, et, assurément, n'oublia pas un mot de sa mission. Canferant était seul avec Montpezat : il demanda à ce major d'où venait qu'il se chargeait de pareille chose sans son aveu et sans ses ordres : « Parce que, lui répondit Noguez, je ne vous connais plus; mais vous, tout le premier, préparez-vous à la peine que mérite votre trahison. » A ce mot de trahison, Canferant fit mine d'aller à lui; Montpezat se mit entre deux. Lors Noguez lui dit : « Je vous ai dit ce que j'avais ordre de vous dire; mais, je vais parler de moi et vous dire les choses comme elles sont. Nous sommes tous résolus de mourir plutôt que de nous dédire de ce que nous avons signé : nous préférons toujours la mort à vous voir notre Mestre de camp. Défaites-vous des principaux officiers de notre parti : si vous en venez à bout, ce sera un grand acheminement à faire calmer le reste. M. de Verdelin, mon capitaine, est le chef du parti contre vous; c'est un homme d'une si haute réputation, qu'il n'y a que beaucoup d'honneur à gagner avec lui. Quoique je n'aie point d'ordre de vous parler de sa part, je suis certain qu'il ne me dédira pas. Si vous voulez, pour diminuer son parti, que quelques-uns de ses amis le servent, ce ne peut être autre que moi qui vous en fais la proposition. Si vous en voulez deux, il y a M. de Thieux qui se fera plaisir de servir M. de Verdelin. Si vous en voulez trois, afin d'abattre entièrement notre parti, il y a le jeune Montbas qui marche après; c'est l'enfant du régiment : il ne peut voir qu'avec un regret sensible un étranger à l'égard du régiment occuper la place de son frère. Croyez-moi, Monsieur : prenez cette voie-là, et ne nous forcez pas à faire une chose qui dans la suite pourrait être mal interprétée; quoique je ne sois ici que pour vous en avertir de leur part, je ne vous dis la pensée qui me vient de naître que pour éviter cet accident. »

A quoi M. de Montpezat dit à Noguez : « La suite vous fera voir visiblement que je ne crains rien; mais je ne suis pas ici pour cela, et remercierai plutôt le Roi de la grâce qu'il m'a prétendu faire, que d'apporter un tel désordre dans un corps qui a toujours été dans une si grande réputation. Le temps décidera de toutes choses. » Il prit son chemin, et retourna en Cour sans se faire recevoir.

Du depuis, la mésintelligence régnait toujours dans le régiment, et cette concorde du temps passé n'y était plus. On agissait bien sous les ordres de Canferant, mais c'était que l'on ne voulait pas que la mésintelligence domestique retardât d'un moment le service du Roi. Enfin, nous sortîmes de Soissons et fûmes au rendez-vous de l'armée. Mais nous fûmes bien étonnés, quand, notre armée jointe et en front de bandière, Verdelin eut ordre de la part de M. de Turenne, général de notre armée, de le venir trouver et d'*amener avec lui Thieux et Montbas*. Nous y allâmes. M. de Turenne n'a jamais plus donné de louanges à qui que ce soit au monde qu'il en donna à Verdelin; en suite de quoi il lui dit : « Que voulez-vous, monsieur de Verdelin, soutenir une gageure où vous n'avez pas mis au jeu? Vous n'avez point signé dans l'écrit dont Lespaux était porteur! — Il est vrai, interrompit Verdelin, mais si j'y avais été, j'aurais fait tout ce que M. de Thieux, que voilà, a fait : ainsi, je dois soutenir la même chose. — Il est vrai que vous le croyez, dit M. de Turenne; mais vous n'envisagez pas votre perte manifeste dans le premier combat que nous pourrons donner cette campagne : vous pourriez être tous trois tués, et quoique vous soyez tous braves gens, si vous étiez péris, la France serait-elle perdue? On vous plaindrait comme de braves gens, dont la perte par milliers en trouve d'autres qui en prennent la place. Je vous parle franc, messieurs, parce que je vous connais, que je vous aime et vous estime, et que je ne me puis résoudre à votre perte, que je n'aie fait au préalable tout mon possible pour vous en empêcher. Je vous dirai donc à vous, M. de Verdelin, que vous êtes brave homme et gentilhomme, mais que vous n'avez point de biens. A vous, M. de Thieux, que l'on pourra croire que la mésintelligence qui est entre Canferant et vous, aura autant de part au bruit que vous avez fait que tout le reste. Et vous, M. de Montbas, qui n'êtes qu'un enfant pour ainsi dire, suivez-vous les conseils et les ordres de votre père? Qu'est-ce que vous ferez, ayant désobéi à M. votre père? Vous n'aurez nul secours de lui, et après avoir été capitaine de cavalerie, vous irez porter le mousquet dans quelque pays étranger, et vous n'oserez vous faire connaître; et quand vous l'oseriez on ne vous croirait pas; et ainsi vous périrez sans aucune élévation. Est-ce là marcher sur les traces de votre père et de vos frères? Vous leur ferez déshonneur et serez blâmé de toute votre famille! » Puis, se tournant à nous, parlant à tous trois ensemble, il nous dit : « Messieurs, tout ce que je viens de dire est de moi, par le regret que j'aurais de votre perte. Mais je vous dirai de la part du Roi, qui est le maître, qu'il le veut; que je ferai recevoir moi-même M. de Montpezat à la tête du régiment, si la nécessité m'y oblige, et après cela, ce sera moi qui maintiendrai mon dit sieur de Montpezat. »

A ces mots assommants, nous demeurâmes immobiles, surtout Verdelin qui était à notre tête. M. de Turenne, voyant cela, le prit par la main et lui dit : « Allons, M. de Verdelin, vous avez toujours un ami en moi; ne vous perdez point. » Verdelin lui dit qu'il aurait mieux aimé mourir que d'acquiescer; mais que M. de Turenne prenant la chose comme cela, il avait plus de vénération pour ses ordres et pour l'honneur qu'il lui faisait, et qu'ainsi il s'abandonnait entièrement à suivre ses sentiments. A cela, Thieux et moi demeurâmes muets. Nous fîmes de grandes révérences sans pouvoir dire un mot. Verdelin s'en alla et nous le suivîmes, de chez M. de Turenne jusqu'à notre camp. Ce fut un silence bien observé. Enfin, nous estimions tous Verdelin; les raisons de M. de Turenne nous venaient souvent dans l'imagination; et, peu à peu le feu se ralentit, et tous ceux de notre parti suivirent notre exemple; et enfin, Canferant fit recevoir Montpezat sans que l'on s'y opposât.

Après cela Montpezat, par des manières honnêtes, se fit peu à peu considérer dans le régiment; il était assez brave homme pour le cœur, mais dissimulé et fourbe; pour moi, j'avoue que je ne le pouvais voir dans la place de défunt mon frère qu'avec un grand mal de cœur, ce qui me donnait quelque envie d'entrer dans un autre régiment. Je voyais Verdelin, second capitaine, qui était celui que j'aimais le plus et auquel j'avais le plus de foi, avoir calé : tous les autres ayant fait de même, réfléchissant sur la jeunesse de mon âge et sur les ordres de mon père, je ne songeais plus à rien faire contre Montpezat, si ce n'est ce que je vais dire.

Je le fus trouver si matin qu'il était encore au lit; j'attendis que l'on le levât pour lui parler, et lui dis que je souhaitais fort de l'entretenir seul. Il me dit qu'il le voulait bien, et quand il fut habillé il me tira à part et me demanda ce que c'était. Je lui dis : « Je crois parler à un brave homme et un honnête homme; et ainsi, je vous supplie très humblement, monsieur, de me répondre à cœur ouvert et avec franchise à ce que je me donnerai l'honneur de vous dire. » Il me dit qu'il le ferait. Je lui repartis : « Monsieur, de tous ceux qui se voulaient opposer à votre réception, personne n'y était plus acharné que moi; et je vous avoue que si ceux de notre parti contre vous, que je sais qui ont infiniment plus d'expérience que moi, ne s'étaient pas rendus, je ne me serais pas aussi rendu. Mais, monsieur, je vous fais cet aveu afin que vous me disiez véritablement s'il vous reste quelque mal de cœur contre moi, auquel cas je demanderais de sortir de votre régiment. D'un côté, j'avoue que d'abord j'ai eu quelque peine de vous voir tenir la place de défunt mon frère, d'autre côté, j'aurais aussi beaucoup de peine à quitter ce régiment, qui est pour ainsi dire ma mère nourrice, et où les plus anciens du corps me regardent comme leur enfant. Mais la réponse que vous m'allez faire décidera de tout cela, parce que s'il vous reste la moindre petite chose contre moi, je vous aurai obligation de me l'avoir avouée, et sortirai du régiment pour me faire mettre ailleurs; et s'il ne vous reste rien contre moi, et désirant être de vos amis, je tâcherai de mériter cette amitié par mes services. » A cela, M. de Montpezat me répondit qu'il était fâché qu'il me restât quelque petit mal de cœur de lui voir occuper la place de défunt mon frère; qu'il me voulait servir de frère aîné, pourvu que je le voulusse regarder de même; qu'il m'en priait, m'assurant qu'il ne lui restait aucun mal de cœur contre moi, mais seulement beaucoup d'estime et d'amitié, qu'il m'offrait et qu'il me priait de recevoir. Comme je lui parlais ingénument, je crus qu'il me répondait de même; de plus, j'aimais le corps et les amis que j'y avais, de sorte que j'étais fort content et voulais véritablement être des amis de Montpezat.

CHAPITRE IV

J'achevai la campagne à peu près. Je dis : à peu
près, parce que avant qu'elle fût finie, ayant envie de
faire mes exercices que je n'avais point faits, j'écrivis
à mon père de m'avoir un congé de la Cour pour aller
à l'Académie : chose qui ne se pratique guère, d'aller
à l'Académie après plusieurs campagnes et capitaine
de cavalerie. Cependant, il en fut ainsi, et mon père
m'ayant envoyé mon congé peut-être deux mois avant
que la campagne finît, j'abordai Paris et me mis
pensionnaire dans l'académie de Depoix, où j'apprenais
bien tous mes exercices, les ayant fort à cœur. Je pris
même un maître allemand, parce que j'avais vu dans
les troupes que cette langue était très nécessaire, et
m'y appliquai si fort que non seulement j'en appris
les principes, mais avant que de quitter l'Académie
j'aurais pu me faire entendre sans truchement. Par la
suite, je m'y appliquai si fort que je le parlais aussi

facilement que ma langue naturelle. Je peux donc dire qu'en un an de temps (parce que je ne rejoignis l'armée que sur la fin de l'autre campagne) je fis assurément bien mes exercices.

L'académie Depoix était par ses derrières joignant les Tuileries, près de la grande écurie du Roi. Il y avait là un écuyer qui en faisait monter les pages, qui se nommait de la Roque, lequel était parfaitement des amis de mon père et me faisait monter des chevaux de la grande écurie du Roi autant que je voulais; de manière que quand je sortis, j'étais en état de pouvoir dresser des chevaux qui n'auraient rien su sur toutes sortes d'airs, et tirer d'un cheval dressé tout ce que l'on en pouvait tirer. Je m'étais mis à tirer des armes assez fort pour pouvoir faire assaut contre les meilleurs prévôts de salle de Paris. Il y avait enfin peu de gens de ce temps-là qui dansassent mieux que moi. De toutes les choses que j'ai voulu apprendre, celles où je n'ai pas bien réussi c'est à nager, à voltiger et à crayonner; mais en récompense, je m'attachais fort aux mathématiques. Dans l'Académie, on fournit un maître qui apprend les mathématiques et la géographie, autrement dit la carte. Les mathématiques comprennent beaucoup de choses, mais je m'attachai seulement à quatre, qui étaient pour la construction des fortifications et l'attaque et défense des places; en sorte que quand je retournai au régiment, je peux dire que j'en savais autant que la théorie en pouvait enseigner; de la carte tout de même; et de l'arithmétique, aussi parfaitement. Pour la sphère, j'en voulais bien apprendre, j'en ai conçu les premiers principes, mais non pas parfaitement comme le reste.

Ayant donc rejoint le régiment à Monchy-le-Preux [1], près d'Arras qui était assiégé [2], nous forçâmes les lignes, battîmes les ennemis et secourûmes la place. Sur la fin de cette campagne, il m'arriva une chose particulière. Je tirais fort bien, et tuais quantité de gibier en volant. Les troupes étaient dans les quartiers de fourrages aux environs de Laon, attendant les ordres de quartier d'hiver entre Laon et Soissons. Étant à la chasse avec un chien, je tirai quelques coups de fusil, au bruit desquels il me vint un autre chien, et m'escortant plus loin, ce chien me suivit, et dans ce jour-là, je vis que c'était un fort bon chien couchant qui me fit plusieurs arrêts. J'avais tué plusieurs perdrix, et ces sortes de chiens s'adonnent plus facilement aux tireurs qu'aux autres, de sorte que je le ramenai à mon logis où je le mis à l'attache dans une chambre, et il y demeura la nuit.

Le matin, je vois arriver un lieutenant du régiment d'Esclinvilliers Cavalerie [3], qui me dit que l'on l'avait averti que j'avais son chien; mon intention était bien de lui rendre; mais ne connaissant que peu cet homme, je crus ne lui pas faire une grande injure de lui demander de quel poil était son chien. Il prit la chose fort insolemment, me disant qu'il devait suffire qu'il me disait que c'était son chien, puis il siffla, et ce chien, l'entendant, se mit à crier pour aller à son maître; et cet homme marcha pour aller détacher son chien. Je voyais

1. Monchy-le-Preux, canton de Vitry, arrondissement d'Arras (Pas-de-Calais).

2. Juillet-août 1654.

3. Ce régiment avait été donné à M. d'Esclinvilliers, ancien capitaine dans *Royal*, en raison de sa belle conduite à Rocroy. Il prit plus tard (en 1655) le nom de « Commissaire général ».

4.

bien que ce chien était à lui, et ne le voulais point garder; mais la manière dont cet homme en usa était si ridicule à mon égard, que je m'opposai à ce qu'il le détachât, et lui dis que je voulais savoir si véritablement c'était son chien et que je n'étais pas obligé de le croire à sa parole. Cet homme, fier et orgueilleux, me proposa d'aller disputer le chien à quatre pas de là. Il ne m'en fallait assurément pas tant pour me faire accepter de bon cœur; nous sortîmes seuls, chacun notre épée au côté, et à peu de là nous mîmes l'épée à la main. J'étais frais émoulu de l'Académie, et, comme j'ai dit, ayant assez bien fait mes exercices; on portait des pourpoints en ce temps-là, et le premier coup d'épée fut dans le busc de son pourpoint piqué de baleines et de plusieurs canevas, de manière que mon épée, qui n'était pas bonne, n'entra point et se mit comme un arc. Mon ennemi s'en aperçut, et me dit de la lui rendre pour éviter la mort. Je ne lui répondis rien, et sautant en arrière, je voulus redresser mon épée; mais courant sur moi il ne m'en donna pas le temps; quand je vis cela, je lui donnai un *beau jour* afin qu'il se débandât sur moi, et qu'en parant, je pusse aller aux prises avec lui, n'ayant point d'autre remède, et mon épée ne me servant plus de rien. Cela me réussit en quelque façon, mais pas si bien qu'en lui sautant au collet il ne me donnât de la pointe de son épée dans le collet de mon pourpoint; les collets de ce temps-là étaient aussi piqués de plusieurs canevas, ainsi la pointe de l'épée de mon ennemi ne fit que le percer et entrer dans la peau de ma gorge, si peu que je n'en sentis rien dans ce moment. L'ayant joint, je le jetai par terre sous moi. Le terrain était en penchant : il me remit dessous, mais le même penchant m'aidait à le remettre sous moi, lorsque les officiers du régiment coururent non seulement pour nous séparer, mais peut-être que cet homme eût couru risque de la vie, si je n'eusse empêché mes valets, qui étaient accourus en armes avec les officiers. Verdelin, qui m'aimait comme si j'eusse été son fils, ne put s'empêcher de lui donner quelques coups de pied en nous séparant. D'aucuns de mes valets, voyant cela, avaient le sabre levé et en auraient fendu la tête de cet homme; mais Verdelin se jeta si à propos sur ces valets qu'il lui sauva la vie, ce qui fit que lui ayant obligation de la vie, il ne fut jamais parlé des coups de pied que Verdelin lui avait donnés en nous séparant.

Cet homme donc s'en allait seul de la bande, lorsque je le rappelai et lui dis : « Monsieur, ne vous en allez pas sans votre chien; je n'ai jamais prétendu le garder, et vous l'aurais rendu d'abord sans ce que vous m'aviez fait de malhonnête. » Il me demanda excuse, et mon amitié; je lui dis : « Pour vos excuses, je les reçois pour ne m'en vouloir plus ressouvenir; à l'égard de mon amitié, c'est autre chose. » Je ramenai ces messieurs à mon logis, fis rendre le chien à cet homme qui s'en alla, et puis je priai mes camarades de dîner avec moi; et comme nous étions après, Verdelin s'aperçut que j'avais une goutte de sang sur mon collet. Il me le fit remarquer, et l'on vit effectivement que c'était un coup d'épée qui avait percé mon pourpoint; la petite pointe était entrée de quasi rien, mais avait percé la peau seulement, dont était sorti ce peu de sang. Nos messieurs me voulurent retenir ce jour-là, mais je traitai cela de bagatelle et m'en fus à la chasse où je demeurai jusqu'au soir, rapportant mon gibier pour le manger le lendemain avec mes amis.

Mais voulant souper et ayant grand faim, je fus tout étonné de ne pouvoir avaler. Quand on avale, il y a une espèce de noix qu'il faut qui joue pour faire passer les aliments, ce que je ne pouvais faire. Le vent que j'avais pris à la chasse m'avait fait une petite enflure pas si grosse qu'un pois, mais fort enflammée; quand il fallait avaler quelque chose, je faisais des contorsions horribles; enfin, cela m'embarrassait. Je fis venir le chirurgien-major, qui était fort habile, qui me dit bien que cela n'était de nulle conséquence, mais que cela me serait extrêmement embarrassant jusqu'à ce que cela fût venu à suppuration, qu'il ne fallait en façon du monde laisser prendre davantage le vent à cette petite plaie, qui dans le fond n'était rien. Mais étant dans un village, et attendant d'heure à autre les ordres du quartier d'hiver, il fallait s'en aller dans une ville. Nous allâmes à Soissons, croyant n'y demeurer que quatre ou cinq jours; effectivement, ce petit mal me fut passé dans ce temps-là; mais les ordres du quartier d'hiver n'étant point encore arrivés aux villages où les troupes étaient en quartier de fourrages, je passai plus agréablement le temps en cette ville que je n'aurais fait dans le village, y ayant même beaucoup de connaissances, y ayant été auparavant en quartier d'hiver. Mais aussi, étant absent du régiment, je ne pouvais pas être au partage qui se faisait de ce que chacun apportait de son argent pour être réparti entre tous; car encore que la bonne intelligence ne fût plus si forte qu'elle avait été, et quoique Canferant et Thieux fussent ennemis, cet ordre était encore observé.

Étant donc à Soissons, qui n'avais plus de mal qui me divertît, et ayant peu d'argent, je m'avisai de demander à des marchands dans la ville s'il n'y en aurait point quelqu'un qui, ayant commerce à Rouen, me voudrait faire tenir de l'argent. Effectivement j'en trouvai, non pour me donner de l'argent sur-le-champ, mais pour prendre une lettre que j'écrirais à mon père qui était à Rouen, qui enverrait cette lettre à son correspondant qui la donnerait à mon père, et qu'en étant payé, il me rendrait incontinent l'argent à Soissons. J'écrivis donc à mon père et lui mandai la vérité : je ne lui disais pas tout ce que je faisais, mais je ne lui ai jamais menti, ni à ma mère pareillement, les aimant l'un et l'autre sans comparaison plus que ma vie; cela est difficile à croire présentement, et le sera encore plus à l'avenir, l'intérêt l'emportant sur l'honneur, la reconnaissance et la proximité du sang.

Pour revenir à mon père, je lui mandai que m'étant arrivé une petite affaire, j'avais été un peu blessé, ce qui m'avait obligé de faire quelque séjour à Soissons; que j'étais entièrement guéri, mais que je n'avais point d'argent pour en sortir, et que s'il voulait donner au porteur de la lettre que je lui écrivais deux cents francs, il me ferait plaisir. Cela ne manqua point; et huit jours après, sans néanmoins recevoir de réponse de mon père de la lettre que je lui avais écrite, ce même marchand auquel j'avais donné cette lettre me vint dire qu'il avait eu nouvelle de son correspondant de Rouen, qu'il avait reçu les deux cents francs et qu'il me les venait payer. Cela me fit plaisir. Je gardai toujours mon chirurgien, sans aucune affaire, mais

c'était un homme d'agréable conversation et qui
aimait ses plaisirs comme j'aimais les miens; j'avais
plus d'argent qu'il ne m'en fallait pour attendre nos
ordres de quartier d'hiver, et je recevais quasi tous les
jours des nouvelles du régiment, qui envoyait incessamment à Soissons aux provisions. Les choses en
cet état, un matin que j'étais au lit dans ma chambre,
et notre dit chirurgien-major dans l'autre (je n'avais
point amené de valets, ce chirurgien qui m'aimait,
me servait de tout), je vois entrer mon père. Il avait
bien donné l'argent que lui marquait ma lettre, mais
il n'avait pas eu le temps de m'écrire : et il partit,
ce bonhomme, quittant toutes les affaires de sa charge
dans un âge décrépit. Je ne peux m'empêcher que les
larmes ne se répandent par le souvenir de cette aven-
ture. Je le vis donc venir, ce cher père qui était venu
à moi dans le plus mauvais temps du monde, transi de
froid, quantité de glaçons pendant aux cheveux de
sa perruque. Oh! Dieu! que d'amitié! que d'amour,
et que de crainte que cela n'altérât sa santé! Il m'embrassa, me demanda comme je me portais : « Bien,
monsieur; ma petite blessure n'est rien, et je ne suis
pas retourné au régiment, qui n'est qu'à quatre lieues
d'ici, à cause que je ne fais pas plus de dépenses ici
que j'en ferais là, et que j'en sais quasi tous les jours
des nouvelles. Mais vous, monsieur, pourquoi êtes-vous
venu par la rigueur du temps? Pourquoi êtes-vous
venu hasarder votre santé et votre vie que j'aime
cent fois plus que la mienne? » Puis, me jetant à son
cou, je mouillais son visage de mes larmes, sans songer
que les glaçons tenaient encore à sa perruque et que
je m'étais levé de mon séant sur le lit pour l'embrasser.

Il avait mené avec lui deux valets, un palefrenier et un valet de chambre, et trois chevaux. Son valet de chambre entra et nous fit du feu. Je congédiai mon chirurgien. J'écrivis au régiment que je ne retournerais à ma compagnie que quand le quartier d'hiver serait établi ; j'écrivis à mon lieutenant sur cela, et lui donnai les ordres nécessaires ; et enfin m'en retournai à Paris avec mon père, lequel fit prendre mon cheval à son palefrenier qui le ramena à mon quartier, conduit par le chirurgien, lequel palefrenier me rapporta de ma compagnie quelques habits et du linge, et laissant le cheval que je renvoyais, m'en ramena un autre que je voulais vendre étant à Paris.

Quand mon père et moi fûmes à Paris, mon père, qui y avait des affaires, manda à ma mère qui était à Rouen de lui envoyer de l'argent pour y faire sa dépense. Elle lui envoya deux sacs de mille francs, que mon père voulut que je prisse pour sa dépense, me disant de mettre le tout par écrit et qu'il m'en ferait rendre compte. J'envoyai son valet de chambre acheter tout ce que je croyais qu'il aimait, le faisant accommoder, par le cuisinier que ma mère lui avait envoyé de Rouen à Paris, au goût de mon père. Et comme j'aimais ce dernier au-dessus de l'imagination, je me faisais un plaisir sensible d'en avoir soin.

Les choses en cet état, il faut que je le dise à ma confusion, ainsi que je l'ai dit ailleurs : mon vice était les femmes, qui m'ont porté mille malheurs et qui m'en auraient porté davantage, sans une protection toute visible de Dieu, car très souvent j'ai couru des risques épouvantables à cause d'elles : il m'a fallu sauver quelques fois par des fenêtres. Une fois, étant

attaqué dans un b......, moi seul, par dix ou douze
personnes, derrière l'hôtel de Condé, je fus acculé
du degré dans une chambre, et de cette chambre, je
montai dans une soupente, ces gens-là ayant enfoncé
la porte de la chambre. Cette soupente avait une
lucarne qui avait vue sur la rue : ces gens levèrent
une porte qui était telle qu'une soupente et qui était
au plancher de la chambre, où il y en eut un qui,
montant sur une table, voulut se guinder par cette
porte; la situation n'était pas avantageuse, mais
j'avais une bonne épée, et je lui en donnai un coup
au-devant de l'épaule qui traversa le corps; il retomba
sur la table sur laquelle il était monté pour se guinder
à cette trappe. Lors, ces gens ne furent plus si pressés
à vouloir monter où j'étais; mais comme c'était un
timbalier qui demeurait à l'hôtel de Condé, je vis
quasi tous les domestiques de cet hôtel sortir avec
précipitation pour venir où j'étais, les uns avec épées,
les autres avec bâtons et d'autres des armes à feu.
J'étais bien résolu à vendre ma vie le plus cher que
je pouvais, mais je voyais bien qu'il fallait périr;
regardant par la lucarne, je m'aperçus qu'il y avait
un petit rebord à une gouttière au-dessous d'elle.
Je m'y hasardai, et, par une protection divine, j'allai
tout le long de la gouttière, que si j'eusse fait un faux
pas, je serais tombé dans la rue du cinq ou sixième
étage. Enfin, de maisons en maisons et de toits en
toits, je me sauvai et vins aboutir au-dessus d'un jeu
de paume et descendis par le degré; d'abord, les gens
du logis me prirent pour un voleur, mais leur contant
à peu près l'affaire (car je ne leur dis pas avoir blessé
un homme) ils me laissèrent sortir de leur maison.

Pour revenir à mon père, il était fort content de tous les soins que je prenais de lui. S'en voulant retourner à Rouen, il me demanda que je lui dîs s'il me restait encore de l'argent, parce que, si je l'avais tout dépensé, il manderait à ma mère de lui en envoyer. Je lui dis qu'il m'en restait encore assez pour demeurer plus de quinze jours et avoir de quoi aller à Rouen; il me crut bon ménager. Et cependant, j'avais une garce à Paris, dont je payais le logement et lui donnais encore quelque chose pour son entretien.

Mais revenons encore à mon père qui était sur son départ. Il me demanda mes comptes, et si je les avais écrits; je lui dis que oui; il me demanda à les voir, ce qu'il ne voulait assurément pas (il se fiait bien en moi), et quand il eut mes comptes en main, sans les vouloir lire, il me dit : « Or çà, de bonne foi, dis-moi combien tu m'as volé! » Il savait que je m'étais fait une loi inviolable de ne lui mentir jamais, ni à ma mère. Je lui dis : « Monsieur, je vous le rendrai; je n'ai point encore été à ma garnison, j'irai et vous le rapporterai. — Non, me dit-il, je te le donne, mais dis-moi combien tu m'as pris, et ce que tu en as fait. » — « Je vous dirai ce que j'ai pris, mais je vous supplie, mon cher père, de ne point vouloir savoir ce que j'en ai fait. » (C'est que je l'avais donné pour cette garce dont je payais le logement, ce que je ne voulais pas que mon père sût.) De manière que mon père, voyant mon embarras, me dit : « Va, je te dispense du tout; je ne veux point savoir l'argent que tu m'a pris, ni savoir ce que tu en as fait. » — « Je vous ai promis, monsieur, lui dis-je, de vous dire l'argent que j'ai pris pour mon utilité particulière : c'est deux cents francs que je vous ai pris. » — « Mon fils, s'écria-t-il, nous n'avons donc plus d'argent pour nous en retourner? Tu me le devais avoir dit, quand je te l'ai demandé : ta mère nous en aurait envoyé. »

Il croyait que je n'avais plus rien, car nous avions demeuré longtemps à Paris et je lui avais fait toujours bonne chère; mais comme je lui disais toujours vrai, j'avais de reste quelque chose de plus que trois cents livres, que je lui comptai. Il était dans un si grand étonnement qu'il ne pouvait croire à ses yeux. « Quoi, dit-il, il y a tant de temps que nous sommes à Paris, notre ordinaire a été fort bon, tu m'as pris deux cents francs, et tu as encore plus de cent écus de reste! » Puis, revenant de son étonnement, il me dit à l'oreille : « Il faut qu'autrefois, quand ta mère n'était pas avec moi, mes valets m'aient bien volé! » — « C'est possible, monsieur, qu'ils n'ont pas l'esprit d'économie; car je les crois fidèles. » Ce qui pouvait effectivement être vrai, car il y a bien des valets qui, encore qu'ils ne volent pas leur maître, manquent à leur devoir en ne ménageant point la dépense. Mon père me dit : « Mon fils, l'argent est bien en tes mains; je prétends partir dans deux jours (qui était après-demain), fais-moi bonne chère, rends-moi avec mes gens à Rouen, et je ne t'en demande pas davantage, le reste est pour toi. » — Eh! monsieur, lui dis-je, j'aurai plus de vingt pistoles de reste? « Eh bien! c'est pour toi », me dit-il.

Nous abordâmes donc Rouen. Une femme qui ne se sentait pas de joie, c'était ma chère mère; elle aimait son mari plus que jamais femme n'a aimé le sien. Je peux dire qu'après son mari, j'étais ce qu'elle aimait le mieux au monde, et je les aimais si fort tous

deux que s'il m'avait fallu donner ma tête sur un échafaud pour conserver la vie de l'un ou de l'autre, je
serais mort avec une joie que l'on ne peut exprimer.
Je passai donc fort agréablement mon temps cet
hiver-là auprès de mon père. J'avais un lieutenant
qui lors prenait assez de soin de ma compagnie. Elle
était complète, hors des chevaux qu'il nous fallait;
il me fit toucher à Rouen de l'argent assez considérablement (trois mille livres) pour acheter des chevaux;
ils sont bons en Normandie, quand on les sait bien
choisir, et je m'y connaissais pas mal. J'y fis donc
emplette de chevaux et eus une route pour conduire
à ma garnison, ce que je fis faire par le valet de chambre
de mon père qui avait de l'esprit et qui prit des hommes
à Rouen pour lui aider et qu'il ramenât ces chevaux.

Cela fit que j'avais du temps de reste pour demeurer
à Rouen où je me plaisais beaucoup, et dont je ne
prétendais partir que peu de temps avant le départ
de ma compagnie de sa garnison pour la campagne.
Pendant ce séjour, il m'arriva une chose assez particulière. J'ai déjà dit que j'étais débauché. Je fis
connaissance d'une demoiselle dont la mère était
morte; mais elle avait son père avec lequel elle demeurait. C'était une grande fille blonde et d'une beauté
achevée; notre première connaissance se fit à un
bal : elle dansait bien, et j'ai déjà dit ci-devant
que je ne dansais pas mal, ce que j'avais appris étant à
l'Académie; je la voyais souvent; la demoiselle s'y
plaisait beaucoup, et je remarquai que je ne lui étais
pas indifférent. La chose étant en cet état, je lui proposai souvent de m'accorder les dernières faveurs. Cette
fille avait de l'honneur, et, je crois, de l'amour pour

moi : ainsi, elle me proposa souvent de la faire demander
à son père; et moi, qui ne voulais absolument point
me marier, et qui néanmoins étais fort amoureux, je
lui disais que j'étais un quinzième cadet, le dernier
de tous, et par conséquent sans biens, que je ne pouvais
faire parler à son père, que au préalable je n'en eusse
l'approbation de mon père et de ma mère; elle me
répondait toujours à cela qu'il n'y avait donc rien à
faire. Cependant, je la voyais tous les jours, et même
quelquefois le matin à son lever quand elle s'habillait,
à cause qu'encore bien que je l'eusse sollicitée souvent,
je n'étais jamais sorti des bornes de la modestie envers
elle. Dieu, malgré tous mes désordres sur ce fait, qui
ne méritaient que punition, m'a toujours fait la grâce
d'avoir dans l'âme un fond d'honneur qui me faisait
suivre les traces de mon père, l'homme du monde
qui de son temps en avait le plus.

Un jour donc que j'étais le matin à sa toilette, sa
femme de chambre sortit, je ne sais pourquoi, et
demeura plus longtemps qu'elle n'avait accoutumé.
Cela me donna donc encore occasion de parler à cette
belle de mon amour. Elle ne me répondit point. La
voyant interdite, les yeux un peu brouillés, quelques
rougeurs à son visage, je crus que c'était le temps
d'user d'une douce violence; je me levai de dessus le
siège où j'étais, la prenant par la main; elle se leva
aussi et me dit : « Au nom de Dieu, monsieur, ne me
pressez pas davantage; vous êtes homme d'honneur :
donnez-moi votre parole que vous n'aurez jamais
d'autre femme que moi, et vous profiterez du désordre
où je suis. » Moi, sans balancer, je ne fis qu'un saut
pour gagner la porte et lui dis en sortant : « Mademoi-

selle, ce n'est qu'en fuyant que l'on pare de tels coups »;
et quand je fus retourné dans ma chambre, et réfléchis
sur ce que je venais de faire, je fus fort content de
moi, de ce que mon honneur l'avait emporté sur
l'amour que j'avais pour cette fille.

CHAPITRE V

CAMPAGNES AVEC TURENNE.
MORT DE PIERRE DE MONTBAS

Je demeurai le reste du quartier d'hiver à Rouen,
puis m'en retournai à l'armée au commencement de
la campagne. Et quelques campagnes d'auparavant
ayant été très souvent remportées sur les ennemis
avec les meilleurs partisans de l'armée, je m'y étais si
bien accoutumé qu'ayant dès lors demandé à M. de
Turenne le commandement de quelques partis, Dieu,
par sa grâce, m'y fit tellement réussir, que mon dit
sieur de Turenne m'employait assurément, tout jeune
que j'étais, plus que pas un autre. Sur la fin de cette
campagne, dans l'attaque d'un convoi des ennemis,
M. de Turenne m'avait donné trois cents chevaux,
savoir deux cents cavaliers avec cent dragons, et les
officiers à proportion. Il m'arriva là de faire la plus
grande prise de toutes celles que j'ai faites depuis
vingt années du temps où M. de Turenne m'a employé,

et c'est véritablement bien une protection divine, eu égard à la mort de mon père qui arriva ensuite, et voici comment.

M. de Turenne eut avis que les ennemis faisaient escorter un convoi à Mons de quantité de caissons et charrettes, escortés seulement de deux cents chevaux[1]. J'allai la nuit m'embusquer dans un bois à portée du chemin par lequel ils devaient passer, ce qui se trouva fort juste ; le convoi nous aborda et je débusquai fort à propos ; mais quoique mon parti fût plus fort d'un tiers que cette escorte, jamais je n'ai vu de gens se si bien défendre et venir droit à nous avec la plus grande fierté du monde : je ne remarquai qu'environ trente mestres des leurs qui s'enfuirent. Moi, me croyant assez de monde pour soutenir cette fierté, je détachai un capitaine avec cinquante mestres pour courir après ces fuyards. Je vais donc pour attaquer cette escorte : je ne dis pas cela à ma gloire, car je ne pris ni charrettes, ni caissons ; ils se sauvèrent tous ; et l'escorte se sacrifiant pour le convoi qu'elle escortait, quoique plus faible, combattit si vaillamment, que pendant bien du temps l'affaire fut douteuse, car tous ceux qui sauront tant soit peu ce que c'est que des troupes, ne pourront s'imaginer que si peu de gens de part et d'autre aient demeuré acharnés à coups de main pendant une grosse heure, en moins de mille ou douze cents pas de terrain. Aussi cette petite victoire, que j'appelle ainsi par le peu de gens, nous coûta bien cher ; près du tiers de mon monde demeura sur la place. Les ennemis y perdirent bien la moitié

----

1. Campagne de 1667 aux Pays-Bas.

de leurs gens; nous prîmes quasi tout le reste prisonniers de guerre, mais la plupart blessés. Nous ramenâmes aussi bien de nos gens blessés; pour moi, je n'y eus qu'une légère blessure et mon cheval tué, mais je remontai dans le moment sur un autre cheval. Quand cette expédition fut faite, ce capitaine que j'avais envoyé à la poursuite des fuyards, les avait courus si loin, qu'enfin il les avait attrapés. Il me les ramena tous; il n'y en avait point de blessés, parce qu'ils s'étaient rendus sans autre résistance que celle de fuir.

Dans le nombre des gens qu'il ramena, il y avait un grand cavalier blond, allemand, qui était au désespoir d'être pris, s'arrachant les cheveux de rage. Comme je parlais allemand comme français, je lui demandai pourquoi se tant désespérer pour être prisonnier de guerre; il me dit que c'était parce qu'étant de la garnison de Mons, il devait le lendemain se marier à une fille qu'il aimait éperdument; mais que si je le voulais laisser aller, il me ferait faire ma fortune. Je trouvai cela assez particulier, et riais en moi-même de cette proposition; cependant, je lui demandai comment. « Jurez-moi que j'aurai ma liberté, me dit-il, et vous verrez dans le moment que je vous dis vrai. » Je lui jurai, et il me dit : « Voyez-vous bien cet homme, qui est vêtu comme nous en cavalier? C'est le trésorier général de tous les Pays-Bas, et si vous nous avez vus si fort fuir, c'est que nous étions son escorte particulière et que nous ne songions qu'à le sauver, tandis que notre escorte combattrait vos gens. » Il me dit tout cela d'une manière à me le persuader en partie. D'autre part, trois jours auparavant, dans un autre petit parti de cinquante mestres que je commandais, ayant rencontré les ennemis la nuit, je n'eus pas tout l'avantage que j'aurais pu désirer; et m'étant retiré à cause que je venais de passer un pont que des gens voulaient démolir, comme c'était la nuit, je ne sais s'ils étaient beaucoup : mais ils ne firent quasi point de résistance, et il n'y eut seulement que deux hommes de tués. Cependant, ceux que nous avions trouvés en tête nous poursuivaient, et quand nous eûmes repassé le pont, je fis tourner tête et on ne me suivit pas davantage. Le jour venu, je ne trouvai à redire de tout mon monde qu'un cavalier de ma compagnie, qui, dès le lendemain, me fit savoir, par un trompette des ennemis qui venait pour d'autres affaires, qu'il était prisonnier, et le régiment où il était détenu.

Pour revenir à notre grand parti dont j'ai ci-devant parlé, je dis à un cavalier de ma compagnie auquel je me fiais fort, devant tout le monde, qu'il me fallait un cavalier de ces prisonniers pour ravoir le mien que j'avais dans l'armée des ennemis, et qu'il me gardât bien ce grand cavalier blond. Puis je lui dis, en particulier, de le laisser sauver sans que qui que ce fût en eût aucune connaissance. Ensuite je me retirai avec mes prisonniers; et étant à la vue des gardes de notre camp, voyant ce cavalier de ma compagnie auquel j'avais donné en garde ce grand cavalier, il me dit que le menant par la bride, il avait lui-même débridé son cheval et que l'ayant retourné à coups d'éperons, il avait tellement pressé son cheval qu'il ne l'avait jamais pu attraper. Je vis bien ce que tout cela voulait dire, de manière que je dis : « Ah! bien, il m'en faudra demander un autre de ceux que je ramène à M. de Turenne, quand il les aura vus. » J'avais envoyé

avertir M. de Turenne de ma prise, de manière qu'il
ne manquât point de se trouver à la garde à ma rencontre. L'intendant de l'armée l'avait accompagné,
pour qu'après que M. de Turenne aurait parlé aux
prisonniers, on les fît mener au prévôt afin d'en faire
des échanges dans la suite.

Je tirai alors M. de Turenne à part, et lui dis qu'il
pouvait faire ma fortune si on m'avait dit vrai, que
l'un de ces prisonniers, habillé comme un autre cavalier afin de n'être pas reconnu, était le trésorier général
des Pays-Bas. « Taisez-vous, Montbas, me dit M. de
Turenne, mais faites comme vous pouvez, et ne me
parlez point de cela ! » De manière qu'un peu de temps
après, je dis tout haut à M. de Turenne que j'avais
un cavalier de ma compagnie prisonnier dans l'armée
des ennemis, que je savais le régiment où il était
détenu, et qu'ainsi je le suppliais de trouver bien que
j'en prisse un de ceux que j'avais amenés pour ravoir
le mien. Il me dit : « Eh bien! prenez celui que vous
voudrez. » Je pris ce cavalier, qui me parut la plus
grande joie du monde de n'aller point au prévôt, mais
seulement d'être incessamment renvoyé à l'armée des
ennemis pour y être échangé, croyant n'être pas connu ;
mais il se trompait fort. Je l'amène donc chez moi,
à ma tente, et le donne bien soigneusement en garde
à deux de mes valets auxquels je me confiais fort,
mais dont pas un ne savait le secret. Quand le souper
fut sur la table, je voulus y faire mettre cet homme,
qui témoignait fort s'en vouloir excuser, donnant à
connaître qu'il souperait bien avec mes valets. Je dis
qu'il *donnait à connaître* qu'il ne parlait ni français, ni
allemand, et cela pour me persuader qu'il n'était qu'un

pauvre cavalier, et que, de plus, il ne savait pas une des langues dont nous parlions : tout cela encore fausseté, car il s'expliquait fort bien, comme vous le verrez dans la suite.

Enfin soit de bon gré ou de force, je le fis souper avec moi ; quand j'eus soupé, j'envoyai mes valets dans leur tente et demeurai seul avec cet homme dans la mienne ; ensuite de quoi, je lui reparlai encore en français et en allemand, à quoi il fit semblant de ne rien entendre ; je lui parlai aussi flamand, mais il faisait toujours semblant de ne rien entendre. Tout cela me faisait de la peine, car je ne voulais point d'interprète, afin de ne déclarer mon secret à personne. Faisant un peu de réflexion, je m'imaginai (et avec raison) que si c'était le trésorier général des Pays-Bas, il saurait indubitablement parler français ; et pour mieux remarquer la chose, le regardant fixement, je lui dis : « Vous avez beau vous contraindre, je suis sûr que vous entendez le français! » Et lui dis donc en français : « Car vous êtes le trésorier général des Pays-Bas, et si vous ne me parlez pas, je vais vous mener au prévôt, je déclarerai qui vous êtes, et je reprendrai un autre cavalier pour retirer le mien qui est dans votre armée! » En lui disant ainsi, je remarquai une surprise dans ses yeux et un embarras dans sa personne. Il commença alors à me parler français ; il ne s'en était abstenu que pour n'entrer en aucune matière, appréhendant toujours d'être reconnu ; mais quand il vit qu'il était découvert, il commença de parler français, qu'il savait parfaitement, hors l'accent étranger, et me dit qu'il n'était point le trésorier général des Pays-Bas, mais qu'à la vérité il était l'un de ses commis, et que son maître l'aimait assez pour donner quelque petite chose pour le retirer. Il me demanda ce que je souhaitais avoir; je lui dis : « Dix mille écus, car je sais bien que vous me mentez : vous êtes vous-même le trésorier général des Pays-Bas, et je vous vais mener au prévôt et déclarerai qui vous êtes. » Il me répondit : « Il est vrai, monsieur, je le suis; je ne sais pas vos facultés, mais je m'imagine que mille pistoles d'or feront assez votre affaire pour qu'à ce prix vous me donniez la liberté; sinon, le Roi d'Espagne, mon maître, ne me laissera pas. Il y va de sa gloire, de sa puissance et de son honneur; il lui en pourra coûter plus que ce que je vous propose, mais vous n'en profiterez de rien après ce que je vous viens de dire. Allons, marchons, monsieur, au prévôt, où il vous plaira; voilà tout ce que je vous puis dire, car si vous me demandiez un sou davantage, je vous jure ma foi que je ne le donnerais pas.

— Eh bien! monsieur, lui dis-je, mille louis ne font pas ma fortune : il faut marcher au prévôt. Peut-être en serai-je récompensé d'ailleurs. » — « Eh bien! allons, monsieur. » Je fis seller quatre chevaux, un pour lui, un pour moi, et deux pour deux de mes valets. Il y avait une demi-heure de notre camp au quartier général. Pendant notre marche, je voulus parler à cet homme sur les affaires proposées, mais il me dit toujours : « Allons, monsieur, allons; je n'ai plus rien à vous dire. » C'était la nuit : nous arrivâmes dans le quartier du Roi, à quinze ou vingt pas de la maison du prévôt, sans que cet homme voulût rien avancer de plus, et même m'ayant dit plusieurs fois par le chemin : « J'ai fait réflexion à ce que je vous ai offert : l'argent que je vous ai promis, il faudra que ce soit de ma bourse que je le prenne, si je suis pris prisonnier de guerre. La démarche que je faisais d'aller à Mons m'était ordonnée par mon supérieur, qui est le tout en Flandre après le Roi mon maître. Ainsi, j'ai fait une avance dont je pouvais me passer. » Moi, voyant tout cela, et qu'il me tenait toujours les mêmes discours si près de la maison du prévôt, je lui dis : « Allons, retournons, monsieur; ce que je fais ici n'est point une infidélité au Roi mon maître. Il ne s'agit que du plus ou moins de quelque argent, et ma vie, qui me doit être plus chère que tous les biens du monde, je la hasarde tous les jours pour son service. — « Hé ! monsieur, me dit-il, puisque nous sommes d'accord, laissez-moi gouverner cela. » — « Mais, lui dis-je, je ne vous laisserai point sur votre bonne foi. » — « Ce n'est pas ce que je vous demande, me répondit-il; mais faites ce que je vous dirai, et nos affaires en iront mieux de part et d'autre. » Moi, voyant effectivement que cet homme avait de l'esprit, je le laissai conduire. Il me dit en premier lieu, d'aller demander à M. de Turenne un passeport pour un trompette, afin d'aller chercher mon cavalier prisonnier dans l'armée des ennemis, et que de la dite armée des ennemis on renverrait un autre trompette pour reprendre par échange celui que j'avais. Ainsi, j'eus ce passeport, et y envoyai un trompette qui porta une lettre cachetée à un homme indiqué par mon prisonnier, sans que ce trompette eût connaissance d'aucun de nos secrets. L'homme à qui mon trompette donna cette lettre lui dit qu'il était aussi trompette lui-même, qu'il l'allait mener où était détenu mon cavalier prisonnier, qu'il le lui ferait rendre, et qu'ensuite il s'en reviendrait avec lui pour reprendre celui que j'avais dans notre armée. La vérité était que cet homme n'était point trompette, mais bien le premier commis de ce trésorier général des Pays-Bas, lequel prit une casaque de trompette, une trompette qu'il se mit sur le corps, et un emplâtre sur une de ses lèvres, disant qu'il y était venu du mal et qu'il ne pouvait lors sonner. Dans des bourses de cuir qu'il avait derrière son cheval étaient les mille pistoles que l'on m'avait promises.

C'est en cet équipage, avec un passeport du général ennemi, que ce supposé trompette vint avec notre trompette au régiment où mon cavalier était prisonnier de guerre, et ils me le ramenèrent. Quand un trompette arrive à la garde d'une armée, il doit faire quelques appels; et comme en venant à notre armée il y avait deux trompettes, ou soi-disant tels, l'un se disant avoir mal à la bouche, l'autre fit l'appel. Ainsi nous arriva mon cavalier prisonnier, avec le trompette que j'avais envoyé, et un soi-disant trompette des ennemis, apportant mes mille pistoles, que je reçus sans que cela vînt à la connaissance de qui que ce fût. Je fis semblant de vendre à ce trompette des ennemis un cheval que je leur donnai, sur quoi il ramena son maître.

J'allai voir alors M. de Turenne; m'ayant demandé comme j'avais fait, et lui ayant dit que j'en avais en onze mille livres (car les pistoles d'Espagne valaient lors onze livres), il me témoigna en être bien aise. Lors, je lui dis que comme il m'envoyait quasi tous les jours en parti, j'étais embarrassé de mon argent, et que s'il avait la bonté de me le garder, il me ferait plaisir. Il se prit à sourire de ma franchise, puis il me dit qu'il ne le pouvait, mais que je le misse entre les mains d'un de ses secrétaires qu'il me nomma, lequel le mettrait comme appartenant à icelui secrétaire entre les mains du trésorier, et qu'il me ferait rendre dès le moment que je le voudrais avoir. J'avais encore deux cents pistoles d'ailleurs, dont je me pouvais passer, que j'avais gagnées en divers partis que j'avais faits pendant cette campagne; de sorte que je portai douze cents pistoles d'or à M. du Han, l'un des secrétaires de M. de Turenne. Il y avait un autre de ces secrétaires qui se nommait Richard, mais ce fut à du Han que je portai mon argent, ainsi que M. de Turenne m'avait dit, et tout cela sans lui en demander aucun écrit; car dans ces temps-là l'honneur, la bonne foi, et la fidélité étaient si fort en règne que l'on ne voyait point de friponnerie.

Pendant toute cette campagne, comme à tous les ordinaires je recevais des lettres de ma mère, par ainsi j'apprenais journellement que mon père était malade. Plus on avançait dans le temps, et plus on me mandait que mon père baissait; d'un autre côté, M. de Turenne m'envoyant incessamment en parti, où je voyais bien que je lui étais non seulement utile, mais nécessaire, je n'osais parler pour avoir mon congé. D'un côté, mon père qui se mourait; de l'autre côté, mon honneur et le service du Roi, m'embarrassaient beaucoup : car de toutes ces considérations, celle que j'aurais le moins aimée, je l'aurais toujours préférée à ma vie; mais enfin, la fin de la campagne approchant, les ennemis même s'étant retirés, j'allai trouver M. de Turenne, qui entra fort obligeamment dans ma peine et me donna un congé.

Je quittai dès le lendemain le régiment Royal, où j'étais capitaine ainsi que je l'ai ci-devant dit, et je pris la poste. Je n'avais avec moi qu'un valet de chambre, et n'avais en ce temps-là que vingt et un à vingt-deux ans; j'avais retiré toutes mes pistoles, que mon dit sieur du Han, secrétaire de M. de Turenne, me fit rendre en même espèce que je les avais données. Me voilà donc en poste avec tout mon argent; mon valet était brave et fidèle : ainsi je n'appréhendais point d'être volé par les chemins. En abordant le logis de mon père à Rouen, je ne trouvai que trop la vérité de tout ce que l'on m'avait mandé en campagne; j'abordai mon pauvre père les larmes aux yeux de le voir en cet état, et lui pris une main pour la baiser. « Je veux bien, mon fils, me dit-il, que tu baises ma main, puisque c'est la reconnaissance de ma bénédiction que je te donne. » Puis, prenant un ton fier, il me dit : « Mon fils, tu es homme, à la vérité le plus jeune de mes enfants, mais je suis bien persuadé que tu ne démentirais point tes ancêtres; cependant ce n'est pas là le fait, mon fils; devant Dieu, nous sommes tous égaux et rien ne nous différencie devant lui que nos bonnes ou méchantes œuvres; évite le mal et tâche de faire le bien, voilà ce que je t'ordonne : car encore bien qu'après la Cour céleste, ta pauvre mère possède entièrement mon cœur, je crois qu'il est inutile que je te la recommande; mais outre la grande amitié que j'ai pour elle, songe que c'est mon cœur que je te mets en dépôt. Viens, mon fils, me baiser : je ne puis plus te rien dire, sinon que je prierai Dieu pour toi. » Je l'allai baiser, mais je fondais en larmes; il demeura une grosse demi-heure sans parler, puis

5.

il me dit : « Eh bien! mon fils, n'est-il pas naturel que tu me survives? Veux-tu t'abattre si fort, que tu ne puisses être au secours du dépôt que je t'ai confié? Prends courage, mon fils; tâche de faire en sorte que ta force soutienne ta tendresse. Adieu, je ne peux plus parler : j'abrégerais mes jours si je continuais; je t'ai dit tout ce que je voulais te dire, et de tout le reste de mes jours je ne te parlerai plus de ce que je viens de t'entretenir. »

Effectivement, il ne m'en parla plus. Il vécut encore quinze jours. Ma pauvre mère et moi ne nous déshabillâmes, ni ne nous couchâmes que sur des chaises : dans l'âge où elle était, elle se trouvait partout où mon père avait besoin et quoique j'aimasse mon père mille fois plus que moi-même, et que j'eusse le corps du monde le meilleur et le moins endormi, ma mère me devançait toujours dans les services que l'on pouvait rendre à mon père.

La charge de Grand-Maître des Eaux et Forêts de Normandie, dans ce temps-là, aurait été fort lucrative à un autre homme qu'à mon père, qui ne faisait rien qu'en honneur et conscience. Comme cette maladie avait duré cinq ou six mois, mon frère n'était pas encore reçu à la charge; mais après la mort de mon père (mon frère en ayant la démission), tous ceux de la famille eurent le loisir de s'y rendre, et chacun pensant qu'il y avait beaucoup d'argent, on s'y était rendu. Ainsi la plupart de la famille était à la mort de mon père, qui fut le douze de janvier 1658 : et le lendemain, de toute la famille, il ne resta que le corps de mon père, ma mère et moi, mon frère s'en étant allé à Paris pour la réception en sa charge.

On ne voyait que trop l'embarras où ma mère s'allait trouver : il ne lui restait pas cent écus d'argent, et il était dû à Rouen, au boucher, au boulanger, rôtisseur, marchand de vins, marchand de draps, médecins, apothicaires, chirurgiens, et enfin cent autres gens, près de six mille francs, — Rouen, qui pour nous devait être un pays étranger, étant Poitevins. Ma mère se croyant sans argent pour payer ses dettes, son cher mari sur les bras (jugez, nos descendants, et faites réflexion à ce que je vous en écris!) j'étais à ses pieds, lorsque étant sur une chaise elle se plaignait de ses malheurs, de se voir abandonnée de toute sa famille. « Quoi! lui dis-je, ma mère, vous êtes abandonnée de toute votre famille? et ne suis-je pas auprès de vous? Ah! sachez, ma mère, que je vous tiendrai lieu de tout et que je ne vous abandonnerai jamais. » Cette pauvre femme se jeta à mon cou et ne put me rien dire; moi qui savais l'indigence où elle se croyait, n'ayant point d'argent, le corps de mon père encore sur le lit où il était mort, je dis à mon valet de s'en aller dans ma chambre et de prendre sur ma table tout mon or : ce qu'il fit. Puis, ayant fermé la porte, me le vint dire. Je lui dis de s'y en retourner et de m'y attendre; ensuite je parlai à ma mère désolée et la priai de venir dans ma chambre, lui marquant que celle où je lui parlais était trop proche de celle où était le corps de mon pauvre père. « Hélas! mon fils, me dit-elle, pourquoi m'en éloigner? Si Dieu voulait qu'il m'attirât à lui, ne serais-je pas plus heureuse? Tu nous ferais enterrer dans la même fosse, et pour te récompenser de ton affection, nous prierions Dieu dans toute l'éternité pour toi. » — « Mais, ma mère, moi, qui seul de vos enfants ne vous abandonne point, me voulez-vous refuser la petite grâce que je vous demande? Quoi, quatre pas? Eh bien! ce sera pour aussi peu de temps qu'il vous plaira, mais que je n'aie pas le déplaisir de me voir refuser de vous!

— Eh bien, mon fils, me dit-elle, je te complairai; tu voudrais que je marchasse à la vie, et je ne désire que de marcher à la mort, autant que Dieu n'y sera point offensé, pour rejoindre ton père. »

Elle se laissa donc conduire pour me satisfaire dans ma chambre, et lui faisant voir ce gros monceau de pistoles : « Quoi, mon fils! me dit-elle, ce bien est-il là selon Dieu? » — « Oui, ma mère : je n'ai jamais rien fait de lâche ni de honteux. » — « Ce n'est pas le tout, mon fils, me dit-elle; Dieu n'a-t-il point été offensé dans le gain que tu en as fait? Car autrement ce serait chose polluc et trésor de Satan pour damner les hommes, et en quelque état que nous soyons, je n'en toucherais ni souffrirais que tu t'en servisses, si c'était du bien mal acquis. » — « Ma mère, lui dis-je, c'est Dieu qui m'a fait la grâce de gagner cela sur les ennemis de mon Roi, dans les partis que j'ai faits cette dernière campagne; et si j'y ai hasardé mon corps et ma vie, vous me l'aviez donnée après Dieu; ainsi, tout cet argent vous appartient; c'est une juste rétribution que je vous fais. » — « Quoi, mon fils! c'est un bien que vous avez gagné au péril de vos jours! Je m'en servirai de quelque chose pour sortir d'ici avec honneur, mais vous n'y perdrez pas un sou. » — « Ma mère, lui dis-je, ne suis-je pas à vous, et tout ce que j'ai ne vous appartient-il point? Ah! ma chère maman (car je l'appelais quelquefois ainsi), ne m'ôtez pas la gloire de vous donner le fruit de mes labeurs, dans ce temps où le corps de mon père est encore sur son lit, que nous venons de le perdre, et que toute sa famille l'abandonne voyant l'indigence où il est mort. Ah! quel honneur, quelle gloire, ma chère mère, votre Benjamin ne reçoit-il pas aujourd'hui! N'allez pas flétrir ses justes avantages par la promesse du retour de cet argent : ne suis-je pas trop payé? » Cette pauvre femme se tenait collée sur moi, et en m'embrassant ne pouvait proférer aucun mot. Après que tous ses sanglots furent un peu calmés, elle me dit : « Mon cher Benjamin, je n'ose plus te contredire : c'est Dieu qui t'envoie à mon secours. Ton père aurait bien voulu être enterré au Dorat dans les tombeaux de ses ancêtres[1], mais il nous est impossible. » — « Je le crois comme vous, ma mère, lui dis-je; mais il faut agir comme si la chose se pouvait, et comme nos intentions sont selon Dieu possibles, il nous fera connaître en cette rencontre que ce qui est impossible aux hommes, il le peut de sa seule volonté; laissez-moi faire, ma chère maman, et ne songez qu'à vous conserver, si vous voulez la prolongation de la vie de votre Benjamin. Ne vous mêlez donc plus de rien, que de tâcher de calmer vos douleurs, pour vous conserver la vie; et si je suis jeune, Dieu me donnera des forces pour suppléer à mon âge. » Je commandai une caisse de plomb pour y mettre le corps de mon père, et je le fis embaumer non en ma présence, car je serais mort à ce spectacle, mais par les meilleurs chirurgiens que l'on me put indiquer et

---

1. La sépulture de famille des Montbas se trouvait à la Collégiale du Dorat.

n'y épargnai rien de toutes les choses les plus chères et les plus rares.

Le curé de Sainte-Croix, la paroisse dans laquelle mon père était mort, me vint alors trouver, me disant que je n'y songeais pas. A quoi bon toutes les dépenses que je faisais pour une caisse de plomb qui me devait avoir coûté plus de vingt pistoles, et quasi autant pour l'embaumer, et l'enterrement de ses entrailles! Cela lui paraissait bien inutile, puisqu'il n'y avait qu'à porter ce corps dans son église, qui était la paroisse dans laquelle il était mort, où on lui ferait toutes les solennités à ses obsèques que je pouvais désirer.

Vous voyez bien que l'esprit de ce curé était intéressé, et qu'il ne pouvait comprendre à quelle fin j'avais fait embaumer le corps de mon père et fait faire cette caisse de plomb. Comment l'aurait-il pu savoir, que je ne le savais moi-même? Ingénument, je lui dis que la volonté de mon père avant mourir aurait été, s'il avait pu, que son corps fût inhumé dans les tombeaux de ses ancêtres, et que ce corps, étant embaumé et dans une caisse de plomb, se pouvait conserver jusqu'à ce que j'aie pu trouver quelque occasion pour exécuter les désirs de mon père; mais que, pour ôter tout sujet de plaintes à M. le curé, je m'offrais de lui payer tous ses droits par avance, tout comme si mon père avait été enterré dans son église. A quoi, le curé me répondit que cela ne se pouvait pas, qu'il l'empêcherait fort bien, que le corps lui appartenait de droit, étant mort son paroissien, et qu'il l'allait envoyer querir pour l'enterrer dans son église. Je le priai de ne se pousser

point à cette extrémité, que Monseigneur l'archevêque
de Rouen en déciderait, et que je me conformerais
à ses ordres. Le curé ne demandait pas mieux; l'archevêque n'aurait pas manqué de lui donner gain de
cause. Mais Dieu m'inspira ce petit moyen pour gagner
un peu de temps, et le lendemain matin nous devions,
le curé et moi, aller au lever de Monseigneur l'archevêque, pour chacun dire nos raisons.

Les choses en cet état, j'ai ci-devant dit que lorsque
je partis de l'armée, avec congé de M. de Turenne,
pour voir mon père qui était malade, c'était à la fin
de la campagne. Les ennemis étant retirés, nos troupes
n'attendaient que les ordres de la Cour pour les quartiers d'hiver afin de se retirer aussi. Le régiment
Royal avait reçu ses ordres du quartier d'hiver pour
aller en Basse-Normandie, du côté de Valognes, et sa
route passait à Rouen, où il prenait étape pour une
nuit sans séjour : de sorte qu'étant toujours auprès
de ma chère mère dans une chambre qui était sur la
rue, j'entendis tout d'un coup des timbales et des
trompettes; une petite curiosité me prit, et regardant
par la fenêtre, j'aperçus que c'était le régiment Royal,
où j'avais ma compagnie.

Tout d'un coup, je dis à ma mère : « Ah! ma mère,
Dieu nous assiste! Demeurez là, laissez-moi faire. »
J'allai à la porte de la rue, où je trouvai en même
temps l'aide-major du régiment qui s'en allait pour
faire faire les billets. Je lui dis que c'était là où mon
père venait de mourir, que même son corps y était
encore, et que je lui recommandais de me faire donner
ce logis; lui, qui ne savait pas ma raison, me dit qu'il
me le ferait conserver et qu'il me ferait encore donner

un autre logis, parce qu'il savait bien que j'avais
beaucoup d'équipage : et de fait, des chevaux de mon
père, tant de carrosse que de selle, il y en avait quatorze ou quinze, et il m'en était bien venu avec le
régiment environ une trentaine. Mais, comme vous
l'allez voir dans la suite, j'avais mes raisons pour ne
vouloir que ce logis dont l'aide-major me vint apporter
le billet. D'abord, j'y fis entrer mon chariot; et pour
tous mes valets et chevaux, même des chevaux de
chariot, je les dispersai dans divers cabarets : dont
mes valets étaient ravis, à cause que je leur donnais
leur argent à dépenser comme marchands qui auraient
été en voyage, et les hôtelleries ravies de les avoir
sur ce pied-là. Je ne gardai, de tous mes valets, dans le
logis de mon père, que mon valet de chambre que
j'avais amené.

La nuit étant venue, un peu après minuit, ayant
fait décharger tout ce qui était dans mon chariot, j'y
fis mettre au milieu et dans le fond la caisse où était
le corps de mon précieux père : puis je fis garnir cela
tout autour, devant, derrière, et au-dessus, de tous
les débris de ce qui est chargé dans un chariot qui
revient de l'armée, comme de tentes, de sièges, de lits
de camp, de vieilles paires de bottes, de batterie de
cuisine, de vaisselle, de coffres, de paniers; tant
qu'enfin il eût été impossible que l'on eût pu croire
que j'y eusse fait mettre le corps de mon père. C'est
pourquoi je n'avais point voulu que mes valets d'armée
en eussent aucune connaissance, et il me convenait
d'avoir ce logis pour mon logement afin d'y mettre
mon chariot, et de n'en avoir pas d'autre : parce que
si j'avais eu un autre logis, il n'aurait pas été naturel

que je n'y eusse point mis mon chariot. Je mourais de peur que le curé ne se doutât de quelque chose, car il était même venu, comme le régiment n'était pas encore logé, pour me mener chez l'Archevêque pour décider notre question. Mais je lui dis que le régiment où j'étais capitaine était arrivé, que je ne le suivrais assurément pas, qu'il n'avait point de séjour, et qu'incontinent qu'il serait parti, j'irais partout où il voudrait. Ainsi je m'en défis pour le coup, jusqu'au lendemain matin. Dès que le jour fut venu, j'allai trouver Verdelin et nous allâmes ensemble chez Canferant; je leur dis les choses comme elles étaient, et que mon dessein était de faire suivre le corps de mon père et d'aller dans mon logement par étapes pendant deux jours; que pas un de mes valets ne savait le secret, que mon seul valet de chambre, lequel, avec mon chariot et quelques valets que je lui nommerais de mon équipage, s'en irait au Dorat, ville de la Basse-Marche où sont les tombeaux de nos ancêtres, et que le reste de mon équipage suivrait le régiment.

Les choses en cet état, quand le régiment voulut partir, mes valets étant venus avec les chevaux pour atteler le chariot, et les autres valets aussi, venus avec leurs chevaux des cabarets où ils étaient couchés, étant tous devant ma porte, je leur dis : « Enfants, le corps de mon père, mort depuis fort peu de jours et qui n'est pas encore enterré, fait que je ne peux suivre quant à présent. Mais cependant en mon absence, qu'un chacun obéisse à Saint-Jean. » (C'était ainsi que s'appelait mon valet de chambre.) Ensuite, je fus trouver Verdelin, après avoir mis tous mes gens en marche, et lui dis tout ce qui s'était passé; je le priai

que s'il venait quelque conteste parmi mes valets, il
leur fît faire mes intentions, et que si on venait pour
arrêter le corps de mon père qu'ils l'empêchassent :
ce qu'il me promit et dont j'étais bien sûr.

Peu d'heures après le départ du régiment et de
tous nos bagages, notre curé ne manqua pas de me
venir trouver pour aller devant Monseigneur l'archevêque faire décider notre question : « En vérité, lui
dis-je, monsieur, vous êtes bien pressant ! Comme je
ne suis pas en état de suivre le régiment, il m'a fallu
donner mille ordres par écrit, tant à mes officiers pour
le quartier d'hiver, que aussi pour la subsistance de
mon équipage ; mais je vous demande quartier pour
ce jour seulement, et demain nous allons, vous et moi,
au lever de Monseigneur l'archevêque, et cela sera
fini. » — « Eh bien ! me dit-il, ce n'est pas naturel qu'un
corps mort dans ma paroisse demeure deux ou trois
nuits sans prêtre pour le veiller jusqu'à ce que l'on le
porte en terre. » — « Je suis fortement persuadé, lui dis-je,
que ce ne serait pas sans être payés que des prêtres
le garderaient. Mais comme demain matin il sera décidé
si ce corps doit rester dans votre église ou bien être
transporté ailleurs, ce serait une dépense inutile s'il ne
vous demeurait pas. » — « Oh ! je suis bien sûr de l'avoir ! »
— « Peut-être, lui dis-je, encore que vous possédiez
entièrement l'esprit de Monseigneur l'archevêque, mais
il a trop de justice pour n'écouter pas mes raisons. »
— « Eh bien ! dit-il, sans plus de délai, nous irons au
lever de Monseigneur pour décider la question, car le
moindre délai que vous y apportiez, de mon autorité,
je ferai enlever le corps. » — « Croyez-moi, monsieur le
curé, j'ai autant d'envie que la question soit vidée,

que vous en pouvez avoir. Je n'ai pas voulu faire faire
un brancard sur lequel la caisse de plomb doit être
portée, crainte que vous ne gagnassiez votre cause et
que la dépense que j'aurais faite de ce brancard me
demeurât inutile. » Lors, il se prit à rire et me dit :
« Vous avez fort bien fait en cela : vous avez eu le don
de prophétie, car vous auriez fait une dépense bien
inutile! » — « A vous dire vrai, monsieur le curé, je ne
suis pas en état de rire comme vous faites : les joies
qui nous font rire sont aussi variables que les saisons.
Pour moi, qui me suis vu plongé dans la joie, j'éprouve
bien à présent le contraire par la perte de mon père;
ainsi, monsieur le curé, croyez-moi : ni vous ni moi ne
sommes prophètes. Adieu; à demain, monsieur le curé. »

Le lendemain au matin, il ne manqua pas de venir
avec un autre prêtre, même avant que M. l'archevêque fût éveillé, car il nous fallut attendre près d'une
heure et demie dans une salle. Ce curé s'étonnait de
ce que je n'avais amené personne pour m'aider à dire
les raisons de ma cause. La première fois, je lui dis
qu'une bonne cause n'avait besoin que de la vérité
pour la soutenir; mais peu de temps après, m'en
reparlant encore, je lui dis : « Ne savez-vous pas,
monsieur le curé, que auparavant la venue du Saint-
Esprit, les Apôtres n'en savaient pas plus que les
hommes d'à présent? Cependant, le Seigneur les
envoyait et leur disait qu'il leur serait donné ce qu'ils
auraient à dire lorsqu'il serait question de parler. Pour
moi, je ne sais ce que je dirai; mais un fils bien né,
qui soutient avec raison et justice la cause de la
mémoire de son père, espère qu'il ne sera pas abandonné
du Saint-Esprit dont il implore le secours. »

Le prêtre que le curé avait amené me dit que je parlais plus en philosophe qu'en homme de guerre ; je lui dis : « Je n'ai jamais étudié, mais peut-être c'est le commencement de l'effet du secours que j'ai demandé. » On nous avertit que l'archevêque était levé, et que l'on l'habillait ; que cela fait, nous pouvions entrer quand il serait à la prière, ensuite de quoi il nous donnerait audience. J'avais effectivement un peu ruminé à ce que j'avais à dire, même j'en avais écrit quelque peu pour m'en mieux souvenir. Je lui dis donc : « Monseigneur, monsieur le curé s'est étonné de ce que je n'avais mené personne pour vous expliquer mes raisons ; si j'avais à les dire à d'autres qu'à Votre Grandeur, il en aurait été besoin, mais c'est s'abuser que de douter de la pénétration de votre esprit pour débrouiller et maintenir les choses justes quoiqu'elles soient mal expliquées. Suppléez donc, Monseigneur, à la faiblesse de mes expressions : c'est un fils qui vous le demande pour satisfaire aux dernières volontés de son père ; et ne permettez pas que monsieur le Curé m'interrompe, il m'empêcherait de pouvoir expliquer ce que j'ai à dire. Je ne vous parlerai point, Monseigneur, de mon père, parce qu'il avait l'honneur d'être connu de vous, et de toute la terre, pour un gentilhomme qui possédait au suprême degré toutes les vertus et n'avait aucun vice : aussi a-t-il été protégé de Dieu pendant toute sa vie, et visiblement depuis sa mort. Ses dernières peines (dont il louait Dieu, comme de toutes choses) il disait n'en avoir point de plus grandes que celle de ne pas finir ses jours, puisque Dieu le voulait ainsi, dans son pays natal, plutôt que où il était, afin que son corps pût être mis dans les tombeaux de ses ancêtres. J'étais présent quand il le dit à ma mère : « Quand tu m'as épousé, ne savais-tu » pas que j'étais mortel? Eh bien! tu me suivras; » si nos corps meurent en différents lieux et ne sont » pas enterrés ensemble, nos âmes seront unies devant » Dieu, et à la résurrection nos corps rejoindront nos » âmes : ainsi, souhaitons simplement que la volonté » de Dieu s'accomplisse; il ne nous défend ni nos » souhaits ni nos prières, mais que notre principal » souhait soit celui qu'il accomplisse sa volonté en » nous faisant miséricorde. »

» J'aurais mal fait ma cour, Monseigneur, à monsieur le curé, et je ne doute pas qu'il ne m'aurait point écouté si paisiblement que fait Votre Grandeur. Il savait possible que cette femme et ce fils, qui ne manquaient pas d'argent, feraient faire de grandes solennités et prieraient à l'enterrement de ce cher défunt, et qu'ainsi monsieur le curé en aurait sa part, telle que les curés les prennent à proportion des solennités et prières, et que cela était bien au-dessus des simples droits que je lui avais offerts dans toute leur étendue. Étant sourd à toutes les prières que je lui en ai pu faire, Dieu s'est servi de vous, Monseigneur, pour calmer un peu l'ardeur de monsieur le curé, en ce que je lui proposai de vous rapporter la chose pour en décider, à quoi il consentit, et je ne fais nul doute que votre bonté et votre justice ne m'eussent octroyé l'effet de nos demandes. Mais Dieu jaloux nous a voulu faire voir l'effet de sa toute-puissance : ainsi, Monseigneur, bien que je sois persuadé que vous nous auriez laissé emporter les précieuses reliques de mon père, Dieu n'a pas voulu que nous vous en ayons l'obligation : il

s'en est réservé toute la gloire, et, par la soumission
que mon père avait à sa volonté, ainsi que je vous
l'ai ci-devant dit, il nous a fait voir sa protection
visible, et voici comment.

» Sans savoir autrement pourquoi ni à quelle fin,
je fis faire une caisse de plomb, j'y fis embaumer le
corps de mon père. Monsieur le curé me pressait
toujours de venir devant vous pour cette décision,
quand le régiment Royal, où je suis capitaine, vint
loger et prendre étape pour une nuit à Rouen; ce qui
est assez extraordinaire, car quand il y passe des
troupes en route, elles y ont d'ordinaire séjour, et
s'il y en avait eu, j'aurais trouvé plus difficulté à
faire ce que j'ai fait. Je me fis donner le logis où le
corps de mon père était, pour mon logis; j'y fis entrer
seulement mon chariot. Ainsi faisant, pendant la nuit,
décharger mon chariot, j'y ai fait mettre le corps de
mon père ; personne ne sait qu'il y est, que deux des
capitaines de mes amis et un valet de mon équipage,
pas même le cocher qui mène le chariot; ainsi il marche,
entre les mains de gens qui difficilement souffriraient
que l'on lui fît insulte, quand même la vérité serait
connue ainsi que je me donne l'honneur de vous la
dire. J'aurais bien pu épargner la peine à monsieur le
curé de venir ici, mais je l'ai appréhendé : je sais le
respect que je dois au sacerdoce, et j'ai mieux aimé
venir à vous, Monseigneur, comme à notre père, pour
vous avouer franchement la vérité et vous demander
pardon, s'il y a quelque chose en ma conduite que
vous désapprouviez. » L'archevêque sourit, et il nous
congédia.

CHAPITRE VI

QUERELLE DE FAMILLE

Après cela, je ne songeai plus qu'à payer généralement toutes nos dettes, et je retirai tous les billets
de ma mère. Quand nous eûmes payé toutes nos dettes,
ma mère voulut que je gardasse ces billets, disant
qu'en cas qu'elle vînt à mourir avant que de m'avoir
remboursé, j'aurais à reprendre cela après elle. Ce
discours me chagrina si fort, que je pris tous ces billets
et les jetai dans le feu en présence de ma mère, ce
qui la surprit beaucoup. Mais comme elle savait que
l'amitié que j'avais pour elle était des plus violentes,
elle n'osa plus me rien dire, si ce n'est : « Je sais bien,
mon fils, que tout ce qui est à toi est à moi, puisque
tu le veux de la sorte; ce n'est qu'en cas que je vinsse
à mourir, et cela étant, faudrait-il que d'autres jouissent
du fruit de tes labeurs, pour lesquels tu as si souvent
hasardé ta vie? » — « Après la perte de mon père, lui
dis-je, si, pour le comble de mes déplaisirs, vous veniez

à mourir, je n'aurais plus besoin d'aucun bien que de la miséricorde de Dieu. » — « Eh! que veux-tu dire, mon enfant? Ma perte ne te doit pas mettre dans un tel désespoir que je t'ai vu. » — « Non, ma mère, lui dis-je; j'en ai demandé pardon à Dieu, et il me faudrait encore toutes les grâces du Seigneur, s'il m'arrivait la même chose, pour m'empêcher de tomber dans un pareil désespoir. Car vous pouvez mourir : quand cela arrivera, ce sera bien une soumission à la volonté de Dieu, mais ce ne sera pas de votre volonté, et, ainsi du moins, je n'aurai qu'à me plaindre de mon malheur dont vous ne seriez pas la cause; de sorte qu'à la vérité je n'aurais plus besoin de bien. Il en faut si peu, quand on ne voudrait voir le jour que pour prier Dieu pour son père et pour sa mère, que quelque peu que la justice ou la fortune me donne, ce sera toujours assez pour le reste que j'aurai à vivre. Mais, ma chère mère, quand j'eus ce désespoir dont le ressouvenir me fait honte, c'est que je croyais que mon père et vous ne m'aimiez plus, et franchement, sans votre amitié, je ne saurais vivre. Vous n'êtes pas maîtresse de votre vie ni de votre mort. Dieu seul en est le maître; mais si vous ne m'aimiez plus, cela viendrait de votre volonté. » Ce disant je ne m'évanouis point, mais j'avoue que j'eus quelque petit mal de cœur; je ne veux pas dire que ce fut ce que je disais à ma mère qui me le causa, mais quand il s'agissait de l'amitié que nous avions l'un pour l'autre, la tendresse y avait tant de part, que cela pouvait causer des effets bien extraordinaires. Ma pauvre mère se jeta à mon cou et me dit : « Eh! pauvre fou, peux-tu douter que je t'aimerai jusqu'au dernier soupir cent fois plus que moi-même?

Je passe plus outre, mon cher Benjamin; je t'aimerai après ma mort, puisque j'espère que Dieu me fera la grâce de trouver bon que je le prie dans toute l'éternité pour toi. Mais toi, tu m'aimes trop : aussi, ai-je peur. Mon cher Benjamin, je te pourrais commander comme mère, mais je veux te prier, comme bonne amie; tu vois, mon cher enfant, que je suis fort vieille, et que je ne pourrai pas durer longtemps : laisse-moi la satisfaction de croire que tu demeureras dans le monde après moi, dans le métier que tu as entrepris. On attribuerait à la lâcheté ce qui ne serait qu'un effet de l'amitié. Non, mon fils; quand tu auras le malheur de me perdre, il faut demeurer dans le monde et ne se point enfermer; tu me ferais achever mes jours avec peine si tu ne m'en assurais pas. Sus donc, parle : veux-tu voir cette pauvre mère (qui ne peut plus mener qu'une languissante vie, après avoir perdu le meilleur mari et le meilleur père du monde) te demander que son cher Benjamin ne se désespère pas, si Dieu vient à disposer de moi? Je ne parle plus de l'état où je t'ai vu : le pardon que tu en as demandé à Dieu et ton repentir m'assurent assez que tu ne retomberas pas dans une pareille faute. Mais se reléguer dans un lieu où tu ne verrais le jour que pour prier Dieu pour ton père et moi, me paraît toujours une espèce de désespoir; tu vas avancer mes jours, si tu ne me donnes parole du contraire : je sais combien tes résolutions sont fortes, et c'est ce qui me fait appréhender, mais je sais aussi que tu ne me donneras jamais de parole que tu ne la tiennes. Je te la demande donc, et la vie en même temps, puisque je crois expirer au seul moment de ton refus. Si j'étais capable de quelque consolation de notre perte commune, toi seul me peux, pour quelque temps, rappeler à la vie. »

Moi, qui aimais ma mère au delà toutes sortes d'expressions et d'imaginations, j'étais immobile à tout son discours, je la regardais fixement et ne lui pouvais dire un mot, je me jetai à son cou, et tout ce que je lui pus dire en divers de temps par des sanglots entrecoupés : « Je vous obéirai toujours en toutes choses, mais conservez-vous, si vous voulez que je vive, non que j'attente sur ma personne ni que je me renferme, puisque j'ai trop de honte et de repentir du premier, et que vous me défendez le dernier; mais j'ai peine à croire que je vous survivrais par le déplaisir que j'aurais de votre perte. »

Cependant, bien des gens qui pourront voir cet écrit diront : « Cela est bon à dire à monsieur de Montbas! Mais sa mère est morte, et il n'est point mort; il a servi dans les troupes un grand nombre d'années depuis cette mort, et il s'est marié deux fois. » Tout cela est vrai. Mais apprenant, dix-huit ou vingt ans après sa mort, que l'on n'avait pas enterré son corps, ainsi que je l'avais ordonné, dans le tombeau de mon père (ainsi qu'il sera dit dans la suite), je fis déterrer le corps de ma mère et porter ses ossements dans la caisse de plomb où était le corps de mon père. Plus de quinze ans après, je fis porter des portraits de mon père et un de ma mère à Besançon en Franche-Comté, parce qu'il y avait là des peintres excellents, qui, ayant servi de leur métier l'Empereur en Allemagne, s'étaient retirés à Besançon : et qui firent le tableau où mon père, ma mère et moi sont encore, en notre chapelle, au Dorat, en postures priantes. Trois ou quatre années après, je fis faire une tombe de marbre blanc à Lille en Flandre, et l'ai faite charrier jusqu'au Dorat, et peindre la chapelle[1]. Je dirai, de plus, qu'il se passe peu de nuits qu'en dormant je ne croie leur parler; il y a à présent, l'année 1707, cinquante ans que mon père est mort, et il y en a quarante-sept que ma mère est morte; si j'ai commencé ces écrits en 1705, c'est que je ne les fais que pour ma satisfaction particulière, quand j'ai le temps, et que ce n'est que pour ceux de nos descendants qui auront quelque considération pour ma mémoire, ayant eu une vie fort diversifiée d'aventures, et qu'ils pourront se conformer au bien et regretter le mal. Mais, à me rendre justice, on demeurera d'accord que l'on ne peut pas conserver

1. Pierre de Montbas et sa femme furent inhumés, en effet, dans la chapelle Saint-Jean de la collégiale du Dorat. On lisait, sur la tombe, l'inscription suivante :

> Cy gissent les corps de messire Pierre Barton
> vicomte de Mont Bas et de dame Jacquette Bonnin
> sa femme avec celui de Jean-François Barton leur
> dernier fils, mais le plus zélé de tous à les aymer
> en sorte qu'il est impossible de concevoir la force
> de l'amitié qu'il avoit pour eux parce qu'il n'est plus
> en usage aux enfans d'aymer leurs pere et mere
> comme celui-cy a aymé les siens, qui possedoient
> toutes les vertus et n'avoient aucun vice. Leur
> exemple a servy de bonne éducation à leurs familles
> dont ce dernier a eu plus de recognoissance que les
> autres. C'est mesme luy qui a faict transporter dans son
> chariot d'armée et à ses depens le corps de son pere
> décédé en la ville de Rouen, comme fit Joseph qui voulut
> porter les ossements du sien dans son tombeau. C'est
> aussy luy qui a faict mettre le corps de sa mere dans ce
> mesme sépulcre, et qui a ordonné que le sien y soit mis
> apres son deceds, ayant passé contract avec messieurs du
> chapitre du Dorat qu'au moyen d'une somme d'argent qu'il
> leur a payé qu'on n'ouvrira plus ce tombeau de marbre
> qu'il a faict faire à ses depens, comme aussy le tableau qui
> les represente tous trois au naturel. O vous nos
> descendants sy l'honneur vous est aussi cher qu'à nous
> honorez assez nostre mémoire pour empescher suivant
> nos volontez que ce tombeau ne soit jamais ouvert
> et priez Dieu pour nous.

Le tombeau n'existe plus aujourd'hui.

si longtemps la mémoire d'un père et d'une mère
sans les aimer éperdument ; tous les trésors de la terre
ne me feraient pas souhaiter d'être né d'autres gens
que d'eux, et il n'y a nulle différence de la tendresse
que j'avais pour eux dans les temps que je les voyais
à ce que je ressens encore aujourd'hui ; ce seront des
sentiments que j'emporterai après ma mort. Mais
revenons à ma mère, qui était encore à Rouen. C'est
une digression que je viens de faire, mais cela est
pardonnable, à un fils qui aime et honore autant la
mémoire de son père et de sa mère que j'aime et honore
les miens.

Je dirai donc qu'après avoir payé toutes nos dettes,
qui se montaient à près de six mille livres, je retirai,
payai et brûlai tous les billets de ma mère et deux ou
trois de mon père à un marchand de draps ; je payai
également deux chevaux de carrosse qu'il avait achetés
d'un maquignon. Enfin, ne devant plus rien du tout,
nous ne songeâmes qu'à nous retirer ; je dirai pourtant que je vendis encore quatre des chevaux de mon
père, dont nous n'avions pas besoin : nous avions
six chevaux de carrosse, et le reste n'était que des
chevaux de valets. Je ne quittai point ma mère qu'elle
ne fût au pays ; le corps de mon père y était arrivé
bien auparavant et enterré avec toutes les solennités
que l'on pouvait. Ce fut M. du Ris, l'un de mes beaux-
frères, à qui ma mère avait écrit à cet effet pour en
prendre le soin, et qui même avait fait la plupart
des frais, que je lui payai, en l'abordant, de mon
argent.

Je m'en retournai à ma compagnie que je trouvai,
avec le régiment, prêt à marcher en campagne. Mon

lieutenant en avait pris assez de soin, et elle n'était pas en mauvais état; aussi, n'avais-je rien touché de mon quartier d'hiver; mais compagnie et équipage étant en bon état, je me consolai de ne trouver guère d'argent. De plus, quand mon chariot avec mes chevaux eurent conduit le corps de mon père au Dorat, ils s'en retournèrent en Basse-Normandie conduits par mon valet de chambre, avec trois ou quatre valets; tout cela était en marche pour s'en retourner à la garnison, avant que nous fussions arrivés, ma mère et moi; et l'on peut croire que cette grande marche pendant l'hiver n'accommoda pas cette partie de mon équipage, qui rejoignit l'autre, mais en mauvais état; de sorte qu'il fallut quelques dépenses extraordinaires pour remettre le tout en bon état.

Ensuite de quoi, je m'en allai avec le régiment au rendez-vous de l'armée.

Pendant cette campagne [1], M. de Turenne, à son ordinaire, m'envoyait je peux dire quasi incessamment en parti, m'y trouvant plus à son point que les autres, ou peut-être plus heureux, car j'étais encore assez jeune et n'avais pas les expériences que j'ai acquises du depuis. Je ne saurais redire toutes les rencontres des ennemis que j'eus, ni détailler tout cela. Un partisan qui est fort employé de son général bat souvent les ennemis et fait quelquefois des prises considérables; il est aussi quelquefois battu : cela ne se peut autrement. A la fin de la campagne, j'allai établir ma compagnie dans son quartier d'hiver; puis

---

1. D'après les pages qui suivent, il s'agit ici de la campagne de 1657 que Turenne mena en Flandre.

je pris seulement un valet avec moi et m'en allai voir ma mère, où je ne croyais pas demeurer plus d'un mois, mais mon séjour y fut un peu plus long par ce que je m'en vais dire.

Pendant cette campagne, la peste s'était mise dans le logis où ma mère s'était habituée et aux villages circonvoisins. Ma belle-sœur n'était pas à Montbas : elle était allée à une terre qu'elle avait en Beauce, nommée les Couderos, et avait laissé à Montbas un de ses domestiques nommé Laborde pour commander aux autres. Ma mère, pour éviter le mauvais air de sa demeure, fit mettre les chevaux au carrosse pour se réfugier à Montbas, dont ce nommé Laborde lui refusa les portes, et ma mère fut contrainte de s'en retourner dans son lieu pestiféré, où, par une protection divine, elle ne prit point de mal, ni pas un de ses gens. Quoiqu'elle m'écrivît quasi tous les ordinaires à l'armée, elle m'avait tenu le cas secret du refus de l'entrée de Montbas, et je n'en sus rien que quelque peu de jours après que je fus arrivé, ce qui me fut appris par cette ancienne femme de chambre qui m'avait servi de gouvernante et dont est ci-devant parlé; j'avoue que le feu me monta furieusement au visage à ce récit, et je ne pouvais quasi me contenir. Ma belle-sœur était revenue de son voyage de Beauce et était lors à Montbas, où, quand elle y arriva, ayant appris le refus dudit Laborde, elle en écrivit une lettre d'excuses à ma mère; mais cela ne me satisfaisait point; je prétendis me venger.

Le valet que j'avais amené avec moi était de ce pays-là, brave garçon, ce que j'avais remarqué dans quelques partis où je l'avais mené avec moi. Je lui

dis qu'il fallait faire une action de résolution, à quoi
je le trouvai fort disposé. Nous allâmes nous deux, à
cheval, bien montés, à Montbas, et y arrivâmes la
nuit; j'entrai dans la basse-cour, mis pied à terre,
donnai mon cheval à tenir à mon valet avec défense
que quelque chose qu'il me pût arriver, de ne point
venir à mon secours, mais que s'il venait des gens à
lui pour fermer les portes, il l'empêchât; il était bien
armé. Pour moi, j'entrai dans la cuisine de Montbas,
en sachant parfaitement les aîtres, y étant né; j'avais
un assez grand bâton en main, et connaissant parfaitement M. Laborde, je le vis qui était assis devant le
feu de la cuisine parlant à quelques valets et sans
lui donner quasi pas le temps de tourner la tête, je lui
en donnai un si grand coup de mon gros bâton qu'il
tomba dans le feu; je voulus mettre le pied de sur lui
pour le faire brûler, mais de grands laquais et autres
valets qui pouvaient ne me connaître pas sautèrent
à des fusils qui étaient à un râtelier au-dessus du
potager: je vis qu'il n'aurait pas fait bon là pour moi;
je mis l'épée à la main, ce qui me fit faire place pour
me retirer, et comme il faisait fort noir, beaucoup de
ces gens-là voulurent aller fermer la porte de la basse-
cour; mon valet avec son mousqueton s'avança à eux;
au lieu d'un homme seul et de deux chevaux, ils
crurent possible qu'il y en avait une vingtaine, car
ils se mirent tous à fuir, s'en retournant au logis, et
me pensèrent passer sur le corps dans l'obscurité.
Enfin, quand j'abordai mon valet auquel je me fis
connaître, il n'y avait plus personne; je remontai
tranquillement à cheval, sans être inquiété de ces
valets qui croyaient la basse-cour pleine de monde,

et m'en retournai chez ma mère que je trouvai qui
n'avait pas encore soupé et qui, je crois, m'attendait.
Je ne lui dis point que je venais de Montbas, mais
d'ailleurs. Nous soupâmes; elle s'alla coucher et moi
aussi; le matin, quand elle fut éveillée, ce fut moi
qui lui portai son bouillon, puis après je m'assis sur
son lit, et je lui dis : « Ma bonne maman (car quelquefois en badinant je l'appelais ainsi), vous m'avez tenu
le cas secret d'une insulte qui vous a été faite par ce
coquin de Laborde, qui vous a refusé l'entrée de
Montbas; pour moi, si je le trouve, je le battrai. — Ah!
mon cher Benjamin, je te prie de n'en rien faire : je
lui ai pardonné, ta belle-sœur m'en ayant écrit une
lettre d'excuses. — Ma foi, ma mère, lui dis-je, elle
vous devait avoir envoyé cet homme les mains liées
pour en faire telle justice que vous auriez désiré, et
après cela ne s'en jamais servir; mais une simple lettre
où elle vous en fait excuse, ma foi! il fallait quelque
chose de plus, et je vous dis que si je trouve cet homme,
je le battrai. — Ah! mon fils, je te le défends. — Eh
bien, maman, je ne saurais vous obéir. Tenez, prenez
que je l'ai battu. Voulez-vous battre votre Benjamin?
Le voilà entre vos mains. Le voulez-vous tuer? Il
vous rendra la vie que vous lui avez donnée. » Je lui
disais tout cela en plaisantant; mais la bonne femme
ne manquait ni d'esprit ni de pénétration : « Ah! mon
fils, par ce que tu m'as dit j'appréhende que la chose ne
soit déjà faite. » Je la vis tellement agitée que je n'osai
lui avouer sur-le-champ et lui dis : « Non, ma mère,
mais je vous avoue que quand je le verrai, je ne serai
pas mon maître, quand même je vous aurais promis
le contraire; ainsi, ma chère maman, pardonnez-moi

par avance. — Cela est fait, mon fils, me dit-elle, je te connais à tes discours, allons, dis-moi ce qui en est. » D'abord, je lui dis pour la calmer : « Il n'y a pas grand mal, mais ne vous fâchez donc pas contre un fils qui aimerait mieux mourir que de vous déplaire; il est vrai, ma mère, que je n'ai pu souffrir cette insulte avec si peu de réparation. » Et ensuite lui contai la chose dans la vérité, sans augmenter ni diminuer de ce que je viens de dire. « Mais si vous voulez suivre mes conseils, je vous dirai ce que je crois qu'il vous faut faire : il faut que vous écriviez tout à l'heure à ma belle-sœur une lettre qui porte en substance ce que je vais vous dire, qui est que vous ne venez que d'apprendre l'emportement de votre jeune fils, qui vous fâche si fort que vous en avez un mal de tête épouvantable et qui vous empêche de pouvoir monter en carrosse pour lui en demander le pardon pour votre fils, qui était frère et filleul de défunt son mari; nous verrons sa réponse; et il faudra aussi que celui qui portera votre lettre s'informe adroitement de l'état où est Laborde; et sans attendre autre réponse, envoyez un autre homme au plus vite avec un petit mot de lettre à M. de Lépaux. » C'est ce Lépaux dont est ci-devant tant parlé, député du régiment Royal envers M. le cardinal Mazarin; il s'était retiré chez lui, dans notre province, à deux lieues de Montbas, fort honnête homme, de beaucoup d'esprit, et fort ami de notre maison et le mien particulier; tout cela fut exécuté; c'était pour le prier de la part de ma mère de la venir trouver incessamment.

L'homme que l'on envoya, à Montbas, on le fit attendre une grosse demi-heure sans le faire parler à ma belle-sœur; pendant lequel temps, il eut tout celui de s'informer de Laborde; on avait envoyé querir un chirurgien qui lui avait mis un premier appareil à la tête où il avait son coup, et dit que, le revenant panser le soir, qui serait au bout des vingt-quatre heures, il saurait dire s'il le faudrait trépaner ou non. Puis on dit à cet homme de monter dans la chambre de ma belle-sœur, qui était malade avec la fièvre depuis le bruit qui était arrivé hier au soir. Ce valet de ma mère, qui ne manquait pas d'esprit, y monta, et trouvant ma belle-sœur ainsi que l'on lui avait dit, elle lui dit : « Vous direz à madame de Montbas, ma belle-mère, que je suis au désespoir de ne pouvoir faire réponse à la lettre qu'elle m'a fait l'honneur de m'écrire, mais dès le moment de l'insulte outrageante que son fils m'est venu faire, une fièvre violente m'a prise, et qui me dure encore. »

Ensuite nous arriva M. de Lépaux, lequel ma mère pria d'aller trouver ma belle-sœur de sa part, pour lui témoigner encore le déplaisir qu'elle avait de l'emportement que j'avais eu, qu'elle lui en demandait pardon pour moi, et que, si elle voulait, elle m'y mènerait pour lui en faire telles excuses qu'elle jugerait à propos. Puis elle pria mon dit sieur de Lépaux de voir comme sa belle-fille prendrait cela; que si elle le prenait bien, à la bonne heure; et que si, au contraire, elle ne recevait pas les excuses que ma mère lui faisait faire, qu'il lui dise, ce qu'il fit ensuite par la réponse que vous allez voir : « Monsieur, dites à madame de Montbas, ma belle-mère, que je veux bien, pour l'amour d'elle, ne me point venger de l'insulte qu'il m'a faite; mais qu'à l'égard de cet homme blessé,

et qui est en danger d'en mourir, je ne l'empêcherais
point d'en poursuivre la vengeance contre son assassinateur, ce que ses héritiers pourront faire en cas
qu'il meure. » Lépaux, qui avait du cœur, de l'honneur, de l'esprit, et de l'estime et de l'amitié pour ma
mère et pour moi, lui dit : « Je suis fâché, madame,
d'entendre nommer un homme de la maison de
Montbas du nom d'assassinateur de la bouche d'une
femme; j'en ferais repentir tout autre. Votre valet,
madame, ne méritait assurément pas quelques coups
de bâton, mais il méritait d'en être roué, jusqu'à ce
qu'il eût expiré sous les coups, et c'est ce qui lui
pourra arriver s'il en revient; s'il meurt, on appréhende
fort peu ses héritiers et tous ceux qui leur voudront
prêter secours. Madame votre belle-mère pourra être
intimidée de la manière que vous recevez les excuses
qu'elle vous fait faire; mais comme elle est assez
accoutumée à ne voir son fils que rarement, et que,
faisant son métier, elle est en risque de le perdre tous
les jours, je vais tâcher, madame, à la résoudre de ne
plus jamais voir son fils; elle s'en doit encore plutôt
consoler que s'il était mort; elle aura du moins le
plaisir de recevoir de ses nouvelles de temps à autre,
et comme elle a renoncé à la communauté de monsieur
son mari, je lui aiderai à ravoir tous ses droits et rem-
placements afin d'en assister monsieur son fils. Mais si
madame de Montbas, à l'âge qu'elle a, ne s'en veut pas
donner la peine, je les achèterai, moi, en mon nom,
et puis les ferai valoir dans toute leur étendue. Adieu,
madame : je suis fâché que vous ayez si peu de considération pour le frère de votre mari. » M. de Lépaux
passait pour un homme fort ferme et fort sincère en

tout ce qu'il disait et assurément il l'aurait fait comme
il l'avait dit; on savait, de plus, que ma mère avait
une foi entière pour lui, et qu'elle ne manquerait pas
de faire au pied de la lettre tout ce qu'il lui dirait de
faire à cet égard. De sorte que cela étonna ma belle-
sœur; et comme revenant à soi, elle dit à M. de Lépaux :
« Je vous ai dit, monsieur, que je recevais les excuses
que ma belle-mère me faisait pour son fils, mais si
cet homme meurt? puis-je empêcher ses héritiers d'en
demander justice? — Eh! voudriez-vous, madame,
lui dit-il, tenir des gens chez vous qui auraient telles
poursuites à faire contre le frère de votre mari? » Et,
sans lui donner le temps de répondre : « Non, madame;
je suis persuadé que vous ne verriez ni assisteriez ces
gens-là de votre vie, qui a toujours été illustre par
toutes sortes d'endroits, et vous ne la voudriez pas
tacher de cette infamie. C'est pourquoi, madame, je
prierai madame de Montbas, votre belle-mère, de
venir ici demain, je l'y accompagnerai, et nous amène-
rons son fils, et je suis persuadé que notre visite vous
fera plaisir. — Oui, monsieur, dit-elle, pour madame
de Montbas et vous; mais pour son fils, l'insulte est
si récente! » Il lui dit : « Madame, les plus promptes
réconciliations sont toujours les meilleures; ce n'est
pas à vous, à régler les gens que votre belle-mère
veut mener avec elle; votre beau-frère est Montbas,
et y a sa part; mais plus que tout cela, vous refuseriez
donc encore une fois l'entrée de Montbas à madame
votre belle-mère et à moi aussi? C'est à présent, madame,
qu'il faut décider; je suis venu ici comme votre serviteur, comment m'en retournerais-je? » Elle lui dit :
« J'aime mieux fermer les yeux à tout, que de me

brouiller avec madame de Montbas, ma belle-mère, et avec vous. Ainsi je ferai ce que vous jugerez à propos. » De sorte que nous y allâmes le lendemain après dîner, où nous ne demeurâmes pas une heure. Je dis à ma belle-sœur que je n'étais point venu à Montbas pour la fâcher, mais qu'à la vérité, je n'avais pas été mon maître sur le sujet de Laborde, dont je lui demandais excuse; elle me répondit si fort entre les dents que je ne sais ce qu'elle articula; enfin, ne lui faisant point répéter, je ne sais ce qu'elle m'avait dit, dont je ne me souciais guère, car si elle ne m'aimait pas, elle était bien payée de la même monnaie. Nous n'y demeurâmes pas une heure, nous nous en revînmes et l'affaire fut finie.

Je ne demeurai que peu de jours auprès de cette chère mère et m'en retournai joindre ma compagnie. — Ensuite nous allâmes avec le régiment au rendez-vous de l'armée, et au commencement de la campagne fut le siège de Dunkerque. Les ennemis vinrent pour le secourir; M. de Turenne, ayant renforcé la garde de la tranchée, marcha à eux, leur livra bataille et les battit [1]. Montpezat, comme maréchal de camp, n'était pas à la tête du régiment; Verdelin était blessé, peu auparavant, en l'affaire de M. d'Hocquincourt; Thieux était malade. Mais ce qui m'arriva de plus fâcheux, c'est que j'y eus une épaule cassée d'un coup de pistolet. Je commandais le second escadron de notre régiment Royal; Messière, capitaine, commandait le premier escadron, et nous avions à faire au régiment de cavalerie de Condé que nous battîmes : M. le prince de

—————

1. Bataille des Dunes, 14 juin 1658.

Condé était avec les ennemis. Je suivis le régiment
dans un brancard, à cause que je ne voulais pas quitter
le chirurgien-major, qui était fort habile homme et de
mes amis. Je ne m'étais trouvé le commandant de
cet escadron que par l'absence des plus anciens que
moi. Après la campagne finie, et avoir mené ma compagnie à sa garnison avec mon équipage, je demeurai
bien près de trois mois, parce que avant de partir,
je voulus remettre ma compagnie complète de tous
points en bon état, et, de plus, ma blessure m'incommodait encore, ce qui fit que je demeurai plus que je
n'avais accoutumé. Cependant, je voulus employer
le reste du temps qui me restait, pour aller voir ma
mère qui me reçut à son ordinaire, c'est-à-dire avec la
plus grande joie du monde; et ensuite, je fus rejoindre
ma compagnie qui était déjà au rendez-vous de l'armée
avec notre régiment Royal [1].

A mon ordinaire, j'étais quasi toujours en parti
avec des succès différents, cependant, grâce à Dieu,
bien plus de bonheur que de malheur; entre autres
une fois, où j'eus un bonheur particulier et fis une
prise considérable. M. de Turenne me donna trois cents
chevaux pour tâcher d'attraper quelque chose; les
ennemis n'étaient campés qu'à trois lieues de distance
de nous, et, de l'endroit où ils prétendaient fourrager
en notre camp, il y avait un chemin creux ou ravine
qui avait un quart de lieue de long. Ce passage était
étroit à ne passer que trois ou quatre hommes de
front; les ennemis avaient prétendu faire partir la

---

1. D'après la mention de la bataille des Dunes rapportée un peu plus
haut, le récit qui va suivre paraît se rapporter à la campagne de 1659.

nuit huit cents chevaux qui devaient passer la ravine, et puis couvrir tout leur fourrage qui était entre leur camp et cette ravine, et à la tête de leurs fourrageurs, ils prétendaient faire marcher sept ou huit cents hommes d'infanterie, qui devaient, une partie occuper la ravine, et l'autre, derrière leur cavalerie, les soutenir dans les postes qu'ils auraient pris. Que si leur infanterie n'était pas partie en même temps que leur cavalerie pour occuper ces postes, c'est qu'il faut toujours un corps à la tête des fourrageurs pour les contenir, et qu'il suffit de quelque petite troupe soit de dragons ou de cavalerie pour faire retourner en arrière ceux des fourrageurs qui se veulent échapper pour passer devant.

Pour revenir à la rencontre que je fis des ennemis, ils étaient dans le défilé un peu avant le jour, et leur tête n'avait pas deux cents pas à faire quand la tête de mon parti y était entrée. Nous ne nous savions pas là l'un et l'autre, car s'ils m'y avaient su, ils n'auraient pas hasardé de passer ce défilé devant moi, et si je les avais su dans cette ravine, je n'y aurais pas engagé mon parti; je me serais tenu à la tête du défilé pour les charger à mesure qu'ils auraient voulu passer. Mais enfin la tête de mon parti de trois cents chevaux, rencontrant celle de huit cents des ennemis, Dieu permit que d'abord leur tête fût renversée, néanmoins après un peu de résistance; mais l'épouvante se mit de telle sorte sur les ennemis, que moi, qui étais à la tête de tout, ainsi que j'avais accoutumé, dont j'ai expliqué les raisons par le traité que j'ai fait de la cavalerie, je peux assurer que nous ne trouvâmes plus de résistance. Je n'y perdis que fort peu de gens et nos cavaliers prenaient autant de cavaliers ennemis

qu'ils en pouvaient emmener : parmi lesquels fut le
commandant, qui était officier général, trois colonels,
et enfin, tant capitaines que subalternes, plus de
cinquante officiers; et dans ce temps-là, le jour com-
mençant à poindre, je vis que nos prisonniers excédaient
en nombre quasi le double de ce que nous étions, ce
qui me pensa faire prendre une résolution furieuse,
car j'en pensai faire tuer la plus grande partie. Mais
comme naturellement je n'ai de cruauté que contre ce
qui résiste, je pris une autre volonté dont je remercie
Dieu. Je dis, devant le commandant des ennemis et
autres prisonniers qui étaient là, à un jeune officier
suédois qui était de notre régiment (qui, ayant de
l'esprit, comprit fort bien ce que je lui voulais dire) :
« Allez vite, monsieur, empêcher de ma part que les
quatre escadrons que j'ai laissés à la tête du défilé
ne viennent point, non plus que les dragons. » Il me
répéta : « Les dragons? »—« Oui, lui dis-je, ce régiment
de dragons que j'ai laissé dans ce petit bois; que rien
ne bouge, je m'en vais repasser. » Il comprit la chose
(car il n'y avait rien), partit avec vitesse, demeura
quelque temps sans revenir, pendant lequel je fis jeter
toutes les armes des ennemis à terre, et me mis en
marche pour repasser le défilé. Quand je l'eus passé,
ce jeune officier suédois me vint dire que les troupes
auxquelles je l'avais envoyé étaient dans un village
où elles chargeaient du grain; cependant, mes prisonniers n'ayant plus aucunes armes étaient sans nulles
défenses, et comme ils étaient près de cinq cents, et
que je n'avais que trois cents mestres, il me vint encore
à la pensée de m'en défaire de la plupart; mais comme
c'était une chose qui répugnait à mon inclination,

ainsi que je l'ai ci-devant dit, je les fis marcher en trois bandes et partageai mon monde en quatre escadrons dont l'un marchait à la tête, un à la queue et les deux autres, moitié dans les intervalles des troupes des prisonniers, et le reste sur les côtés des dites troupes, tant à droite qu'à gauche. Tout cela n'empêcha pas qu'il ne s'en sauvât beaucoup dans notre retraite : car de ce que je viens de dire qu'ils étaient de prisonniers au commencement, quand je fus à la garde du camp de notre armée, où je trouvai M. de Turenne, il ne se trouva que deux cent quarante-trois prisonniers; mais, par bonheur, le commandant et tous les officiers, à la réserve de deux ou trois, restèrent prisonniers; c'est que possible les gens qui les avaient en garde prirent plus d'attache à la conservation de ceux-là, qu'à tout le reste qui n'était que simples cavaliers.

Je ne parlerai point des autres partis que je menai dans cette campagne, j'ai seulement voulu décrire celui-ci à cause que c'est le plus heureux et le plus considérable. Il y eut bien des choses qui ne réussirent pas, mais j'eus toujours plus de bonheur que de malheur dans cette campagne à la fin de laquelle je m'en fus avec ma compagnie l'établir dans la garnison de son quartier d'hiver, qui fut dans les pays de Caux, à cinq lieues de Rouen, en divers villages ; celui où j'étais se nommait Betteville.

CHAPITRE VII

Nous fîmes la campagne, où il ne se passa rien de considérable à mon égard, si ce n'est divers partis avec des succès divers, mais néanmoins, toujours plus de bonheur que de malheur; et la campagne finie, je m'en retournai encore voir ma mère, parce que l'on me mandait qu'elle était toujours mal; en effet, je ne la trouvai pas en bonne santé; elle me reçut avec la plus grande joie du monde, et quelques jours après que je fus arrivé elle me prit à part et me dit : « Mon fils, je suis vieille et ne peux plus aller guère loin; j'ai beaucoup de remplacement à demander sur le bien de ton père, mon précieux mari, dont ta belle-sœur s'est emparée et ne t'assiste de rien. Il est vrai, me dit-elle, sans lui donner le temps de lui répondre, que tu n'en as pas besoin; ton épée et ta fortune te valent quasi tous les ans autant que peut valoir ta légitime en son entier; cependant, quelque modique

qu'elle pût être, ta belle-sœur t'en devrait rendre
justice; mais pour t'en indemniser et pour reconnaître en quelque façon les services que tu m'as rendus
et les secours d'argent que tu m'as donnés, je veux
faire mon testament. » Lors, je me jetai à ses pieds
pour la prier de n'en rien faire et ainsi de sauver mon
honneur, parce, dis-je, que l'on dirait dans le monde
que tous les services que je lui avais rendus n'auraient
été qu'en vue de cet intérêt. Lors, ma mère connut
bien que c'était l'amitié que j'avais pour elle qui me
faisait parler ainsi; elle me dit qu'elle ne le ferait pas,
puisque je ne le voulais point, et ensuite elle voulut
absolument que moi-même je portasse au marquis
de l'Isle [1], qui demeurait dans une de ses maisons que
l'on appelait Rouhet, auprès de Châtellerault, quarante
écus que ce marquis lui avait prêtés, et quelque instante
prière que je pusse faire à ma mère de ne m'y point
envoyer, attendu qu'il y avait plus de quinze lieues
de là, que je n'avais que peu de temps pour demeurer
auprès d'elle qui m'était un temps précieux, et qu'elle
pouvait y envoyer qui il lui plairait, que toutes sortes
de gens étaient toujours les bienvenus quand ils apportaient de l'argent, elle ne voulut entendre à aucune
de ces raisons et il fallut marcher.

Ce n'était point cela : elle ne devait rien au marquis
de l'Isle. Bien est vrai qu'il lui avait prêté cet argent,
dont elle lui avait donné un billet qu'elle me dit de
retirer en le payant; mais il y avait plus de six mois
qu'elle avait payé et retiré son billet, et tout cela

1. Pierre Barton, marquis de Monthas, fils de l'auteur de ces souvenirs,
devait épouser, plus tard, mademoiselle de la Béraudière, fille du marquis
de l'Isle dont il est question ici.

n'était que pour m'ôter d'auprès d'elle trois ou quatre jours durant, pendant tout lequel temps elle fit venir un habile avocat en qui elle se fiait beaucoup. C'était un nommé Verdillat, sénéchal de Monthaumart, qui passait lors pour le meilleur conseil de la province; ma mère donc, par les avis et conseils de cet homme, fit un testament olographe, par lequel elle me donnait tous ses meubles et autres choses censées mobilières par préciput et avantage, sans que cela me pût être imputé sur sa future succession. De sorte que je ne sus point qu'elle eût fait de testament, lequel elle avait déposé entre les mains d'un gentilhomme de nos voisins nommé M. de Saint-Barbant, qu'elle pria instamment de tenir la chose secrète, et, lorsqu'elle serait morte, de me donner en main propre ce testament.

Après que j'eus demeuré quelque temps, je m'en retournai joindre ma compagnie, et ensuite il se trouva que le régiment Royal ne fut pas destiné pour servir dans l'armée de M. de Turenne, mais en Alsace, et l'armée de M. de Turenne servait en Flandre. Ce fut là où je remarquai que d'utile, j'étais devenu nécessaire à M. de Turenne; car étant à ma compagnie sur les frontières d'Allemagne, il me vint un ordre du Roi d'en partir incessamment, ma personne seulement avec tout mon équipage, et d'aller joindre l'armée de M. de Turenne, ce que je fis. Quand je joignis M. de Turenne, il me témoigna beaucoup de bonté et d'estime; il me dit même de camper auprès de lui et que mes gens mangeassent avec les siens, et qu'il ne voulait point que pour ma personne j'eusse d'autre table que la sienne. Je lui dis que pour mes valets, je le priais de ne trouver pas mauvais s'ils ne mangeaient pas chez lui, mais que pour camper auprès de lui, c'était de mon devoir, et que pour me servir de sa table, je m'en faisais un très grand honneur, à quoi je ne manquerais pas, quand il me donnerait le temps. Mais étant presque tous les jours en parti, je n'étais guère chez M. de Turenne que pour recevoir ses ordres quand il m'envoyait querir, et pour lui rendre compte à mon retour. Il ne m'arrivait pas ce que je vois arriver à quantité de gens de différents emplois, lesquels, par leur application et leur savoir-faire, quand d'utiles ils sont devenus nécessaires aux gens au-dessus d'eux qu'ils veulent servir et leur plaire afin d'arriver au point de faire leur fortune, se rendent orgueilleux, ne se connaissent plus du premier état où ils étaient, et tyrannisent, pour ainsi dire, ceux dont ils espèrent leur avancement. Une âme bien née ne se méconnaît jamais, et ayant obligation à ceux qui lui ont donné moyen de se distinguer à son commencement, elle en conserve toujours la mémoire et continue à les servir non avec arrogance, mais avec reconnaissance et affection. C'est ce que je pratiquais avec M. de Turenne. Aussi puis-je assurer qu'il me faisait l'honneur de m'aimer et qu'il me témoignait avoir beaucoup d'estime pour moi.

Cette campagne finie, j'allai joindre ma compagnie qui était en marche pour son quartier d'hiver, et quand je l'eus établie, je retournai voir ma chère mère que je ne trouvai pas en bonne santé; elle se faisait vieille. On commençait à parler de paix et même du mariage du Roi avec l'infante d'Espagne. Après un assez long temps, la paix fut publiée, le mariage résolu [1], et la Cour en marche pour cet effet. J'eus envie d'être de ce voyage et me mis en route pour cela, et joignis le Roi à Carcassonne; il y avait beaucoup de réjouissances dans tout ce voyage; on y jouait grand jeu; je m'y mis comme les autres et ne fus pas malheureux. En partant du pays je n'avais que mille écus d'argent : j'achetai deux jolis chevaux de carrosse d'un homme suivant la Cour qui avait besoin d'argent, je fis faire, à Toulouse où je demeurai trois jours, pour attendre la Cour qui devait passer comme dit est à Carcassonne, deux habits fort propres et bien dorés; je fus de tous les plaisirs où je faisais une excessive dépense. La chose finie, je m'en retournai à Paris et y abordai avant que la jeune Reine y eût fait son entrée [2], et j'avais quatorze mille livres. Ce n'aurait pas été un argent considérable pour les seigneurs de la Cour qui jouaient si grand jeu, qu'ils gagnaient ou perdaient journellement quasi autant d'argent que j'en avais pu amasser dans tout ce voyage.

En mettant pied à terre à Paris, c'était dans une assez grosse auberge où j'avais accoutumé de loger, dont l'hôtesse avait pour moi assez d'amitié pour m'accorder les dernières faveurs. Ainsi, cette femme était fort dans mes intérêts. Je trouvai chez elle trois officiers de justice de la chambre de Bourg-en-Bresse, savoir le président de Mussy et MM. de Guérin, de la Porte, et Fariol (ce dernier a été depuis, un des juges de M. Foucquet [3]; et moi qui ne le savais pas, un des

1. Paix des Pyrénées (7 novembre 1659).
2. L'entrée de Marie-Thérèse à Paris eut lieu le 26 août 1660.
3. Ferriol, conseiller au Parlement de Metz, opina pour la mort de Foucquet. (Voy. J. Lair, *Nicolas Foucquet*, Paris, 1890, t. II, p. 148, 387-388 et 432.)

plus grands joueurs de son temps). Il était natif de
Vienne en Dauphiné. Ne faisant que d'arriver, je
n'avais point d'équipage à Paris, c'est-à-dire j'avais
bien des chevaux, mais pas de carrosse. En attendant
que j'en eusse eu un dont j'étais en marché, ces
messieurs qui en avaient me voituraient souvent dans
les leurs, soit à la promenade ou ailleurs. Un jour
qu'il faisait beau temps, nous allâmes au Pré-aux-
Clercs où nous mîmes pied à terre; et lors, ayant
quelques écus blancs en ma poche, je m'avisai de
demander à M. Fariol s'il voulait jouer au petit palet
un demi-louis d'or, à quoi il s'accorda. J'y jouais
assez bien, et ne croyais pas que de ce jeu, qui est
plus usité parmi les soldats que parmi les conseillers,
ce M. Fariol en sût tant. Il me gagna mon demi-louis :
les revanches, en doublant toujours, furent un louis,
deux louis, quatre louis, huit, seize, trente-deux et
finalement soixante et quatre. Je réfléchis ensuite,
mais trop tard, à la sottise que je venais de faire de
m'être toujours attaché à doubler à un jeu qui est
plus d'audace que de hasard, et que d'ordinaire ce
n'est pas ce que l'on projette d'abord de jouer qui
ruine, mais bien l'espoir de s'acquitter. Je crus qu'il
ne serait pas si heureux à d'autres jeux. Un soir je
l'allai trouver dans sa chambre; nous fîmes venir
des cartes, où il me gagna au piquet, que je croyais
bien savoir, huit cents francs; nous jouions cent francs
la partie. Il ne me les gagna pas tout de suite, comme
il avait fait au petit palet, mais enfin, je ne m'en
retirai qu'après huit cents francs de perte. Deux ou
trois jours après, je le voulus tâter à trois dés; nous
jouâmes et il me gagna cinq cents écus. Ce fut lors que

je fus piqué pour tout de bon et que je commençai à
croire qu'il n'était pas naturel que cet homme eût tant
de bonheur contre moi à tant de jeux différents, et
qu'il fallait qu'il se servît de dés pipés et de cartes
de même. Ce qui me donnait cette croyance, c'est que
j'avais joué dans sa chambre et, que ce fût dés ou
cartes, c'étaient ses valets qui les avaient fournis.

Or, dans ce temps-là, Paris se préparait à l'entrée de
la Reine, laquelle fut d'une magnificence extraordinaire; et comme cette entrée se devait faire par la
porte Saint-Antoine, toutes les maisons, fenêtres,
balcons et amphithéâtres que l'on avait dressés dans
cette grande rue étaient loués d'une cherté épouvantable; nous fîmes projet, dans notre auberge, d'y louer
une maison pour ce jour-là et de nous y faire apprêter
à manger par notre hôte et notre hôtesse, laquelle
hôtesse, par les raisons que j'ai ci-devant dites, était
plus fâchée que moi de l'argent que j'avais perdu,
mais en espérant ma revanche. Étant bien sûr qu'elle
apporterait des cartes où il n'y aurait nulle fraude, je
lui dis secrètement d'en apporter quantité, ce qu'elle
fit; et je proposai à mon dit sieur Fariol de jouer au
trente-et-quarante; c'est un jeu où il n'y a qu'à bien
compter, de la conduite, changer souvent de cartes,
les mêler et les battre, et puis on peut croire que c'est
absolument le bonheur ou le malheur qui en décide.
J'avais joué à ce jeu autant et plus qu'à pas un des
autres; cependant, j'y perdis mille écus, et aurais
perdu, je crois, tout ce que j'aurais joué, et enfin,
tout ce que j'avais, si j'avais suivi la passion du jeu
qui possède quasi tous ceux qui perdent; et ayant
encore, soit dans mes coffres, ou sur moi, sept à huit

mille francs, je ne voulus pas jouer davantage, et je crois que cette perte m'a été un bien très considérable; car voyant cet homme avoir un tel ascendant sur moi, encore bien que de tout ce que j'avais joué en ma vie, j'eusse beaucoup plus gagné que perdu, je fis résolution de, pendant toute ma vie, ne jouer jamais à un jeu où l'on pût perdre plus d'une demi-pistole dans tout un jour. J'ai gardé mon serment, et hors envers Dieu, où il y a un nombre de péchés en récidive, après lui avoir promis de n'y plus retourner, je peux dire que je suis d'une forte résolution, de manière que je n'ai plus joué depuis ce temps-là, qu'au plus ce que je me suis prescrit de jouer. Après que toutes les magnificences de l'entrée de la nouvelle Reine furent finies, je demeurai peut-être quinze jours ou trois semaines à faire ma cour, et m'en retournai trouver ma bonne mère.

J'avais oublié de dire que dans cette dernière campagne, venant d'auprès M. de Turenne et joignant le régiment Royal, le trouvant en marche pour son quartier d'hiver, je vis mon lieutenant qui était un vieux homme, las du service, et qui aurait fort souhaité s'en retourner chez lui, trouvant quelque argent de son emploi. Nous convînmes ensemble à deux mille livres que je lui payai comptant; car j'avais de l'argent lors, la campagne que j'avais passée près M. de Turenne m'ayant valu au moins six mille francs; et comme je n'ai jamais eu plus de plaisir que d'en faire, et que je n'ai jamais eu rien de cher pour cela, il y avait un cavalier de ma compagnie que je ne connaissais pas autrement; il se disait breton et s'il n'était pas ivrogne, il avait du cœur et de l'esprit et j'étais persuadé qu'il m'aimait. Ainsi, sans que je lui eusse jamais rien fait espérer, je donnai à ce vieux lieutenant mes deux mille livres, il me donna sa démission, et ensuite, comme le régiment, dans sa marche, n'était pas encore séparé, n'étant pas arrivé à nos quartiers qui étaient aux environs de Troyes-en-Champagne, je dis à Canferant, qui commandait le régiment ainsi que je l'ai déjà dit, de faire recevoir Sainte-Catherine, lieutenant de ma compagnie. Lors, il me dit qu'il aurait été bien aise que j'en eusse l'agrément de M. de Montpezat. Il est à remarquer que lors le Roi ne donnait point des brevets aux subalternes; c'étaient les capitaines qui disposaient des charges de leurs compagnies, en ce qu'ils y pouvaient faire recevoir, quand les charges étaient vacantes, qui leur plaisait, mais non les casser sans une grande raison approuvée du corps; et si c'était en garnison, au quartier d'hiver, et en campagne, du commandant de la cavalerie, avec les suffrages des officiers du régiment. M. de Montpezat, quelque protestation qu'il m'eût faite de vouloir être de mes amis et me servir de frère aîné, ainsi que je l'ai ci-devant dit, avait plus d'apparence de bonne volonté à mon égard, que véritablement d'amitié. Je ne sais s'il n'était point fâché secrètement de ce que le plus souvent je réussissais au gré de M. de Turenne dans les partis, et s'il n'était point jaloux de la bonne volonté que mon dit sieur de Turenne témoignait avoir pour moi. Enfin, quoi qu'il en soit, je pressai Canferant de recevoir Sainte-Catherine, lui disant une chose qui était vraie et que je vais dire (cela convient à la chose pour faire voir les commencements du démêlé d'entre Montpezat et de moi). Mais, pour cela, il faut reprendre de plus loin, et revenir au siège de Condé, quelques campagnes d'auparavant.

Montpezat était maréchal de camp dans l'armée de M. de Turenne, et le plus ancien, lorsque l'on assiégea Condé; partant, c'était à lui de commander à l'ouverture de la tranchée de cette place. On ne se servait point lors d'ingénieurs comme on a fait depuis, car à l'heure qu'il est, ce sont des emplois particuliers et distingués; ce n'est pas que l'on commençait d'en avoir quelques-uns, mais pour un en ce temps-là, il y en a cent aujourd'hui, et même plus savants que ceux du temps passé, parce que les gens d'ambition, voyant que par ce canal on avançait sa fortune plus vite que par d'autres endroits, chacun de ces braves gens se sont appliqués aux mathématiques, tant sur le papier que sur le terrain, à la construction des places, à leur défense et à leur attaque, et ensuite, l'armée mettant cette théorie en pratique, se sont faits d'habiles gens, les uns plus, les autres moins. M. de Vauban surtout a excellé dans cette science, ce que le Roi a si bien reconnu que de sa fortune médiocre, Sa Majesté l'a honoré du bâton de maréchal de France. Ceci est une digression qui ne laissera pas d'instruire ma famille, s'ils s'en veulent servir. Mais revenons à M. de Montpezat et à moi.

La vérité est que j'avais étudié autant que j'avais pu dans les mathématiques, tant sur le papier que sur le terrain; mais je n'avais nulle pratique. Cependant, M. de Montpezat me dit qu'il n'avait pour faire l'ouverture de sa tranchée qu'un ingénieur auquel il ne se fiait pas trop, et qu'il me priait de lui venir aider. J'eus bien quelque pensée que c'était pour se défaire de moi, mais ce sont de ces choses que l'on ne fait pas semblant de voir quand il y va de l'honneur, et que l'on fait gaîment. Je fus donc à cette ouverture, M. de Montpezat me mettant, cet ingénieur et moi, à la tête des travailleurs pour, par des fascines que nous posions les unes après les autres, marquer la dite tranchée; et pour m'aider à me retirer si je devenais blessé, j'avais mené ce cavalier, nommé Sainte-Catherine, lequel, comme j'ai dit, avait du cœur et de l'esprit, qui ne me quitta pas d'un pas. Notre ingénieur reçut un coup de mousquet par le ventre; je ne sais s'il en mourut ou non; mais je sais bien que je le fis prendre par des soldats qui le portèrent à la queue de la tranchée, où M. de Montpezat était. Il faut dire ceci à la gloire de Montpezat : il vint aussitôt à la tête de la tranchée voir en quel état elle était; il ne la trouva pas mal et quoique je n'eusse pratique, je ne laissai pas de lui dire que comme nous n'avions encore qu'un boyau, qui ne se pouvait pas soutenir si les ennemis faisaient quelque sortie (quoique cela n'arrive pas souvent aux assiégés) la première nuit, il fallut faire une traverse. M. de Montpezat, qui, je crois, n'en savait guère plus que moi, approuva ma proposition. Je fis travailler à cette traverse, et je ne l'eus pas plutôt fait mettre en état d'y contenir du monde, que les ennemis firent une sortie, renversèrent nos travailleurs jusqu'à notre traverse, qu'ils ne purent forcer, à la vérité. M. de Montpezat amena du monde de la queue de la tranchée, que les ennemis n'attendirent pas; car voyant qu'ils nous avaient pu forcer, ils s'étaient retirés avant que mon dit sieur de Montpezat nous eût joint avec son monde. Ensuite,

je demeurai toujours avec les travailleurs et ne laissai
pas d'avancer le travail; et comme, dès le soir, j'avais
à peu près remarqué quel chemin il fallait tracer
à notre tranchée pour qu'elle ne fût pas enfilée ni
vue à revers, elle ne se trouva pas mal, et nous
n'eûmes, le jour suivant, qu'à travailler pour assurer
le travail de la nuit.

Or, comme j'étais toujours avec les travailleurs, je
manquais souvent de quelque chose, que j'envoyais
demander à fur et à mesure que j'avais besoin à
M. de Montpezat, et cela par ce cavalier nommé Sainte-
Catherine, qui répondait toujours fort juste et avec
esprit à M. de Montpezat sur toutes les demandes qu'il
lui pouvait faire. De manière que, dans le milieu du
jour, mon dit sieur de Montpezat s'étant fait apporter
à dîner, m'envoya prier de sa part de venir dîner avec
lui, ce que je fis; et dans le dîner, il me demanda quel
était cet homme qui l'était venu trouver pendant
la nuit si souvent de ma part, et qui s'énonçait avec
esprit en toute chose. Je lui dis que ce n'était qu'un
cavalier de ma compagnie. M. de Montpezat me dit
qu'il méritait mieux que cela. Je lui dis : « Monsieur,
vous avez raison et je suis ravi que vous l'ayez connu
par vous-même; si je trouve à faire quelque chose
pour lui, je n'y manquerai pas et croirai vous
faire plaisir, mais vous, monsieur, qui êtes notre
colonel, c'est bien plutôt de vous que de moi qu'il
doit espérer son avancement, et ayez la bonté de vous
en souvenir. » Ce qu'il me promit de faire.

Pour en revenir à Canferant, il avait quelque peine
à faire recevoir Sainte-Catherine lieutenant de ma
compagnie, que au préalable il n'en eût reçu les ordres

de mon dit sieur de Montpezat, qui était lors en son pays de Languedoc. Mais enfin se représentant qu'il me fallait un lieutenant dans le quartier d'hiver où nous allions entrer, de plus, sachant l'estime qu'avait paru avoir M. de Montpezat pour ce garçon, il le reçut et je m'en allai établir mon quartier d'hiver; ensuite de quoi, je m'en allai voir ma mère, où je croyais demeurer quelque temps. Je reçus des lettres, dans le même ordinaire, de plusieurs de mes amis qui me mandaient que M. de Montpezat étant retourné l'hiver à Paris où la Cour était lors et ayant appris la réception de Sainte-Catherine sans son su, était dans une si furieuse colère contre moi, qu'il était absolument nécessaire que je vinsse le trouver pour tâcher de raccommoder cette affaire; entre autres amis qui m'écrivaient, Verdelin, second capitaine au régiment, qui m'aimait tendrement et que j'aimais de même, et le seul en qui j'eusse pris une entière créance; aussi me faisait-il faire tout ce qu'il voulait. Ainsi, m'ayant écrit aussi bien que les autres, je quittai ma chère mère et m'en allai à Paris; Verdelin me dit qu'il fallait que j'allasse trouver M. de Montpezat et tâcher par toutes sortes d'honnêtetés et de soumission, d'accommoder cette affaire; le lendemain matin de mon arrivée, j'allai trouver M. de Montpezat que je trouvai avec assez d'honnêteté, mais néanmoins avec quelque froideur. Je lui dis en l'abordant : « J'ai appris, monsieur, avec douleur, que vous n'étiez pas satisfait de ma conduite, et comme mon intention n'a jamais été de vous déplaire, je ne suis pas assurément si coupable que vous vous l'êtes persuadé et viens ici pour savoir ma faute, afin de m'en justifier si je ne suis pas

blâmable et de vous en demander pardon si j'ai tort. »
A cela, M. de Montpezat me dit : « Quoi, monsieur,
appelez-vous cela rien, que de faire recevoir un officier
dans mon régiment de votre autorité, sans mon aveu
et même sans que j'en sache rien! » Je lui représentai
lors, que le lieutenant qui avait quitté ne m'en avait
parlé que lorsque nous étions en marche pour aller
en quartier d'hiver; que comme, d'ordinaire, j'étais
quasi toujours absent de ma compagnie dans ces
temps-là, ce m'était une nécessité absolue d'y avoir
un lieutenant; qu'il était lors en Languedoc, et ainsi
hors de portée de lui pouvoir faire savoir pour en
avoir la réponse avant que nous eussions joint la
garnison, et qu'étant une nécessité de le faire recevoir
par le commandant du corps, lequel allait séparer
toutes les compagnies qui le composaient chacune
dans les lieux où il leur était ordonné d'hiverner;
mais que, plus que tout cela, que je le suppliais de
se ressouvenir de l'ouverture de la tranchée de Condé.
J'avais donné ma lieutenance à ce même cavalier
dont il était si satisfait, et où il me promit de faire
pour lui ce qu'il pourrait quand il en trouverait les
occasions; et que, dans ce temps-là, je lui avais aussi
dit que de mon côté je ferais aussi ce que je pourrais
pour lui; à quoi mon dit sieur de Montpezat m'avait
répondu qu'il en serait bien aise : de sorte, que c'était
autant pour lui plaire que de bonne volonté que j'avais
pour ce cavalier; que j'avais donné de mon argent
une somme considérable, et qu'ainsi je le suppliais que
pour n'avoir eu qu'intention de lui plaire, et n'étant
pas en état, lors de la réception de cet officier, d'attendre
sa réponse, je perdisse mon argent. Car encore bien

que ce fût un argent dont je faisais un pur don à ce
cavalier pour l'avancement de sa fortune, c'était le
perdre si cet homme ne demeurait pas mon lieutenant.

Lors, M. de Montpezat me dit : « Monsieur, je suis
fâché que la chose soit ainsi, et c'est avec déplaisir
que je me vois nécessité pour ma gloire de le faire
casser. » Lors, je lui dis : « Monsieur, Sainte-Catherine,
mon lieutenant, déclarera devant toute la terre, qu'il
tient sa charge de vous, et qu'étant en pouvoir de lui
faire perdre, à sa supplication et à la mienne, vous
avez bien voulu lui conserver. » Lors, il me dit : « Je
vous dis encore, monsieur, cela me fait quelque peine,
mais la chose sera ainsi, et il est inutile que vous
m'en parliez davantage. » Lors, je lui dis : « Et moi,
monsieur, de toute cette affaire, mon plus grand chagrin
est de vous en avoir parlé, car vous ne méritez pas les
prières que je vous en ai faites. Je ferai mon possible
pour maintenir Sainte-Catherine, mais, s'il est cassé,
ce sera le plus grand malheur qui vous puisse arriver. »
Lors, il me dit : « Je vous ai dit que j'avais quelque
peine de le faire casser; mais à présent, je le ferai
avec joie. » Et, je sortis de chez lui soutenant toujours
ce que je lui avais dit, que ce serait le plus grand des
malheurs qui lui pût arriver.

Lors, comme la Reine mère avait quelque bonté
pour moi, je fus la trouver pour la prier de faire conserver mon lieutenant que M. de Montpezat voulait
faire casser à cause que je l'avais fait recevoir lieutenant de ma compagnie, lorsque ma lieutenance était
vacante en entrant en quartier d'hiver, ne pouvant
avoir le temps d'en avoir l'aveu de M. de Montpezat

7.

qui lors était chez lui en Languedoc. Sa Majesté me promit bien de m'y servir; mais mon dit sieur de Montpezat était fort bien avec M. le cardinal Mazarin, qui gouvernait toutes les affaires du royaume; de sorte qu'il l'emporta dessus moi, et envoya les ordres de la Cour pour casser Sainte-Catherine, et les adressa à Noguez, major du régiment. Noguez était de mes amis : ainsi, ayant reçu ces ordres par la poste, il lui était aisé de feindre de ne pas les avoir reçus. Il n'en parla à personne, et l'écrivit incessamment à Verdelin qu'il savait être parfaitement de mes amis, et à moi, qui étions tous deux à Paris. Je fus trouver Verdelin, et lui montrant la lettre de Noguez, il me dit en avoir autant reçu. Là-dessus, M. de Verdelin dit qu'il fallait que je retournasse chez M. de Montpezat pour le supplier d'obtenir la rémission de Sainte-Catherine. Verdelin avait tout pouvoir sur moi, et par l'amitié que j'avais pour lui, je m'étais fait une loi inviolable de lui obéir en toutes choses; néanmoins, dans cette rencontre, il pensa perdre tout le crédit qu'il avait sur moi; car dans l'abord, j'aurais mieux aimé porter ma tête sur un échafaud que de me soumettre encore à Montpezat. Cependant, Verdelin le voulut absolument; mais il me dit que pour éviter une partie de la peine, qu'il irait chez M. de Montpezat, que je le suivrais, et que ce serait lui qui parlerait en mon nom, et aussi, que j'approuverais tout ce qu'il dirait.

Nous voilà donc tous deux chez M. de Montpezat, et Verdelin en entrant (et moi le suivant) dit à M. de Montpezat : « Monsieur, voilà M. de Montbas, notre jeune camarade, qui vous demande excuse des emportements qu'il a eus, et il espère et moi aussi que vous lui ferez la grâce de lui pardonner ; nous avons eu des nouvelles que le sieur de Sainte-Catherine, son lieutenant, est cassé. Noguez, major du régiment, auquel vous en avez envoyé les ordres, les a suivis, ainsi, c'est une affaire finie à cet égard, mais monsieur de Montbas et moi venons vous supplier très humblement qu'à présent qu'il faut remplir cette lieutenance vacante, de la donner au dit sieur de Sainte-Catherine. Vous savez, monsieur, que c'est un bon sujet, et présentement qu'il n'est plus rien, nous vous le demandons par grâce. »

Dans tout ce discours, je laissais toujours parler Verdelin et ne parlais point, et je crois que c'est la raison qui obligea M. de Montpezat de me dire : « Et vous, monsieur, qu'en dites-vous ? » Je lui répondis : « Vous pouvez croire, monsieur, que je ne suis venu ici avec monsieur Verdelin que pour approuver tout ce qu'il vous dit : ainsi, c'est moi qui vous parle en tout ce qu'il vous dit de moi. » M. de Montpezat qui avait de l'esprit, comprenait bien que c'était Verdelin qui m'avait mené là ; il voyait bien, je crois, que j'avais encore le cœur un peu ulcéré, mais il connaissait que j'étais aimé et considéré dans le corps, que tous les plus anciens capitaines me regardaient chacun comme leur enfant, surtout Verdelin, qui était le second capitaine et assurément le plus estimé de tous dans le régiment, et de tous les officiers généraux, comme il parut une fois de M. de Turenne.

C'est une digression de la fin que je m'étais proposée, mais je ne me saurais empêcher de la dire à la louange de la mémoire de Verdelin. C'était au siège de Landrecies, qui fut en 1655, à une garde de tranchée où l'esca-

dron de Verdelin composait la cavalerie de garde à la
dite tranchée; souvent, dans un grand régiment comme
ce régiment Royal, où il y avait douze compagnies et
quelquefois davantage, il se rencontre que les compagnies changent d'escadron, suivant qu'elles changent
de capitaines, ou autrement; mais, comme M. de
Verdelin était considéré dans le corps et que j'y étais
fort aimé, nous obtînmes de nos camarades que,
quelque changement qu'il pût arriver dans les compagnies, la mienne serait toujours de l'escadron de
Verdelin. De sorte que je me trouvai dans cet escadron
lorsque les ennemis firent une sortie générale, c'est-à-
dire cavalerie et infanterie. Notre escadron était composé de trois compagnies, savoir : celle de Verdelin,
la mienne et celle de Gédoin. D'abord, Verdelin se
mêla avec son escadron dans la cavalerie ennemie,
les ennemis commencèrent à plier et se retirer dans la
palissade. Je ne vis plus Verdelin, je le crus mort et
comme je commandais après lui à la tête de nos gens,
j'achevai de pousser les ennemis jusqu'à leur palissade;
pendant tout ce temps-là, on ne nous tirait pas un
coup soit du rempart ou du chemin couvert, parce
que nous étions mêlés avec les ennemis; mais dès lors
qu'ils furent retirés, on nous fit des décharges épouvantables. Cependant, quoique l'on nous tuât quelque
monde, je voulais me retirer en bon ordre, et croyais
que cela suffisait, lorsque je vis renaître, pour ainsi
dire, M. de Verdelin, dont le cheval avait été tué, et
qui était remonté sur un cheval d'un de ses cavaliers
qu'il avait démonté pour rejoindre la tête de son escadron, et qui me dit : « Ah! mon cher Montbas, cela
ne suffit pas; allons, suivez-moi », et ramène son esca-

dron à la queue de la tranchée. J'avoue que j'étais jeune lors, et ne pouvais concevoir cette manœuvre : c'est que l'infanterie ennemie avait fait entièrement plier la nôtre et était après pour combler notre tranchée. M. de Verdelin s'en alla avec son escadron rassurer notre infanterie, les incita par son exemple à charger l'infanterie ennemie de notre tranchée et fit marcher son escadron tout à découvert droit aux ennemis, tandis que notre infanterie allait aussi par la tranchée attaquer les ennemis, lesquels après avoir fait leur décharge sur notre cavalerie se retirèrent dans la place. Mais M. de Verdelin fit demeurer son escadron ferme à la tête de la tranchée, jusqu'à ce que notre infanterie eût repris généralement le terrain qu'elle avait perdu.

Cependant, dans l'abord que M. de Turenne voyait que l'infanterie de la tranchée avait plié jusqu'à la queue, il avait fait partir du camp du monde pour soutenir la tranchée, mais il vit de ses propres yeux toute cette manœuvre de Verdelin, et que le secours qui venait du camp était inutile, parce que toute chose était achevée comme je viens de le dire. Lorsque M. de Turenne nous aborda, il donna des louanges à notre escadron qui surpassaient l'imagination, surtout à M. de Verdelin, et dit tout haut que de sa vie il n'avait vu une seule troupe faire si bien. Verdelin ni moi ne fûmes point blessés; il en fut quitte pour son cheval tué, comme dit est; pour moi, mon cheval eut un coup de sabre lorsque nous étions mêlés avec la cavalerie ennemie; et lorsque M. de Verdelin nous tenait en halte à la tête du travail, attendant que notre infanterie eût regagné son poste, mon cheval eut le

cou percé d'un coup de mousquet; Gédoin eut une
cuisse percée d'un coup de mousquet et un bras cassé
d'un autre coup; il y eut un maréchal des logis de
tué et un lieutenant, et environ le quart de nos cavaliers tués ou blessés avec le cornette de ma compagnie, qui eut une balle par la joue qui sortit près de
l'oreille, dont il guérit, et qui eut aussi son cheval
blessé. M. de Turenne fit porter Gédoin dans une de
ses tentes où il fut nourri, et ses gens, et médicamenté
aux dépens de mon dit sieur de Turenne; il fit donner
un de ses chevaux à mon cornette et quinze louis pour
s'aider à le faire panser : enfin, on n'a jamais vu un
général si satisfait d'une troupe et tant donner d'éloges
qu'il en donna à M. de Verdelin; il voulut donner un
de ses chevaux de main à M. de Verdelin, qui lui dit
qu'il était trop récompensé de la mort de son cheval,
tant de la manière qu'il lui avait été tué, que par les
bontés que M. de Turenne avait pour lui de le faire
valoir possible au delà de son prix. M. de Turenne
lui dit, et à moi aussi, de venir souper chez lui, ce que
nous fîmes et pendant tout le repas il ne cessa de parler
de notre action. Quand Gédoin fut en état de s'en
retourner en brancard, on m'a dit que M. de Turenne
lui avait donné de l'argent, mais je ne le sais pas véritablement.

Pour revenir de cette digression et parler de M. de
Montpezat, il accorda à M. de Verdelin et à moi, de
s'employer pour faire remettre Sainte-Catherine. Effectivement, il eut son rétablissement de la Cour, trois
jours après nous l'avoir promis. Or, comme j'ai dit,
Noguez, qui avait reçu les ordres pour casser Sainte-
Catherine, par la voie de la poste, avait tenu la chose

si secrète que personne n'en avait rien su au régiment ;
de sorte que Verdelin et moi, nous n'envoyâmes point
le rétablissement de Sainte-Catherine. Ainsi tout ce
que je viens de dire se passa sans que qui que ce soit
du régiment en eût aucune connaissance. La paix
étant lors, M. de Montpezat fut sept ou huit mois sans
le savoir ; mais enfin, comme toutes choses se savent
à succession de temps, il apprit que Sainte-Catherine
n'avait jamais été cassé au régiment : ce fut là un
autre surcroît de colère pour M. de Montpezat, contre
moi premièrement, mais encore contre Canferant, contre
Verdelin, et contre Noguez. Comme j'ai assez marqué
par ci-devant que Canferant n'avait pas toute la
vigueur possible, étant en peine à cause de moi, je
fis mon possible pour ainsi dire de lui mettre le cœur
au ventre, lui disant qu'il fallait attendre l'effet des
menaces de Montpezat, et que nous étions trop de
braves gens liés ensemble pour cette affaire, et qu'assurément Montpezat y songerait plus d'une fois avant
que d'oser entreprendre rien de considérable contre
nous. Verdelin et Noguez lui en disaient autant :
Montpezat ne pouvait avec bienséance demander à la
Cour que Sainte-Catherine fût cassé une seconde fois,
en ayant sollicité le rétablissement : de façon qu'il se
renfermait à faire beaucoup de menaces, qui nous
étaient rapportées, mais qui n'étonnaient point Verdelin, Noguez et moi. Pour Canferant, il eut tant de
faiblesse, qu'étant allé trouver Montpezat lui faire
toutes sortes de soumissions, les plus basses et les plus
craintives, il ne put le fléchir que par le moyen de
vendre sa compagnie à telle personne que M. de Montpezat jugerait à propos, ce qui fut exécuté. Mais

Montpezat n'y trouva pas son compte. Canferant sortant du régiment, Verdelin, second capitaine, se trouvait le commandant du corps; comme ce régiment était composé de braves gens, chacun était dans une joie extrême, et M. de Montpezat n'aurait osé rien dire contre lui; même je suis sûr qu'il appréhendait Verdelin non pour manquer de cœur (car il en avait), mais voyant l'approbation de toute la terre en faveur de Verdelin, il appréhendait que son crédit au régiment serait inférieur à celui de Verdelin. Ainsi, après s'être défait de Canferant, il songea à se défaire de Verdelin, afin de nous avoir tous les uns après les autres. Mais Verdelin était trop bien ancré partout, et Montpezat y aurait succombé. Or, par le moyen qu'il prit, il avait M. le cardinal Mazarin, qui était, comme j'ai dit par ci-devant, le tout-puissant en France : il obtint de Son Éminence un régiment de cavalerie, dont le colonel venait de mourir, pour Verdelin; ainsi, lorsque Verdelin s'y attendait le moins, on lui envoya sa commission de mestre de camp (colonel et mestre de camp n'est que la même chose, si j'écrivais pour ce siècle ici, il ne serait pas nécessaire à moi de le dire; mais c'est pour ceux qui viendront après moi, et comme les choses changent souvent, cette remarque m'a semblé n'être pas inutile[1]). Pour revenir donc à M. de Verdelin, le voilà colonel, et M. de Montpezat

1. « Mestre de Camp » était un titre qui s'appliquait, à l'origine, à l'officier supérieur chargé de l'organisation des camps et cantonnements. Lors de la création des régiments de cavalerie, les chefs de corps revendiquèrent ce titre, que portaient déjà les commandants des vieux régiments d'infanterie. En 1661, Louis XIV ayant supprimé la charge de colonel général de l'infanterie française après la mort du duc d'Épernon, les commandants des régiments d'infanterie relevèrent ce titre et s'appelèrent

défait de Canferant et de lui; restait le major et moi, lequel major ne faiblissait point pour nous voir ainsi abandonnés; il me parlait même qu'il ne fallait pas attendre le coup de Montpezat, qui était un fourbe, et qu'il fallait se battre contre lui, me disant que comme nous étions deux, qu'il lui fallait proposer de nous satisfaire, que je lui servirais de second ou qu'il m'en servirait.

Moi, réfléchissant à la cause, je voyais que tout cela était provenu pour mon intérêt particulier, et qu'ainsi il n'était pas juste dans une affaire si considérable que je hasardasse le seul ami qui me restait; que, de plus, se battre contre Montpezat en second c'était hasarder ses deux ennemis, tandis qu'il ne hasardait sa personne qu'une fois; qu'il valait donc mieux que je fisse la chose seul, de lui à moi; et comme mon intention était de vaincre ou mourir, je disais en moi-même : « Si je suis tué, Noguez lui pourra faire courir un second risque, et si je suis vainqueur, il laissera mon ami aussi bien que moi à repos. »

De façon que, sans en parler au major, mon conseil fut bientôt assemblé, ne le prenant que de ma tête. Je partis du régiment et m'en allai à la Cour qui était lors à Fontainebleau, où je trouvai le sieur de Montpezat, et le même soir que j'y arrivai, je fus au coucher du Roi où Montpezat était, et pris mon temps de me

colonels, de même que, un peu plus tard, les chefs de corps de dragons. Au début du XVIIIe siècle, les chefs de corps de la cavalerie légère étaient encore officiellement qualifiés de « mestres de camp ». Vers la fin du règne de Louis XV, les progrès de la discipline aidant, ce dernier vestige de l'ancienne armée royale disparut, et à la veille de la Révolution, tous les chefs de corps étaient colonels, qu'ils fussent propriétaires de leur régiment ou investis du commandement d'un des régiments royaux.

retirer. Quand je le vis sortir, je le suivis et quand il fut hors des cours, je m'approchai de lui; il n'avait qu'un page qui lui portait un flambeau allumé, quoiqu'il fît en quelque façon clair de lune, c'est-à-dire qu'il faisait lune, mais il y avait quelque peu de nuages qui en diminuaient la plus grande clarté. En approchant Montpezat, je lui dis : « Tout le monde, monsieur, me donne des avis que vous êtes outré de colère contre moi. » Il me répondit d'un ton assez fier : « N'en ai-je pas raison? » — « Vous me répondez d'une manière à me faire croire qu'il me serait impossible de vous désabuser; mais comme vous avez juré ma perte, je vous donne avis de vous défaire de moi auparavant. J'ai autant de naissance et de cœur que vous en pouvez avoir, et vous ne pouvez pas avec honneur refuser de me satisfaire. » Montpezat prit la chose fort bien; il dit à son page d'aller dire à son valet de chambre de tenir sa toilette prête, qu'il y serait incontinent; cependant, quand nous fûmes seuls, M. de Montpezat vint à moi l'épée à la main avec furie, et moi qui le recevais de même, nous nous portâmes tous deux un coup d'épée si rudement, que nos lames se croisant, les deux gardes se joignirent, et dans ce temps-là, j'eus le bonheur que de la main gauche, je saisis la garde de son épée, et lui mettant la pointe de mon épée près de son ventre, je lui fis rendre la sienne, car véritablement je l'aurais tué autrement. Cela fait, je lui dis : « Si vous allez dire la chose, je suis perdu, et quoique vous soyez brave homme, cela ne vous fera pas honneur, ayant été désarmé; mais, si vous m'en voulez croire, tenez, monsieur, la chose secrète; voilà votre épée; je ferai mettre ma compagnie dans un autre régiment. » M. de Montpezat me dit : « Vous savez que je suis brave homme et je vous promets de tenir la chose secrète; mais j'ai deux prières à vous faire, l'une de ne point songer à faire sortir votre compagnie de mon régiment, et l'autre est qu'en vous offrant mon amitié, de me donner la vôtre. » Je lui dis : « Je ferai ce que vous me dites désirer de moi, pourvu aussi que vous m'accordiez une grâce : vous savez, monsieur, que si vous avez eu du chagrin contre Canferant, Verdelin et Noguez, c'était à cause de moi que vous prétendiez qu'ils vous avaient déplu; il ne reste plus que Noguez, et s'il vous restait quelque chagrin contre lui, je ne pourrais pas rester au régiment, parce que si j'y reste, ce sera comme un de vos amis, et je ne pourrais demeurer dans ces limites, s'il vous restait quelque mal de cœur contre un homme qui ne se serait mal mis avec vous qu'à cause de moi. » Et sans lui donner le loisir de répondre, je lui dis : « Vous savez, monsieur, que Noguez est d'un mérite distingué, que ce n'est point un homme à perdre, et duquel je vous réponds qu'il sera de vos amis s'il vous le promet, et si vous l'assurez de la même chose qu'à moi, il vous le promettra et vous le tiendra. » M. de Montpezat, qui m'avait écouté paisiblement, me dit : « J'ai tout lieu de vous estimer et je ne vous ai pas offert mon amitié et demandé la vôtre pour n'être pas de vos amis; et à l'égard de Noguez, c'est un des meilleurs officiers de l'armée; il est vrai que j'ai du ressentiment contre vous et contre ceux qui vous ont aidé à la chose, mais s'il m'en restait, comme je viens de vous dire, quelque mal de cœur, je ne vous aurais pas dit de demeurer dans mon régiment; mais c'est une chose dont je ne me veux jamais ressouvenir et vous pouvez assurer de ma part Noguez que s'il veut être de mes amis, je serai véritablement des siens. » La chose étant ainsi, je l'allai conduire jusque dans sa chambre; il n'y avait nul témoin, et je fus content et je n'en parlai à personne qu'à Noguez, qui était un homme à ne dire jamais un mot de ce qu'on lui pouvait confier, et ne lui aurais pas dit, n'eût été ce que Montpezat m'avait dit de lui dire de sa part. Ensuite de cela, trois ou quatre mois après, je fus revoir ma mère, auprès de laquelle je demeurai deux ou trois mois, pendant lequel temps j'appris la triste nouvelle que ma compagnie était cassée, et sans autre raison que pour mauvaise conduite.

Ce qui me fit partir incessamment d'auprès ma mère pour venir à la Cour, fort persuadé que c'était Montpezat qui m'avait joué le tour. En y arrivant, je trouvai Montpezat, auquel je dis qu'il aurait beaucoup mieux fait de tâcher de se défaire de moi par les belles voies, que d'avoir fait casser ma compagnie par une trahison. A cela, il me dit : « Vous devez être persuadé, monsieur, que je suis brave homme et sans peur; il est vrai que les armes sont journalières, mais quoique vous ayez eu du bonheur, je m'assure que vous n'avez pas remarqué en moi aucune faiblesse; ainsi, je n'aurais pas celle de désavouer une chose si je l'avais faite, de sorte que je vous dirai, monsieur, que je n'ai nulle part à la cassation de votre compagnie, et pour vous en donner une preuve convaincante, c'est que je suis prêt de vous mener parler au Roi, et à M. le Cardinal, pour leur demander, devant vous, votre rétablissement, en leur disant que vous êtes un très bon officier et sur lequel il n'y a rien à redire de toutes manières, soit à votre personne ou à votre compagnie. »

Peut-être m'aurait-il fait remettre; il avait assez de crédit pour cela; mais ayant toujours dans l'imagination que c'était lui qui était cause de mon malheur, je ne voulais lui avoir aucune obligation; d'autre côté, désavouant la chose comme il faisait, je ne pouvais lui en demander davantage, quoique je le crusse fourbe; ainsi, indigné contre lui, je lui dis que j'aimais mieux demeurer cassé que de lui avoir aucune obligation.

CHAPITRE VIII

HISTOIRE D'UN CAPITAINE MÉCONTENT
ET D'UN LIEUTENANT AMBITIEUX

Lors, nous étions bien en paix avec les Espagnols
depuis le mariage du Roi; mais les Espagnols étant
en guerre lors contre les Portugais, l'on prêtait en
quelque façon les mains aux Portugais contre les
Espagnols, et M. le maréchal de Schomberg était en
Portugal à la tête des troupes des Portugais; et comme
dans un temps de paix en France, il y avait quantité
de bons officiers qui n'ayant pas de biens, voulaient
servir, ceux qui étaient connus de M. de Turenne
l'allaient trouver pour lui demander quelques certi-
ficats de services ou lettres de recommandations, avec
quoi, M. le maréchal de Schomberg les recevait plus
agréablement; il en recevait aussi beaucoup qui
n'avaient aucune recommandation, et, de plus, quantité de soldats qui s'y en allaient de leur chef.

Moi, me voyant cassé, je pris la résolution d'y aller,

et pour cet effet, j'allai trouver M. de Turenne pour me donner une lettre de recommandation, ne doutant point qu'il m'en donnerait une des plus obligeantes. Quand je lui en parlai, il s'étonna de ce que je lui disais que j'étais cassé, et sans me dire autre chose, il me répéta quatre ou cinq fois avec étonnement : « Vous, cassé! » puis il me dit : « Je veux savoir la chose. » Alors, je lui dis : « Je dirai le tout ingénument à Votre Altesse; mais il ne serait pas hors de propos que je me donnasse l'honneur de lui en parler en particulier. » Il me dit qu'il le voulait bien, et pour cet effet il me fit entrer dans son cabinet, et je lui racontai généralement toutes les choses comme je les viens de dire; il me dit : « Monthas, vous êtes allé trop vite et inconsidérément, particulièrement en dernier lieu, sur l'offre que Montpezat vous faisait de demander devant vous votre rétablissement; mais la chose étant ainsi, il faut voir ce qu'il y a présentement à faire : « Venez-moi voir demain matin. » Ce que je n'avais garde de manquer, et comme il y avait tous les matins environ deux cents officiers des troupes qui venaient au lever de M. de Turenne pour lui faire leur cour, j'y étais comme les autres, avec cette différence de l'ordre exprès que j'avais de m'y rendre; je me fourrai donc le plus près qu'il me fut possible de M. de Turenne, afin d'être vu de lui, et y réussis. Cependant, quoiqu'il me vit, il ne me dit pas un mot, adressant toujours la parole aux autres, ce qui me mettait dans un désespoir inconcevable; enfin, je me lassai, et peut-être par une inspiration divine, je m'avisai d'aller dans la cour où son carrosse l'attendait, pour que quand il sortirait pour monter dedans, il me pût voir, et je me mis contre la portière, le visage tourné sur le siège du derrière pour quand il viendrait pour s'y placer, qu'il me pût voir; ce qui arriva si à propos, qu'étant monté il m'aperçut et me dit : « Montbas, montez. » Ce qui étonna tous ceux qui étaient présents, et moi encore plus que les autres; mais cet étonnement s'accrut davantage, car quand je fus seul dans le carrosse avec lui, il dit d'aller chez M. Le Tellier. Toute la Cour de ce temps-là savait que M. Le Tellier n'était pas bien avec M. de Turenne; ainsi, tout le monde s'étonnait de ce que M. de Turenne voulait faire cette démarche; on ne pouvait s'imaginer non plus que ce fût pour le solliciter pour moi, car tous savaient que ma compagnie était cassée; j'étais dans un si grand étonnement moi-même, que pendant tout le chemin de chez M. de Turenne, qui était dans la rue Saint-Louis, jusqu'à la rue des Francs-Bourgeois où logeait M. Le Tellier, je n'osai dire un seul mot à M. de Turenne, qui ne me parla point non plus; de manière que ce fut un silence parfaitement observé.

Quand nous fûmes à la porte de M. Le Tellier, l'étonnement s'accrut encore davantage, les portes nous furent ouvertes, et notre carrosse entra dans la cour; M. Le Tellier, qui ne le pouvait croire, vint enfin, et passant sa grande salle où il y avait grand nombre d'officiers, descendit pour aller recevoir M. de Turenne à la sortie de son carrosse, et lui dit : « Votre Altesse, monsieur, me fait un honneur auquel je ne me serais jamais attendu, mais je tâcherai dans la suite par mes très humbles services de ne m'en rendre pas indigne. » A quoi, M. de Turenne lui répondit : « Allons, monsieur, allons : j'ai à vous entretenir. » Puis, tournant la tête, me dit : « Montbas, suivez. » Ce fut un ordre bien exécuté de ma part, bien qu'il y eût une quantité de monde prodigieuse qui se pressait pour les suivre et pour voir cette prétendue réconciliation, où chacun s'étonnait que M. de Turenne en eût fait la première démarche; mais tous se trompaient fort, et voici comme la chose se passa.

Quand M. de Turenne fut à la porte du cabinet de M. Le Tellier, M. de Turenne tournant la tête demanda : « Montbas, êtes-vous là? » et en même temps me vit derrière lui et me dit : « Suivez » de manière que dans ce cabinet il n'y entra que M. de Turenne, M. Le Tellier et moi; puis, la porte étant fermée, M. de Turenne lui dit : « Je ne viens pas ici, monsieur, pour vous parler en faveur des intérêts de cet homme-là que l'on a cassé; il peut avoir tort, je n'entre point dans ces raisons. Mais je viens vous dire que ce n'est point un homme à perdre; il m'a été fort utile pour le service du Roi pendant toutes les campagnes où il a servi dans les armées que j'ai commandées, et si vous en voulez parler à Sa Majesté, à la bonne heure; si non, je m'en chargerai. » A quoi M. Le Tellier lui dit : « Il sera incessamment remis sur pied »; et, tournant la tête vers moi, me dit : « Je vous en réponds. » Lors, M. de Turenne s'en retourna, et M. Le Tellier fut le reconduire jusqu'à son carrosse, où étant entré, et étant dans la rue, je courus et le rejoignant, je le remerciai de la bonté qu'il avait eue pour moi. Il me dit : « Mon pauvre Montbas, voilà tout ce que j'ai pu faire pour votre service; vous serez remis, cela suffit; si la chose n'avait pas pris ce train, j'en aurais parlé moi-même au Roi. Si, auparavant votre affaire avec

Montpezat, vous m'en aviez parlé, je vous aurais véritablement réconcilié avec lui, et vous ne seriez pas allé si près de votre perte que vous avez été. »

Ensuite de cela, j'allais souvent chez M. Le Tellier qui avait autant d'envie que je fusse content que j'en pouvais avoir, car il souhaitait fort de se rapatrier avec M. de Turenne; de manière qu'il vint, à huit ou dix jours de là, à vaquer une compagnie dans un nouveau régiment, et M. Le Tellier me l'apprit et me dit qu'il me la ferait bien donner si je voulais, mais qu'il appréhendait que je n'en fusse pas content; et avec raison. Ainsi, je vis bien que effectivement il me voulait servir; je ne me pressai plus tant.

Mais comme j'étais toujours aux aguets pour savoir quand il viendrait à vaquer quelque compagnie dans un régiment considérable, que le temps passait, et que je mangeais mon argent, soit que M. Le Tellier, à qui je faisais ma cour tous les jours, s'en aperçût, ou autrement, il me dit un jour : « Monsieur de Montbas, vous pouvez vous assurer de la première compagnie qui viendra à vaquer dans quelque vieux corps; mais il n'est pas sûr du temps qu'elle viendra à vaquer; ainsi cela peut aller loin, et cependant, vous vous consumerez dans cette attente; mais si vous me vouliez croire, vous consentiriez à ce que je vous vais dire; c'est que dans la dernière réforme que l'on a faite à l'occasion de la paix, on a conservé six-vingts capitaines de chevau-légers à mille livres de pension par an, qui ne sont sujets à aucune résidence ni service; et sur les quittances qu'ils enverront de chez eux, on délivrera l'argent aux porteurs des dites quittances; si vous suivez mon avis, je vous ferai joindre à ces autres pensions, et je demanderai au Roi qu'il les augmente d'une pour l'amour de vous; et quand la guerre reviendra, je vous donne parole de vous faire placer dans quel régiment que vous voudrez. » A cela, je lui dis : « Mais, monsieur, quand on remettra ces capitaines, ce sera en leur faisant faire de nouvelles compagnies à leurs dépens et perdre le rang de l'ancienneté? — A l'égard du rang de l'ancienneté, me dit-il, ils ne le perdront point, et à l'égard de faire de nouvelles compagnies, il est certain que le Roi donnera de l'argent pour les lever; et quand il ne donnerait pas tout l'argent qu'il faudrait, je vous ferai si bien trouver votre compte d'ailleurs, que vous serez content d'avoir fait ce que je vous dis. » De manière que me voyant lors dans une profonde paix, mille livres de pension bien payées, point de service, sûr de conserver mon ancienneté, et le reste, je consentis à ce que M. Le Tellier me conseillait de faire, ce qu'il exécuta de sa part.

La paix dura quelques années, et moi dans ces temps-là, j'avais beaucoup de loisirs et étais bien payé de mes mille livres de pension, de manière que j'employai mon repos à soigner ma mère dans ses vieux jours, et autre chose que je dirai ensuite.

A l'égard de ma mère, je me rendis auprès d'elle et la trouvai encore plus mal, étant dans le plus pitoyable état. Je la trouvai fort baissée. Elle eut grande joie de me voir, car, pour cette fois, j'avais beaucoup plus demeuré sans la voir que les autres; elle connut bien que je remarquais qu'il y avait beaucoup de diminution en sa santé, ce qui fit qu'elle me dit un jour : « Tu vois bien, mon fils, que je me fais fort vieille et qu'il faut payer le tribut à la nature. Je sais que tu m'as autrefois promis que tu ne te désespérerais pas de ma perte; je ne dis pas que comme éternellement je prierai Dieu pour toi, tu cesses jamais d'honorer ma mémoire et de prier Dieu pour moi. Mais, mon cher et bon fils, conserve-toi pour Dieu, afin de le servir tout le temps que tu seras sur la terre. Conserve ta vie pour le service du Roi, afin de ne la risquer que dans les nécessités du service de Sa Majesté, et que j'aie la satisfaction, en mourant, d'être sûre que tu conserveras tes jours ainsi que tu me l'as promis pour prier Dieu en terre pour moi, comme je promets de le prier au Ciel pour toi. » Cependant, elle était toujours malade, et il arriva une affaire qui la pensa achever.

Elle était lors au Petit-Vildon, qui n'est qu'à demi-lieue de Montbas, et comme ma pauvre mère baissait tous les jours, il revint à ma belle-sœur, qui était à Montbas, que ma mère n'irait pas loin. Ce qui l'obligea, ainsi que je le crois, à la voir; mais c'était dans un équipage qui ne convenait pas à la visite qu'une belle-fille devait à sa belle-mère dans l'état où cette bonne femme était, puisque, à la suite de son carrosse, elle avait sept ou huit hommes à cheval, tous armés. Je fus néanmoins la recevoir à la porte d'une petite basse-cour qui est dans ce petit lieu, et lui donnant la main pour mettre pied à terre, je lui vis un si grand cortège que je ne doutai nullement qu'il n'y eût quelque dessein prémédité, ce qui me fit lui dire : « Ma sœur, dans l'état où est ma mère, elle n'a pas besoin de grand bruit; vous la venez voir avec trop de monde; ainsi, permettez que je vous donne la main, suivie de votre demoiselle, et que tout le reste demeure, s'il vous plaît, sans entrer dans la cour. » A quoi elle me répondit : « Est-ce à vous à régler la marche de mes gens? Vous faites un peu trop le maître, et ce n'est pas à vous à y trouver à redire. » A quoi je lui répondis : « Je ne fais point le maître plus que je ne le suis, car je le suis assez pour vous dire que non seulement vos gens, mais vous-même à qui j'offrais de donner la main, n'y entrerez point; je vous croyais plus de docilité et de soumission pour une femme à qui vous devez respect. » Lors je fermai la porte, m'étant jeté dedans, et j'appelai de mes gens qui m'apportèrent quelques fusils; ma belle-sœur avec son cortège n'osèrent pas entamer la question de m'attaquer et s'en retournèrent comme ils étaient venus.

Tout cela se passa bien, avec le moindre bruit qu'il me fut possible; de sorte que ma mère ne sut point la chose dans ce temps-là. Mais comme toutes choses se savent à succession de temps, ma mère le sut, et en fut si fort fâchée qu'elle en écrivit à ma belle-sœur qui reçut bien en quelque façon avec honnêteté ce que ma mère lui mandait là-dessus, mais pas tout à fait comme elle le devait. Ma mère ne lui avait pas écrit d'abord, parce qu'elle ne le sut que longtemps après qu'elle fut guérie, mais enfin, voyant que effectivement sa belle-fille ne devait pas la venir voir dans le temps de son extrême maladie avec un tel cortège pour demi-lieue de chemin qu'il y avait à faire, et de plus, voyant la haine implacable que ma belle-sœur avait pour moi, parce que je prenais si hautement l'intérêt de ma mère, cela faisait que le commerce n'était pas grand entre elles, mais quelques honnêtetés simplement de part et d'autre.

Je devais avoir dit que quand ma compagnie fut cassée, elle était à Vitry-le-François en garnison, et parlé de Sainte-Catherine, mon lieutenant, dont je ferai le récit ci-après; mais il s'y pourra encore trouver d'autres fautes pour les temps. Si j'avais mené une vie paisible, j'aurais pu journellement en décrire les particularités; mais une vie aussi turbulente et aussi diversifiée d'accidents que la mienne, et que l'on ne songe à écrire que dans une extrême vieillesse, il faudrait une mémoire meilleure que celle que j'ai pour en pouvoir venir à bout. Pour revenir à Sainte-Catherine, il commandait ma compagnie lorsqu'elle fut cassée à Vitry-le-François, où il y avait beaucoup de huguenots. Sainte-Catherine était logé dans une maison de calvinistes, chez un nommé Derval, qui avait sa femme, un fils et une fille; le fils avait débauché une de ses parentes, dont il avait eu un enfant, et cela sous promesse de mariage. Cette fille, appuyée de ses parents dans la même ville, fit prendre le fils de Derval prisonnier. Ils le poursuivirent en justice, et sentence fut donnée qu'il épouserait cette fille ou qu'il serait pendu. Il appela au Parlement et fut transféré au Grand-Châtelet à Paris, en prison. Les choses en cet état, Sainte-Catherine faisait l'amour à la fille de son hôte, et obtint du père et de la mère qu'il l'épouserait. Mais, quand ils virent que ma compagnie était cassée, ainsi que Sainte-Catherine n'était plus rien, ils le congédièrent; cependant, comme Sainte-Catherine aimait cette fille et que cette fille l'aimait, ils ne laissaient pas de se voir secrètement, mais avec honnêteté; ainsi, mon lieutenant demeurait toujours à Vitry, se doutant bien qu'il saurait dans peu de mes nouvelles, ce qui arriva. Car étant auprès de ma mère, et sachant la cassation de ma compagnie, ainsi que je l'ai ci-devant dit, je vins en Cour, d'où j'écrivis à Sainte-Catherine à Vitry, qui me manda l'état auquel il était avec la fille de Derval, et que si on pouvait faire sortir son frère qui était actuellement dans les prisons du Grand-Châtelet, qu'il ne doutait point qu'en reconnaissance de ce service, le père et la mère lui donneraient leur fille.

Je ne voyais point de jour à faire sortir cet homme, condamné en justice, sans subir la sentence; de plus, j'appréhendais qu'encore bien que cet homme eût été sorti d'affaire, la reconnaissance du père et de la mère n'irait pas jusqu'à donner leur fille. Je me mis en tête une chose assez hardie, et que je prie tous nos descendants de ne jamais faire : c'est que j'envoyai au Grand-Châtelet une femme d'assez moyenne vertu, c'est-à-dire une putain, demander à parler à un prisonnier nommé Derval. Cette femme lui porta sous ses robes une échelle de corde et un pic; elle lui dit qu'il travaillât et qu'elle reviendrait pour savoir s'il aurait bientôt fait son affaire, pour faire trouver des gens nuitamment pour favoriser sa retraite, et qu'elle était de la part d'un de ses amis dont elle ne lui pouvait pas dire le nom, cela lui étant défendu. Il travailla, mais comme il n'était pas seul prisonnier dans une chambre, plusieurs eurent part à son secret et travaillèrent conjointement avec lui pour se sauver; quand ils eurent mis les choses en l'état qu'ils les désiraient, cachant aux geôliers leur dessein, cachant le jour ce qu'ils avaient fait la nuit, ils avertirent cette femme, qui les venait voir tous les jours, qu'il était temps de favoriser leur retraite et qu'ils s'allaient hasarder la nuit suivante de se sauver. Je ne manquai pas de m'y trouver avec quelques-uns de mes amis, mais je fus fort surpris de voir, au lieu d'un homme, plusieurs qui descendaient; c'est que tous les prisonniers qui avaient eu part au secret dudit Derval et qui avaient travaillé avec lui se sauvèrent; de sorte que moi, qui ne connaissais point Derval, je demandais à chacun de ceux qui se sauvaient s'il n'était point Derval; enfin, j'en trouvai un qui me dit que c'était lui; je lui dis de me suivre, ce qu'il fit, et je le menai avec les gens que j'avais à l'hôtel de Vendôme où j'avais connaissance, et le lendemain, l'emmenai en poste en Poitou, chez ma mère.

Ce fut là que j'obligeai le dit sieur Derval d'écrire à son père qu'il avait été sauvé des prisons par les amis de M. de Sainte-Catherine, où il serait en toute sûreté, à condition qu'il donnerait au dit sieur de Sainte-Catherine sa fille en mariage; que ses amis ne voulaient point de réponse, parce qu'ils ne voulaient point faire savoir leurs noms ni leurs demeures; qu'ils avaient assez d'habitudes dans Vitry-le-François pour savoir quand le mariage serait accompli, pour lequel on ne lui donnait que trois semaines de temps, et que, cela passé, on remettrait son fils entre les mains de la justice, si le mariage n'était pas fait.

Cela eut son effet : car avant qu'un mois fût passé, Sainte-Catherine m'écrivit que son mariage était accompli avec toutes les satisfactions qu'il pouvait désirer.

Revenons à ma mère, laquelle baissait toujours, étant fort vieille et fort infirme. J'étais auprès d'elle

8.

et y prétendais demeurer plus que je n'avais accoutumé; mais Dieu en ordonna autrement. Il y avait
longtemps que sa santé était fort altérée, et il m'arriva
dans ce temps-là une chose que bien des gens qui
écriraient leur vie ne s'aviseraient pas de l'y insérer.
C'est que M. d'Asnières, mon beau-frère [1], avait eu
dispute avec un gentilhomme de sa paroisse; et au
sortir de la messe, un jour de fête, ils en vinrent aux
mains, et c'était à M. d'Asnières à rechercher son
ennemi. Le sieur de Saint-Jean (c'est ainsi que s'appelait son fils aîné) était ce jour-là, chez ma mère, au
Petit-Vildon, où il vint un gentilhomme qui dit au
dit sieur de Saint-Jean ce qui s'était passé entre ledit
sieur d'Asnières, son père, et le sieur de Jomar (c'est
ainsi que s'appelait l'ennemi de M. d'Asnières). Le
dit sieur de Saint-Jean, mon neveu, qui a été, depuis,
le père de ma dite femme [2], ne manquait ni de cœur
ni d'esprit, il voulut monter à cheval pour venger son
père et se battre contre ledit Jomar, et mes valets
me vinrent avertir que celui qui avait parlé à mon
neveu de Saint-Jean, paraissait inquiet, et que mon
neveu allait monter à cheval. Je descendis et vis que
effectivement l'on ne m'avait pas fait un faux rapport;
ainsi je ne voulus pas que mon neveu montât à cheval,
que je ne susse pourquoi, et lui dis que, bien éloigné
de l'empêcher, je monterais aussi à cheval pour le
servir. On envoya ce gentilhomme qui était venu

1. Marie de Montbas, sœur du narrateur, avait épousé, par contrat
du 4 septembre 1631, Mathieu Guyot d'Asnières, major aux Chevau-légers.
2. Comme on le verra plus loin, Jean-François de Montbas épousa,
par contrat du 18 février 1692, Louise Guyot d'Asnières, sa petite-nièce,
fille de Jean Guyot d'Asnières, dont il est question ici.

avertir chez ce M. de Jomar, qui vint aussi avec deux autres gentilshommes. C'était dans un pré, il pleuvait, les eaux étaient courantes; nous étions en bottes; j'eus à faire contre un gentilhomme nommé Fanet, qui vint à moi fort brusquement et en brave homme, l'épée à la main; je lui donnai un coup d'épée dans le bras droit, qui, à la vérité, ralentit un peu sa vigueur, mais néanmoins toujours assez ferme; cependant, comme j'étais en bottes, je glissai d'une manière qu'en poussant, je mis mon pied droit dans une levée de pré qui m'y fit tomber, et franchement ce fut une nécessité à moi de rendre mon épée pour éviter d'être tué. Voilà pour apprendre à ceux qui pourront lire quelque jour mes écrits, qu'il ne faut jamais se fier en ses forces; et je peux dire que j'ai été en quelque réputation sur ces choses-là dans le monde; cependant, dans le temps qu'elles faisaient le plus de bruit dans les armées, je vins échoir dans mon pays par un gentilhomme provincial qui n'avait jamais servi dans les troupes; ainsi, mes chers descendants, ne méprisons jamais nos ennemis.

Je dirai encore, en passant, que lorsque je fus mis au nombre des six-vingt-un capitaines à mille francs de pension, on avait fait une compagnie de Chevau-légers de la Maison du Roi, composée de tous les officiers subalternes à qui l'on avait donné leur réforme, commandée par M. de La Vallière, frère de la maîtresse du Roi, lequel me vint offrir la charge de maréchal des logis de cette compagnie; ce que je refusai, et obtins pour Sainte-Catherine d'en être le premier brigadier. Et ensuite, quand on remit les six-vingt-un capitaines, on nous ordonna de prendre nos officiers subalternes dans cette compagnie qui s'appelait les Chevau-légers Dauphin; je demandai Sainte-Catherine, et comme il était bon officier, M. de La Vallière, crainte de le perdre, fit donner au maréchal des logis un gouvernement, et à Sainte-Catherine la charge de maréchal des logis, ce qu'il accepta préférablement à ma lieutenance; à la vérité sa fortune était meilleure, mais après ce que j'avais fait pour lui, c'était une ingratitude de n'avoir pas tout quitté pour moi. Mais dedans et dehors ma famille, j'ai fait des ingrats partout; je devais avoir mis cet article lorsque je parlerai du temps que l'on remit les six-vingt-un capitaines; mais c'est que, comme j'ai fort parlé de Sainte-Catherine, je n'en veux plus parler dans la suite, voulant omettre les idées des ingratitudes que l'on m'a rendues.

Je reviens à parler de ma bonne femme de mère : sa santé allait toujours en diminuant, et trois ou quatre mois après, il lui prit une fièvre qui fut mortelle, et quelques soins que j'en prisse, sa faiblesse et son grand âge firent que je ne la pus sauver. J'étais le seul de ses enfants à sa mort, qui fut devant Dieu. Elle possédait toutes les belles et bonnes qualités et n'avait aucun défaut, et je ne voudrais pas, pour un des royaumes du monde les plus florissants, être né d'autres gens que de défunts mon père et ma mère. Enfin, étant dans les incroyables déplaisirs de la perte de ma précieuse mère, je la fis ensevelir, et fis mettre son corps dans son carrosse afin de le faire transporter dans la ville du Dorat, dans le même tombeau où était défunt mon père, avec son cœur, que ma chère mère avait toujours gardé. De tout ce que je dis là, j'ordonnai

bien de le faire, mais je n'aurais pu y être présent
sans mourir de douleur; et marque de cela, c'est que
quand le corps fut dans ce carrosse, avec plusieurs
prêtres à cheval pour l'accompagner, je voulus aussi
monter à cheval; mais je n'y demeurai guère; car, dès
la cour même, quand je vis faire la première démarche
à ce carrosse, je m'évanouis et tombai de mon cheval
à terre, et cela si rudement, que l'on me crut mort. Je
demeurai près de deux heures sans pouvoir revenir,
quelques remèdes que l'on me pût faire; cela retarda
la marche de ce convoi d'autant de temps. Enfin,
comme on m'avait apporté par les pieds et par la
tête sur mon lit et même déshabillé avant que je fusse
revenu de mon évanouissement et de toutes mes
faiblesses, il fallut faire partir le corps et que je demeu-
rasse là. J'écrivis à un gentilhomme nommé Loberge
pour avoir le soin de l'enterrement, et lui envoyai
trois ou quatre fois plus d'argent qu'il n'en fallait;
il m'en demanda deux ou trois fois plus que je ne lui
en avais envoyé; il n'avait qu'à me demander tout
ce que j'aurais eu au monde, je lui aurais donné
sans hésiter un moment. J'étais si éperdu de la perte
de ma pauvre mère que je ne me connaissais pas moi-
même. Nos descendants, pour lesquels j'écris, pourront savoir ce que c'est que la ville du Dorat, et si un
enterrement des plus considérables y peut coûter
dix-sept cents livres (j'en ai les quittances de mon dit
sieur de Loberge). Encore ne me serais-je pas soucié de
cela, car tout mon bien ne m'a jamais tenu à l'honneur
que je dois rendre à leur mémoire. Mais ce M. de
Loberge ne fit pas la chose des plus essentielles, car il
négligea de faire mettre le corps de ma mère avec le

cœur de feu mon père, qu'elle avait toujours gardé
embaumé dans un vase depuis son veuvage. Il était
bien dans la même chapelle, mais non dans le même
tombeau. Je ne sus point cela, personne ne me le dit,
et crus que, puisqu'il m'en coûtait possible cinq ou
six fois plus que l'on n'en avait donné, les choses
étaient faites dans les formes requises et suivant les
intentions de feu ma mère et de moi. Mais, ayant
appris le contraire dix-huit ou vingt ans après, venant
de l'armée, je vins au Dorat, je fis désenterrer le
corps de ma mère, en fis soigneusement ramasser
toutes les reliques, fis couper une plaque de plomb de
la caisse ou j'avais à Rouen fait embaumer le corps de
mon père, et y fis mettre tous les ossements du corps
de ma dite mère, comme aussi le cœur de mon père,
puis, le tout étant remis dans la dite caisse de plomb,
je la fis reboucher par cette plaque que j'avais fait
couper de la dite caisse. J'avais été présent à tout
ce lugubre spectacle, puisque Dieu m'en donna la
force, ne voulant pas être trompé cette fois comme je
l'avais été la première. Mais quand le tout fut fait,
et suivant ce que je croyais que défunte ma mère
avait voulu, les forces que j'avais en ce temps-là
m'abandonnèrent, je devins comme immobile, les
médecins crurent que j'en mourrais. Cependant, après
huit ou dix jours de temps de séjour dans cette ville,
où je ne sortis point de ma chambre, ne voulant voir
personne, je montai à cheval et m'en retournai.

CHAPITRE IX

Comme je gagnais le plus souvent dans les partis que je commandais sous les ordres de M. de Turenne, j'amassais de l'argent et mes campagnes d'ordinaire me valaient mieux que mes quartiers d'hiver; notamment, ce fut auparavant que mon frère eût acquis la terre de Corbeil-Cerf [1]; mais ayant le dessein de l'acquérir, et sachant que j'avais de l'argent, il me pria de lui prêter vingt mille francs. Et comme je donnais mon argent en garde à un de mes amis nommé Bafoil au retour de toutes mes campagnes, mon frère étant aussi des amis de ce Bafoil, il y a apparence qu'il avait dit à mon frère, en confidence, que dans

1. Jean Barton, comte de Montbas, avait acheté en 1665 la seigneurie de Corbeil-Cerf, non loin de Méru (Oise). C'est là qu'il revint se fixer lorsque, banni de Hollande et rentré en grâce auprès du roi, il fut autorisé, en 1673, à réintégrer sa patrie d'origine. Après lui, Jean-François reprit le domaine de Corbeil-Cerf et le légua à son fils, qui mourut sans postérité mâle.

la totalité de l'argent qu'il me gardait, il y pouvait
avoir cette somme ; de manière que mon frère, cherchant
partout de l'argent pour cette acquisition, me vint
demander mon argent que je lui prêtai. C'était néanmoins pour lors tout l'argent que je pouvais avoir.
Je lui prêtai cette somme en véritable homme de
guerre de notre temps, c'est-à-dire sans obligation ni
autre précaution, mais seulement sur un simple billet
où il me promettait de m'en payer l'intérêt au denier
vingt, jusqu'à ce qu'il m'eût rendu la dite somme ;
c'était deux ou trois mois après une pièce sanglante
qu'il m'avait faite envers mon père et ma mère[1] ;
mais enfin, ces bonnes gens qui voulaient que l'amitié
et la concorde fussent toujours parmi leurs enfants,
obligèrent mon frère de me témoigner amitié et déplaisir
de ce qui s'était passé ; moi, qui aimais ces bonnes gens
bien plus que ma vie, qui n'avais en vue que de leur
plaire, et qui d'un autre côté ne pouvais avoir d'aversion pour mon frère, et qui me sentais un penchant
à me raccommoder avec lui, non seulement je me
persuadai les protestations de mon frère véritables,
mais encore lui prêtai mon argent comme je viens de
dire. Mais mon père, qui sut la chose, en blâma fort
mon frère, lui disant qu'il profitait sur moi du peu
d'expérience que j'avais dans les affaires, de m'obliger
de lui prêter vingt mille livres sur un simple billet

---

1. Pierre de Monthas avait l'intention de laisser à son cadet, Jean-
François, sa charge de Grand-Maître des Eaux et Forêts de Normandie.
Son autre fils Jean, le « Hollandais », gendre de Grotius, dont il est question
ici, convoitait cette même charge et n'hésita pas, pour l'obtenir, à calomnier
son frère auprès de leurs parents. Il parvint à ses fins, et quand la fausseté
des accusations portées contre Jean-François fut prouvée, il était trop
tard : la charge était régulièrement léguée à Jean.

que je pouvais perdre tous les jours, mais qu'il le fallait déposer chez les notaires royaux avec sa reconnaissance et que celui des dits notaires qui garderait ce billet ainsi déposé m'en délivrerait une grosse; ce qui fut exécuté.

L'année d'ensuite, mon frère me paya assez mal de mes intérêts, car au lieu de mille francs qu'il me devait donner, il ne me paya que d'un cheval qui ne valait pas soixante pistoles; cependant il avait acquis la dite terre de Corbeil-Cerf, ce qui faisait beaucoup de bruit lors, car l'on la croyait d'une plus grande valeur qu'elle n'est, puisque à mon frère, que l'on croyait qu'il l'avait eue à bon marché, elle lui coûtait néanmoins six-vingts mille livres.

Quand je voulus, la seconde année, être payé de mes mille livres d'intérêts, mon frère me dit qu'il n'était point en état de me payer, ni de me promettre de me payer régulièrement dans la suite; que tout ce qu'il avait de bien me regardait, qu'il ne m'en ferait jamais de tort, et qu'il avait une fille qui, à la vérité, étant fort malsaine [1] n'y pouvait guère compter; que néanmoins, si j'étais homme à me pouvoir fixer, il croyait qu'il ne lui serait pas malaisé d'avoir une dispense de Rome, pour me marier avec sa fille, puisqu'elle était élevée dans la religion de sa mère et qu'il se faisait fort de faire faire abjuration à sa fille en la mariant, et qu'il ne demanderait la dite dispense qu'à cette condition; mais que si je le voulais poursuivre en procès, il se défendrait facilement de moi qui

---

1. La fille unique de Jean de Montbas et de Cornélie Grotius mourut jeune, sans alliance, à Lille.

n'aimais ni n'entendais les affaires, et que je pouvais dans trois ou quatre campagnes regagner cet argent. Moi, voyant qu'il m'aurait fallu quitter mon métier de la guerre pour plaider, où j'aurais succombé indubitablement, parce que j'avais à faire au plus grand chicanier de France, qui était mon frère, que je ne laissais pas d'aimer et de considérer, que, effectivement, tout ce grand bien me regardait, que sa fille, dans la vérité, était si malsaine, que toutes les apparences étaient qu'elle ne vivrait pas longtemps; que la dite terre de Corbeil-Cerf est située dans la coutume de Senlis, où représentation n'a point de lieu, et qu'ainsi le plus proche hérite : de sorte que je n'osai pas le pousser plus avant, après l'avoir pourtant fait condamner aux intérêts de la somme qu'il me devait. Pour reconnaissance, il m'a rendu les ingratitudes et fait tous les torts que j'ai ci-devant décrits; enfin, sa fille est morte, et lui, âgé de dix-sept ans plus que moi, étant devenu vieux et infirme sans que jamais je lui aie rendu qu'amitié et service, il fit son testament quelque temps avant de mourir; et pour me frustrer de sa succession en la plus grande partie, il rappela le comte de Montbas à sa succession pour la partager par moitié avec moi. Outre cela, il fit quantité de legs par son dit testament, qui n'auraient pas eu leur effet si j'avais voulu; mais enfin, je n'ai point voulu insulter aux mânes de mon frère et aller contre ses dispositions, et prie Dieu qu'il lui fasse paix et miséricorde.

Les chagrins qu'il pouvait avoir contre moi venaient de l'inscription que j'ai fait mettre sur la tombe de marbre que j'ai fait poser sur les corps de feu mon père et feu ma mère; à la vérité, cette susdite inscription marque assez la différence de l'amitié et des soins et assistance que je leur ai rendus. Mon frère m'en faisant ses plaintes, je lui demandai si, dans cette inscription, il y avait quelque chose qui ne fût pas vrai; et ne sachant que me répondre là-dessus, je lui dis : « Allez, mon frère, voilà ce que je peux faire pour votre satisfaction; vous êtes beaucoup plus vieux que moi, mais, je fais un métier où je peux encore plutôt mourir que vous. Que si je meurs devant, vous ferez de la tombe ce qu'il vous plaira, et tant que vous vivrez, je ne ferai point poser cette tombe. » La vérité du chagrin que mon frère en avait contre moi paraît assez par le codicille qu'il fit faire à Corbeil-Cerf, quelques jours avant de mourir, au testament qu'il avait fait, par lequel il m'ôta une somme d'argent de sur le bien que je pourrais avoir de lui, si, après sa mort, je faisais mettre cette tombe, donnant ce qu'il m'ôtait à ceux de la famille qui se mettraient en devoir de m'en empêcher. Cependant rien ne m'a fait de peur sur ce sujet; j'ai fait poser ce tombeau de marbre; personne n'a osé s'y opposer; un fils bien né qui fait les choses dans la vérité et à l'honneur de la mémoire de son père et de sa mère sera toujours assisté de Dieu.

Dans ce temps, il revint une guerre et on commença de rappeler les six-vingt-un capitaines qui étaient à mille francs de pension pour être remplacés et avoir de nouvelles commissions, quoiqu'ils n'eussent point perdu leur rang, ayant toujours été entretenus comme capitaines à l'occasion de la susdite paix. Et comme j'étais du nombre, je fus à la Cour aussi bien que les autres, où l'on nous donna à chacun deux mille écus, à la charge de faire une compagnie à nos dépens; du reste, et bien qu'il n'y eût pas assez d'argent, chacun l'accepta, car au lieu de ces six-vingt-un à qui l'on donnait ces deux mille écus, il s'en présentait plus de mille qui demandaient à faire des compagnies pour rien. Toutes les guerres que j'avais eues dans ma famille, la dépense que j'avais faite pour l'enterrement de ma mère, d'ailleurs n'ayant plus d'équipage que celui d'un particulier, tout cela, dis-je, faisait que je n'avais que peu d'argent. Mais j'étais considéré de M. Fleuriau, père de M. d'Armenonville[1], qui me prêta neuf mille livres, à cause qu'il était des amis de feu mon père, lequel argent j'ai bien rendu, mais ne laisse pas d'être obligé à sa mémoire : si bien qu'avec cet argent, et celui que je touchai du Roi, et celui que je pouvais avoir, je me trouvai en état de faire une des plus belles compagnies de chevau-légers qui fût en France, et un très bel et bon équipage.

Je fus incorporé dans le régiment Commissaire général[2], où je ne demeurai que peu d'années; c'était M. de la Cardonnière qui avait dans ce temps-là charge de commissaire général de la cavalerie légère, et ainsi il était mestre de camp de ce régiment, où il y avait son frère, lieutenant de la compagnie mestre de camp, nommé Lacour. Cet homme était fort inquiet, et je me trouvai le commandant de ce régiment, étant le plus ancien capitaine : il n'y avait point de lieutenant-

----

1. Le futur chancelier de France.

2. La charge de commissaire général fut remplacée, vers la fin du règne de Louis XV, par celle d'inspecteur général. Il y avait un commissaire général pour l'infanterie et un pour la cavalerie. Dans cette dernière arme, le régiment « commissaire général » était le troisième par ordre de préséance.

colonel. Le dit sieur de Lacour voulait décider de
toutes choses et que tout passât par ses mains. J'avais
eu des affaires avec Montpezat, dont le bruit s'était
répandu dans le monde et je ne sais comment, car
dans toutes les apparences ce ne devait pas être M. de
Montpezat ; et sûrement ce ne fut point moi, car beaucoup de gens m'en parlant, je niais toujours la chose
et disais que cela n'était point ; à la vérité, je l'avais
dit à M. de Turenne, et même j'en avais dit aussi
quelque chose à Noguez, ce qui était une nécessité,
parce qu'il fallait bien que je lui dise ce que M. de Montpezat et moi étions demeurés d'accord sur son compte.
Mais on parlait si fort dans le monde de l'affaire que
j'avais eue avec Montpezat, et comme le Roi avait
fait de furieuses défenses contre les duels, et que
c'était quasi dans le commencement de ces dites
défenses, ce qui a toujours subsisté jusqu'à présent,
j'appréhendais de passer dans l'esprit de la Cour et
même du Roi pour un esprit brouillon et séditieux,
ce qui me faisait extraordinairement pâtir à l'occasion
du dit sieur de Lacour. C'était, de plus, ainsi que j'ai
dit, le frère de mon mestre de camp, de sorte que je
pâtis plus de cinq ou six mois, étant le commandant
de ce régiment, dont la plupart de ce que j'y ordonnais
était contrôlé par le dit Lacour ; enfin, j'en souffrais
tant, que je m'imaginai et ai toujours cru que le dit
sieur de Lacour s'était persuadé que c'était par faiblesse
que j'avais souffert toutes les avanies qu'il m'avait
faites : de manière que sur quelques partages de fourrages, que j'avais ordonné à l'aide-major de faire le
plus également qu'il se pourrait entre les compagnies
du régiment, le dit sieur de Lacour le voulant faire

autrement, nous eûmes quelques disputes; enfin, ne pouvant plus souffrir, je lui dis : « Monsieur, quasi depuis que j'ai l'honneur de commander ce régiment, vous me contrariez en toutes choses; mais je veux bien vous dire que si j'en ai tant souffert, c'est par le respect que j'ai pour monsieur votre frère. » A quoi il me répondit qu'il me tenait quitte du respect que je portais à son frère, et que, de lui, il me ferait bien porter celui que je lui devais; et en même temps met l'épée à la main; je la mis aussi; j'aurais fort souhaité de le pouvoir désarmer sans le tuer, ce qui fit qu'en le ménageant un peu, il me donna un coup d'épée qui, me perçant mon juste-au-corps et ma chemise, me glissa à côté du ventre. Je crus être dangereusement blessé, ce qui me mit dans une si grande colère, que passant sur lui, je le joignis au corps, le jetai par terre et lui arrachai son épée des mains. J'étais plus fort que lui; cependant, comme je me vis maître de son épée, je ne le voulus pas tuer, mais je lui allais casser toutes les dents avec le plomb de la mienne, n'eût été que beaucoup d'officiers du régiment qui couraient pour nous séparer nous joignirent dans ce moment, et nous séparèrent : dont je fus bien aise dans la suite, par toutes les raisons ci-devant dites.

Je m'en allai ensuite trouver M. de la Cardonnière, et lui racontai tout ce que je viens de dire, même du long temps qu'il y avait que je souffrais de son frère à sa considération. Il me dit : « Je ne doute nullement, monsieur, de tout ce que vous venez de me dire, car je connais mon frère pour être capable de tout cela; mais je vais l'envoyer querir où tout devant vous, je lui laverai bien la tête. » (C'est un terme usité quand on veut fortement blâmer quelqu'un.) Je lui dis : « Non, monsieur, ne prenez point cette peine : si vous voulez, je demanderai à sortir de votre régiment, quoique ce soit avec déplaisir, par l'attache que j'avais à vous rendre mes services. — Non, monsieur, me dit-il, j'en aurais plus de déplaisir que vous ; mais je vais l'envoyer querir et je vous prie de vouloir bien patienter jusqu'au bout. » Effectivement, il l'envoya querir et le gourmanda plus que jamais père n'a gourmandé son fils ; enfin, hors de le frapper, on ne lui pouvait pas dire de choses plus fâcheuses pour lui, et plus obligeantes pour moi ; ensuite, il nous fit embrasser, me priant d'être de ses amis, quoiqu'il ne l'eût pas mérité, mais que s'il y avait la moindre récidive de sa part, qu'il me commandait absolument, par le pouvoir que le Roi lui avait donné sur moi, suivant le dû de ses charges, de l'avertir sur le sujet de son frère. Je fus si pénétré des honnêtetés de M. de la Cardonnière, que je dis tout devant lui à M. de Lacour, son frère : « Je vous supplie, monsieur, que ce soit véritablement que nous soyons amis, ainsi que monsieur votre frère nous l'ordonne ; je vous offre mon amitié de bon cœur, acceptez-la de même. Je vous assure, monsieur, que j'aurai tous les égards possibles pour vous, oublions le passé et faites-moi le plaisir et l'honneur de venir dîner ce matin chez moi, je vous supplie. » A cela, M. de la Cardonnière, voyant que son frère ne me répondait pas tout à fait comme il fallait, prit la parole en me disant qu'il ne méritait pas l'honneur que je voulais lui faire : « Mais j'irai moi-même », me dit-il, à quoi assurément je ne

me serais pas attendu, et lui faisant une profonde
révérence, je lui dis : « Je vous supplie, monsieur,
pour que l'honneur que vous me faites soit entièrement complet, de trouver bon que je supplie encore
monsieur votre frère de m'accorder la même grâce. »
A quoi le sieur de Lacour me dit qu'il irait très volontiers. Ainsi, ils vinrent chez moi dîner, dont je m'ac-
quittai raisonnablement bien, et le dit sieur de Lacour
n'en usait plus mal avec moi comme il avait fait auparavant.

Peu de temps après, nous reçûmes nos ordres pour
les quartiers d'hiver, car nous en changions lors, la
paix étant sur le point de se faire. Nous fûmes dans
des quartiers en Roussillon aux environs de Perpignan, et à l'occasion de la paix qui arriva ensuite, il
fallut faire une grande réforme de troupes. Mes amis
de la Cour me donnèrent avis que ma compagnie
serait réformée : c'était chose sûre, M. de Louvois,
premier ministre d'État, qui avait lors le département
de la guerre, s'en était ouvert à d'aucunes gens.
Quoi que c'en soit, au bout de douze ou quinze
jours avant que notre réforme vînt, ma compagnie
était en quatre quartiers, savoir : dans la baronnie
de Joch, Finestret, Rigarda et la tour de Vingrost[1].
Je fis assembler ma compagnie au milieu de ces
quatre quartiers comme si j'en avais voulu faire revue.
Puis, me servant d'une fausse nouvelle qui avait été
dite à Perpignan, qui était que l'on ne cassait point les
compagnies, mais que l'on les réduisait à la moitié,
qui était de cinquante maîtres, dont elles étaient

1. Joch, Finestret, Rigarda, canton de Vinça (Pyrénées-Orientales).

composées, à vingt-cinq maîtres, je commençai par
congédier les vingt-cinq qui me paraissaient les plus
mutins et comme j'avais la moitié de ma compagnie,
qui croyait être maintenue à ma dévotion, je démontai
les vingt-cinq congédiés, à cause que je leur avais donné
leurs chevaux, leur laissant, hors leurs buffles que je
leur pris encore, tous leurs habits, manteaux, bottes
et toutes leurs armes généralement quelconques, et
renvoyai les vingt-cinq autres, qui croyaient être
conservés, dans les quatre quartiers sus-dits par égale
portion, de manière qu'il n'y en avait que six ou sept
dans chaque lieu. Puis, la nuit étant venue, m'étant
retiré à Finestret, qui était le quartier où je demeurais,
je commençai d'y démonter les cavaliers que j'y avais
renvoyés, et leur supposant quelque sédition, je les
fis mettre en prison et envoyai chercher le seignior
bailli du village, lui disant que ces cavaliers étaient
en prison pour quelques séditions qui allaient contre
le service du Roi, que je m'en allais dans mes autres
quartiers pour arrêter de leurs complices; que cependant, comme il ne resterait dans le quartier que
quantité de chevaux et quelques palefreniers, je le
priais pour le service du Roi de faire bien garder ces
prisonniers, et de ne les laisser parler à qui que ce
soit au monde, ce qui fut exécuté au pied de la lettre;
cependant, avec quelques-uns de mes valets auxquels
j'avais le plus de confiance, et mon maréchal des logis
qui était brave soldat, je fus de quartier en quartier
démonter tous mes autres cavaliers et leur ôter leurs
buffles, et ramenai le tout à Estagel, mon sus-dit
quartier.

Je voyais bien qu'il ne faisait pas bon de demeurer

là, et que les plaintes viendraient bientôt à l'intendant qui était à Perpignan, et que l'on enverrait avec main forte à mon quartier pour me jouer un méchant tour. D'un autre côté, le premier Président de Perpignan, qui s'appelait Fontenelle, homme d'une très grande distinction, avait un grand crédit et de grands biens en ce pays-là; je l'avais connu à Paris où nous avions été logés en même logis; je ne doutais point qu'il ne me pût servir considérablement; c'est pourquoi, laissant mes valets à mon maréchal des logis dans mon quartier, je partis à toutes jambes sur un bon cheval, et fus à la porte ouvrante à Perpignan où les nouvelles de mon affaire n'étaient pas encore arrivées. Je déclarai toutes choses audit sieur président de Fontenelle, lui demandant sa protection, ce qu'il m'accorda de fort bonne grâce; et puis me dit que toutes les nouvelles de ce que j'avais fait à mes cavaliers, apparemment, arriveraient incessamment à l'intendant, et qu'ainsi il était bon d'ôter promptement mon butin du village où il était, qui courait grand risque, aussi bien que ma personne, pour peu de séjour que j'y fisse : « Allez-vous-en donc au plus vite en votre quartier, et pour vous donner le moyen d'une retraite sûre, je m'en vais vous donner un de mes hommes à cheval; allez-vous-en avec lui sans perdre de temps, et menez tout votre monde à la montagne, où j'ai quantité de troupeaux et de haras de chevaux, et ces montagnes sont tellement remplies de gens à moi, que dans un moment vous auriez plus de cinq cents hommes pour vous secourir s'il le fallait, et toujours présents et parfaitement armés. » J'exécutai tout ce qu'il me dit ponctuellement. De bonne vérité, si je n'avais pas eu l'homme qu'il m'avait donné pour ma conduite, j'aurais cru être perdu, car ce sont tous *Miquelets* qui habitent ces montagnes, n'en sortant point, y ayant leur ménage avec eux, et pas un qui n'ait trois ou quatre coups à tirer sur lui; il me fut désigné par eux un endroit où je me campai, y faisant même tendre mes tentes, et envoyai querir en argent comptant chez ces gens-là les nourritures et fourrages nécessaires; du reste, leur parlant honnêtement; ainsi je m'attirai si fort leur bienveillance qu'ils se seraient sacrifiés pour me secourir, si j'en avais eu besoin.

Tous les cavaliers de ma compagnie ne manquèrent pas de s'aller plaindre à l'intendant de Perpignan, lequel obtint du commandant des troupes un détachement considérable pour me venir prendre avec ce que j'avais d'équipage. Mais ne me trouvant plus en mon quartier, ils s'en retournèrent à Perpignan. Cependant, l'intendant travaillait à me faire faire mon procès parce que les ordres du Roi étaient que l'on ne démonterait aucun cavalier, que les compagnies conservées pourraient choisir ceux qui leur plairaient pour les incorporer dans leur troupe; mais que les cavaliers qui ne seraient pas incorporés dans les autres compagnies s'en retourneraient chez eux, où il leur plairait, sans que l'on leur prît rien.

Les choses en cet état, la réforme vint et ma compagnie était du nombre; mais à l'égard de ma personne le Roi par ses ordres me donnait ma réforme de capitaine à la suite de la compagnie Mestre de camp du régiment Commissaire général, nouvelle qui me fut envoyée aux montagnes de la part de M. le président de Fontenelle.

Et moi, ayant près de soixante chevaux dont je
n'aurais jamais pu me défaire en ce pays-là, et qui,
d'un autre côté, avais l'intendant pour ennemi mortel
et qui cherchait tous les moyens de me faire arrêter,
je pris le parti de m'en retourner en France. Mais
la difficulté était à moi de passer la plaine de Roussillon
avec tout mon bagage, et le susdit intendant sachant
qu'à cause de lui je n'avais pas accepté ma dite réforme,
avait envoyé des gens secrètement dans les passages
pour savoir si je descendais la montagne, afin de me
faire arrêter par les provaus [1] ou autres troupes. J'étais
averti de tout cela par ledit président de Fontenelle,
qui m'envoyait quasi tous les jours des nouvelles.
Enfin, me voyant en cette extrémité, j'avais une
douzaine de valets auxquels je me pouvais fier, mon
maréchal des logis qui était soldat, et un trompette
qui était brave garçon. Et ayant pris ma résolution
de passer, les gens de ces montagnes étant avertis
de cela me vinrent trouver et me dire que si j'étais
un homme qui n'eût point de biens en mon pays,
ils m'offraient de demeurer avec eux, et de me faire
donner une compagnie de Miquelets quand la guerre
reviendrait; mais que si je voulais m'en aller, ils
m'offraient deux cents hommes tous prêts pour m'escorter à passer non seulement toute la plaine de Roussillon, mais encore par delà Salces: ce que j'acceptai
avec grande joie. Ces gens vinrent avec moi jusqu'à
Salces, qui est au delà de l'intendance de Roussillon,
où je me trouvai en sûreté, d'autant plus que je trouvai
quatre compagnies d'infanterie qui s'en allaient à

1. Les gens de la *prévôté*.

Brest, ainsi qui passaient aux environs de chez moi, puisqu'ils avaient dans leur route Angoulême. Je voulus donner dix louis d'or aux gens qui m'avaient conduit; mais les commandants de ces gens-là me témoignèrent une fierté extraordinaire, me disant que bien éloignés de m'avoir conduit en sûreté, ils m'auraient mené à Perpignan à l'intendant, puisque je les avais crus si lâches que de me vouloir vendre un plaisir. Je me jetai à leur cou et leur demandai pardon, afin de me repatrier avec eux; après quoi, nous bûmes et mangeâmes ensemble, mais sobrement, car c'est le naturel de ces gens-là, et d'autant plus qu'ils ne me voulaient pas laisser perdre l'occasion de me mettre en route avec ces quatre compagnies d'infanterie; ainsi, ils s'en retournèrent. Les officiers de ces quatre compagnies me donnèrent logement fort honnêtement, et quand nous fûmes arrivés à Angoulême, je les remerciai bien humblement, après que, le soir précédent, je leur eus donné à souper de mon mieux.

Pendant toute cette route ce n'était que marchés de chevaux, parce qu'en étant embarrassé, et les donnant à meilleur marché qu'ils ne valaient, j'en trouvais toujours mon débit en un lieu ou en un autre. J'en avais bien encore vingt ou vingt-cinq en arrivant à Confolens, que je laissai entre les mains d'une vieille femme qui avait servi ma mère et qui prenait soin de toutes mes affaires pendant mon absence; elle les vendit du mieux qu'elle put, à la réserve de six chevaux de monture que j'avais pour ma personne, dont le moindre valait bien cinquante pistoles, et moi, prenant la poste, je m'en allai à la Cour, où je parlai en premier

lieu à M. de Saint-Pouange, premier commis de M. de
Louvois, lequel étant de mes amis, je lui dis toutes les
choses comme elles s'étaient passées; il me blâma fort
d'en avoir usé de la sorte, puisque cela m'avait obligé
à quitter ma réforme; je lui dis que de tout ce manège-
là, j'en avais trois ou quatre cents pistoles, et que si
j'avais fait autrement, je n'aurais pas un sou; il me
dit qu'il s'employerait à me faire avoir ma réforme
dans un autre régiment. La Cour était lors à Saint-
Germain-en-Laye, et M. de Saint-Pouange me dit
de m'en retourner à Paris, de ne revenir que dans
huit jours, et que, dans ce temps-là, il m'aurait trouvé
un lieu à me placer.

Étant de retour à Paris, en mon auberge, il faut que
M. de Saint-Pouange eût dit à quelqu'un dans son
bureau qu'il cherchait pour moi un escadron à me
placer (car il n'y avait lors plus de régiments, et tous
étaient réduits à un escadron chacun composé de deux
compagnies), car plusieurs mestres de camp me vinrent
chercher, comme M. de Joyeuse[1], qui n'était lors que
mestre de camp, et qui est à présent maréchal de
France, M. de Catheux, de la maison de Pagny, qui
depuis fut tué en Alsace; enfin, beaucoup me vinrent
prier de demander ma réforme dans leurs escadrons.
Enfin, M. de Catheux eut ma parole préférablement à
tous, parce que je croyais que c'était celui qui m'aimait
davantage. Il me pria sur-le-champ d'aller avec lui
à la Cour, crainte que M. de Saint-Pouange, qui
voulait me placer, me mît ailleurs; de sorte que j'eus
ma réforme dans l'escadron de Catheux, où le marquis

---

1. Jean-Armand de Joyeuse, créé maréchal de France en 1693.

de Valavoir, mestre de camp, avait la seconde compagnie. Je passai deux ou trois ans à la suite de cet escadron.

Pendant la paix même, le Roi fit faire un camp auprès de Paris [1], qui semblait plus être un divertissement qu'autre chose; cependant, tout d'un coup, on nous ordonna du soir au lendemain de marcher armes et bagages par différentes routes que l'on donna à cette petite armée qui composait ce camp, toutes lesquelles routes aboutissaient en Lorraine que l'on attaqua en plusieurs endroits, et on forma plusieurs sièges. Enfin, nous nous en rendîmes les maîtres, une campagne ou deux après. De ces escadrons, composés de deux compagnies, l'on les dédoubla et l'on en fit une troisième compagnie que l'on donna à celui des capitaines à la suite des escadrons que l'on jugea le plus à propos; et puis, ce ne furent plus des escadrons, mais des régiments de trois compagnies; ainsi, j'eus le dédoublement de Catheux et fus le premier capitaine, puisque les deux autres étaient colonels. Ensuite, comme la guerre s'échauffa, le Roi fit de nouvelles compagnies dans sa cavalerie légère et mit trois compagnies nouvelles dans chaque régiment; donc c'étaient six compagnies, dont trois nouvelles et trois anciennes, qui formaient chaque régiment. Une campagne après, on retira les mestres de camp qui étaient incorporés dans les autres régiments, pour leur donner d'autres

1. Voy. C. Rousset, *Louvois*, p. 298-299.

Un camp avait été formé en juillet 1670, près de Saint-Germain-en-Laye. A la fin d'août, les troupes furent dirigées sur la Lorraine et entrèrent à Nancy le 26 août, sous la conduite de Créqui.

régiments composés d'autres nouvelles compagnies. Là-dessus, M. de Catheux avait un de ses parents dans le régiment, fort honnête homme et bon officier, nommé Saint-Étienne; et M. de Joyeuse, dont est parlé ci-dessus, qui m'avait voulu autrefois avoir, avait encore la même pensée, me disant plusieurs fois que M. de Catheux serait fort aise d'avoir son parent pour commander son régiment, et qu'étant de ses amis, je lui ferais plaisir de lui céder ma place et qu'à moi ce serait toujours un avantage, puisqu'il était lors brigadier de cavalerie, et que M. de Catheux ne l'étant pas, il serait en toutes occasions à la tête de son régiment. Mais moi, commandant le régiment d'un brigadier, je n'avais point de mestre de camp à ma tête.

Cependant, comme M. de Catheux m'aimait, je ne voulus point m'engager à M. de Joyeuse que je n'eusse parlé à mon dit sieur de Catheux en particulier, et le priai de me dire en ami et me répondre aux choses que je lui demanderais : et ensuite je lui dis toutes les persécutions que M. de Joyeuse m'avait faites, et que, outre cela, je lui ferais plaisir de sortir de son régiment pour faire place à son parent qui marchait immédiatement après moi.

Il me dit : « Je vais répondre, monsieur, en homme d'honneur, ainsi que vous me le demandez : si vous quittiez mon régiment, je serais bien aise que mon parent le commande; mais je vous dirai vrai que je serais encore plus aise que vous y demeuriez. » A cela je ne balançai pas un moment à rester dans le régiment de Catheux, mais, M. de Joyeuse me venant trouver, et lui disant où nous en étions, M. de Catheux et moi,

en parla à M. le maréchal de Créqui [1] qui était notre
général; il en reparla ensuite à mon dit sieur de Catheux,
et enfin fit tant que je quittai le régiment de Catheux
et menai ma compagnie dans le régiment de Joyeuse
pour le commander. Je fus parfaitement bien avec
M. de Joyeuse le reste de la campagne, et pendant
le quartier d'hiver, et dans l'autre campagne que nous
fîmes ensuite en Allemagne, où toute notre armée
subsista pendant tout l'hiver sans retourner en France;
où M. de Turenne passa l'hiver en un lieu nommé
Joust, près du pays de Paderborn.

Pendant tout ce quartier d'hiver, M. de Turenne
m'envoyait toujours en course sur les ennemis. Me
trouvant dans un lieu nommé Ruden, on m'avertit
d'une prise considérable à faire, pourvu que je la
voulusse entreprendre; et pour cela je demeurai deux
fois vingt-quatre heures plus longtemps à revenir que
je n'aurais dû faire, si tant eût été que je n'eusse rien
entrepris. La plupart de nos troupes me croyaient
perdu. Cependant, après avoir forcé une bourgade,
car j'avais cent dragons et deux cents cavaliers, je
ramenai une compagnie tout entière de cavalerie
que je pris prisonnière dans ce lieu-là. Pendant lequel
temps, il mourut un capitaine dans le régiment de
Joyeuse; et un capitaine nommé Laplante, créature de
M. de Joyeuse, commandant le régiment après moi,
fit vendre tout l'équipage de ce capitaine nommé

1. François de Blanchefort de Canaples, chevalier de Créqui, marquis
de Marines, petit-fils du premier maréchal de Créqui, naquit en 1624 et
mourut le 4 février 1687. Créé général des galères en 1661, il obtint le
bâton de maréchal de France en 1669. Il était tenu en haute estime par
Condé et avait la réputation du seul général qui pût espérer remplacer
Turenne à la tête des armées.

Turbilly dont l'épée m'appartenait de droit, et moi ne prétendant pas être censé absent, étant détaché pour le service; or, il est à remarquer que dans un régiment, on n'a pas tout le monde pour ses amis. Ce Laplante n'était point de mes amis et me jalousait beaucoup. S'il m'eût fait la moindre honnêteté sur la vente de cet équipage pour ce qui m'en devait revenir, je ne lui en aurais pas parlé; mais je lui envoyai demander l'épée de ce capitaine, qui devait être au major. Il se moqua de celui qui lui parla de ma part et de moi aussi, ce qui fit que je l'allai trouver un peu chaud de cette affaire; et comme il était chez lui, et qu'il se moquait toujours de ce que je pouvais lui dire, et le tout parce qu'il se sentait appuyé et aimé de M. de Joyeuse, notre colonel, je lui proposai d'aller vider nos différends à quatre pas de là, ce qu'il accepta avec toutes les démonstrations d'un homme qui veut bien faire, et même avait porté à son côté l'épée en question. Mais il la défendit si mal que ç'aurait été une sottise à moi de m'en vanter, m'ayant été si mal disputée; je lui pris donc cette épée, et pour faire voir que ce n'était pas l'intérêt qui me menait, quoique la garde fût d'argent, je la donnai à l'aide-major qui était aussi une créature de M. de Joyeuse, espérant par là apaiser un peu mon colonel.

Mais il n'en arriva pas ainsi; M. de Joyeuse se trouva outré contre moi, et de bon ami il devint mon ennemi juré. Ensuite de quoi nous recommençâmes la campagne, où il n'y avait chicane que M. de Joyeuse ne me fît, à quoi je résistai pourtant toujours, mais honnêtement, néanmoins sans sortir des bornes que l'on doit à son colonel; et cette campagne finie, on s'en revint en France en quartier d'hiver.

Dans ce temps-là, M. de Joyeuse fut fait maréchal de camp et vendit son régiment à M. le marquis de Locmaria, qui était dans le bureau de M. de Saint-Pouange le même jour que j'y fus. Ne sachant pas encore que M. de Joyeuse eût été fait maréchal de camp, ni qu'il eût vendu son régiment, j'étais allé pour prier mon dit sieur de Saint-Pouange, comme m'ayant toujours protégé, de me procurer encore la grâce de changer de régiment; que l'humeur de M. de Joyeuse et la mienne ne pouvaient compatir ensemble; qu'il se pouvait que j'avais tort, mais que si je l'avais, c'était sans le savoir en aucune façon. Je disais cela devant M. de Locmaria, que je ne connaissais pas encore, à qui M. de Saint-Pouange avait déjà dit par avance mille choses à mon avantage. A cela, M. de Saint-Pouange prit la parole et me dit : « Monsieur, il n'en est pas besoin. » Et me montrant M. de Locmaria, me dit que c'était mon colonel; puis il dit à M. de Locmaria : « Je vous assure, monsieur, que vous ne pouviez mieux échoir pour commandant de votre régiment que monsieur de Montbas que voilà; et s'il n'était pas présent, je vous en dirais davantage à sa louange : mais vous êtes heureux de l'avoir. » M. de Locmaria, qui était un jeune homme sortant de l'académie, mais beaucoup de cœur et d'esprit, me fit mille honnêtetés, me priant de recevoir son amitié et de lui donner la mienne.

J'ai fait quatre campagnes dans ce régiment. A la fin de la troisième, me trouvant en quartier d'hiver en Alsace, dans un lieu nommé Turkheim, près de Colmar, M. le marquis de Vaubrun, lieutenant général, commandant toutes les troupes en Alsace, et M. de Beauvesé la cavalerie, il fut question d'établir les contributions de Belfort dans la Franche-Comté. Ils prirent pour cet effet huit cents chevaux, sept à huit cents dragons et deux mille hommes de pied. Mes dits sieurs de Vaubrun et de Beauvesé, commandant ces troupes, jetèrent les yeux sur moi pour cette expédition, et me donnaient d'ordinaire un détachement de deux cents cavaliers et cent dragons pour être toujours aux environs d'une lieue et demie devant eux, afin de pousser dans le plat pays quand j'aurais passé le Pont-de-Roide. A la vérité, je trouvai là plus de résistance que partout ailleurs, car il y avait de l'infanterie qui ne laissait pas de se défendre, quoique toutes ces troupes ne fussent que gens du pays, mais commandées par de bons officiers, entre autres deux frères qui s'appelaient Massiettes, qui entendaient la guerre de campagne et les partis aussi bien que gens du monde. Quand j'eus forcé ce pont, j'entrai dans tout le plat pays suivi toujours de deux mille hommes et du reste de la cavalerie et dragons, commandés, comme dit est, premièrement par M. de Vaubrun, et ensuite par M. de Beauvesé; l'intendant d'Alsace y était aussi, auquel, quand j'avais forcé quelques villages, je lui en renvoyais les principaux prisonniers, avec lesquels il traitait pour les contributions. Quand quelque endroit m'avait fait trop de résistance, j'avais ordre de mon général d'y mettre le feu; cependant, comme j'y ai toujours répugné naturellement, je ne faisais mettre le feu que dans des urgentes nécessités, et encore était-ce à quelques maisons écartées des autres, afin que cela fît moins de dommages.

Une fois, entre autres, près des châteaux de Rouge-
mont et de Montmartin, j'avais tant de butin que
j'en avais au double de ce que je pouvais avoir de
troupes, et pensais me retirer par un petit pont que
j'avais laissé dans mes derrières, où j'avais laissé un
capitaine de dragons et trente hommes avec quelques
officiers subalternes, pour le garder et ainsi favoriser
notre retraite; quand, m'en retournant avec tout mon
butin, et abordant ce passage, je trouvai que le pont
avait été rompu, que nos gens avaient été enlevés,
et qu'il n'était resté que douze ou quinze morts sur la
place. MM. de Massiettes, qui étaient, comme j'ai dit,
les plus habiles gens du monde, m'embarrassèrent
beaucoup : car ils avaient plus de mille à douze cents
hommes de ces nouvelles troupes, et moi n'ayant
qu'aux environs de deux cent cinquante maîtres, et
chargé de beaucoup de butin. Cependant, comme le
pays était serré, mes prisonniers ne se pouvaient pas
sauver.

Je ne voyais point d'autre retraite qu'un chemin
qui montait la montagne, où l'on ne pouvait passer
au plus que quatre hommes de front, à l'embouchure
duquel chemin, au bas de la montagne, il y avait un
village et un château renfermés de fossés, qui étaient
remplis de monde, et où je n'aurais pu passer si j'avais
trouvé de la résistance, étant couru à vue de toutes
les troupes du pays qui couraient après moi. Mais
comme Dieu m'a toujours visiblement protégé, ne
trouvant rien dans ce village, et n'y ayant dans ce
château que quelques troupes nouvellement mises sur
pied, et les paysans dudit village qui s'y étaient retirés
d'abord, j'envoyai quelques trompettes et tambours

de dragons leur dire que s'ils tiraient un coup, j'allais
faire mettre le feu dans tout le village, et que je ne
brûlerais pas une maison s'ils ne tiraient point. Effectivement, je fis allumer quantité de torches de paille
que des cavaliers portaient; le jour se couchait; ces
feux paraissaient beaucoup et firent une telle rumeur,
que l'on entendait beaucoup se disputer, les gens du
village apparemment empêchant que l'on ne tirât,
crainte que l'on mît le feu. Cependant, j'avais fait
border par quelques dragons à cheval ce château, et
commencé à faire enfiler dans le susdit chemin une
petite troupe à la tête de mon butin, et quelque peu
de cavaliers ou dragons dans les intervalles, afin de
les presser incessamment de passer au plus vite, ce qui
fut exécuté si promptement et heureusement, que
comme il n'y avait plus qu'une petite arrière-garde,
où j'étais, qui enfilait le chemin, les ennemis nous
abordèrent; mais voyant que nous avions gagné le
défilé, ils n'osèrent jamais entamer de s'y enfourner
pour nous y suivre. Quand nous fûmes au haut de la
montagne, je fis mettre une garde de dragons pied à
terre dans le défilé; j'envoyai incessamment tout mon
butin, avec cent chevaux et des officiers à proportion
pour les commander, à nos officiers généraux et à
l'intendant, et mandai à M. de Vaubrun de me renvoyer
au plus vite des troupes fraîches, ce qu'il fit, me renvoyant encore deux cents chevaux et cent dragons
qui m'abordèrent le lendemain de grand jour.

Cependant, toute la nuit, pour faire croire aux
ennemis que j'avais un gros détachement, comme il y
avait bien des vignes sur cette côte et quantité d'échalas,
j'en faisais porter par monceaux du long des hauteurs

de cette montagne à plus de cent ou deux cents endroits
et fis allumer des feux, qui paraissaient comme une
petite armée campée; et je faisais battre par divers
tambours de dragons toutes sortes de marches, et
envoyai des trompettes en différents endroits, touchant
de leurs trompettes quelques chansons ou autre chose,
suivant ce qu'ils savaient.

Enfin le jour vint, et MM. de Massiettes voulurent
s'aviser d'une petite supercherie qui ne leur servit de
rien. Comme ils voulaient extrêmement savoir ce que
nous faisions sur cette hauteur, et ce que j'y avais
de monde, ils me firent l'honneur de m'écrire et de
m'envoyer un cheval de bât chargé de rafraîchis-
sements; leur écrit portait en substance que quoiqu'ils
ne me connussent pas personnellement, ma réputation faisait assez de bruit pour m'assurer que hors
le service de leur roi, ils m'estimaient beaucoup, et
qu'ils croyaient n'être pas désapprouvés de m'envoyer
ce petit rafraîchissement, ni moi de le recevoir. Ce
cheval de bât était conduit par deux hommes, l'un le
menant par la bride, et l'autre le suivant : et celui
qui suivait me paraissait un homme d'esprit en ce
que je vais dire. Ce cheval de bât fut arrêté par le
petit corps de garde que j'avais mis dans le défilé à
mi-côte; on m'envoya avertir de la chose; j'y allai
moi-même pour voir ce dont était question; lors, je
dis à l'homme qui me présenta cette charge de vins
et de vivres, que j'étais obligé à MM. de Massiettes de
l'estime qu'ils faisaient de moi, et que je tâcherais
dans la suite de ne les en pas faire déchoir. Cet homme
me dit : « Monsieur, si vous voulez faire réponse à
messieurs de Massiettes, nos maîtres, je leur porterai. »

A quoi je lui dis : « Si je ne remarquais pas en vous que
vous avez assez d'esprit pour n'oublier rien de ce que
je vous dirai pour leur dire, je leur ferais réponse
autrement ; mais, à vous voir, je crois que cela doit
suffire. » A quoi il me répondit : « Hé bien, monsieur,
puisque vous le voulez ainsi, voilà qui est bien. Mais
trouvez bon que nous voiturions cela jusque en haut,
afin que vous puissiez l'avoir plus commodément. »
Je lui dis : « Mon cher enfant (le traitant ainsi à cause
qu'il était venu à pied et voulait passer pour valet,
ce que je ne croyais assurément pas, mais quelque
officier entendu pour remarquer en haut la situation
de notre terrain et la force de nos troupes), il n'est
pas besoin que vous veniez plus loin ; je vous prie
seulement d'assurer vos messieurs, outre ce que je
vous ai déjà dit, que je boirai à leur santé de fort
bon cœur, n'en manquant nullement dans nos troupes
et des meilleurs. Je leur suis fort obligé, en mon particulier, de leurs honnêtetés, et ces messieurs (lui
montrant les officiers qui commandaient ce petit corps
de garde) avec leurs amis, profiteront de leurs libé-
ralités. » Ensuite, je remontai en haut après avoir
renvoyé ce cheval de bât déchargé ; je vis arriver les
troupes fraîches que M. de Vaubrun m'envoyait, et
je lui renvoyai le reste des troupes que j'avais qui
étaient fort harassées.

Je ne parlerai, de toute cette petite guerre faite à
l'occasion des contributions de Belfort, que de l'occasion que je viens de dire présentement, parce que c'est
une des plus jolies ; mais cette guerre dura plus de
quarante jours, où incessamment nous étions à prendre
des prisonniers dans les villages ; les uns faisaient

quelque résistance et d'autres non; mais comme nous étions peu de gens détachés de nos troupes, au milieu d'un pays ennemi, il fallait être incessamment, nuit et jour, sur ses gardes; et je peux dire y avoir eu beaucoup de fatigue, puisque tous les deux jours on me rafraîchissait de monde. Nous y eûmes diverses rencontres, et même de jolies actions qui seraient trop longues à décrire. Du reste, quand les contributions de Belfort furent établies, M. de Vaubrun retira toutes ses troupes et nous nous en revînmes; et dans le temps que nous arrivâmes auprès de Brissac, nous reçûmes des nouvelles de la Cour où nous apprîmes qu'on avait donné sept régiments à des premiers capitaines et majors comme j'étais, mais avec cette différence que j'étais le plus ancien que pas un d'eux.

CHAPITRE X

MONTBAS OBTIENT UN RÉGIMENT.
CAMPAGNE DE SICILE

Je fus au désespoir de voir que dans le temps d'un
cruel hiver, faisant la guerre aux ennemis du Roi, et
cela avec applaudissements et succès, d'autres commandants de corps, étant à Paris pour leurs plaisirs,
ou à Versailles pour faire leur Cour, et tous mes cadets,
eussent eu des régiments et qu'on m'eût laissé là.
Cela me mit dans une extrême colère; mais cette colère
n'était point plus forte que celle de M. de Vaubrun,
notre général, et de M. de Beauvesé, commandant de
notre cavalerie, ni même que celle de mon dit sieur
l'intendant, à cause de l'établissement des contributions de Belfort. Lesquels trois, sans que je leur en
eusse parlé, me dirent qu'il fallait aller à la Cour,
qu'ils me donneraient des lettres pour M. de Louvois;
ce qu'ils firent, et tous trois écrivirent chacun en leur
particulier à M. de Louvois. Chacun me fit voir sa

lettre, qui toutes, en substance, disaient mille biens
de moi, l'utilité de mes services et le tort que l'on me
faisait. Arrivant à Versailles, j'y rencontrai le sieur
de Briquemost et le sieur de Lèze, qui tous deux,
quoique moins anciens capitaines que moi, étaient
néanmoins plus anciens que les sept à qui l'on avait
donné ces régiments. Nous nous mîmes tous trois
ensemble pour parler à M. de Louvois de l'injustice
que l'on nous avait faite, qui était sur le même sujet
à l'explication, néanmoins que j'étais le plus ancien
et de plus que j'étais dans le service actuel.

Je commençai donc à parler le premier à M. de Louvois et lui donnai les trois lettres dont je viens ci-
devant de parler. Il me dit que l'on n'avait pas cru
que les capitaines auxquels on avait donné ces régiments eussent été moins anciens que moi, qu'il fallait
prendre patience, et que l'on me donnerait le premier
régiment vacant. Il en dit autant aux autres. Pour
moi, je ne sus que répondre à cela, mais je pris le parti
en moi-même de ne vouloir plus servir. Voilà ce que
nous trois, auparavant d'avoir parlé à M. de Louvois,
étions demeurés d'accord. Mais Briquemost, ayant sa
commission de capitaine dans sa poche, dit à mon dit
sieur de Louvois, qu'après le tort que l'on lui avait
fait, il ne servirait plus; ainsi, il le pria de vouloir
reprendre sa commission pour la rendre au Roi.

A cela, M. de Louvois lui répondit qu'il lui conseillait
de ne pas songer à cela; que dans la suite on lui rendrait
justice, mais que s'il était opiniâtre à la vouloir rendre
au Roi, il la pouvait rendre lui-même et qu'il ne se
chargeait point de pareilles choses. Dans ce temps-là,
M. de Louvois n'était pas logé au château de Versailles

comme il a été depuis; de sorte que pour aller chez le Roi, il descendit dans sa cour où il monta en chaise pour se faire porter au dit château; et le dit sieur de Briquemost, ayant toujours en main sa commission et voyant que M. de Louvois ne s'en était pas voulu charger pour la rendre au Roi, passa la main par la fenêtre de sa chaise et lui laissa tomber sur les genoux. Si j'avais eu lors ma commission, ainsi bien que Briquemost, j'aurais fait la même chose, et Lèze en aurait fait tout autant.

Nous voilà donc tous trois dans les imprécations de notre malheur; et peut-être une petite heure de temps après, comme nous étions encore ensemble, nous vîmes un exempt des gardes du corps venir à nous, suivi de huit ou dix gardes, qui s'adressa directement à M. de Briquemost et lui demanda son épée de la part du Roi; et avec un carrosse de Sa Majesté, on le mena en prison à la Bastille.

Lors, Lèze et moi restant, nous demeurâmes interdits, cependant toujours dans la résolution de ne plus servir. Lèze me dit que pour lui, il s'en allait dans son bien, et que jamais la guerre ni la Cour ne le verraient. Moi, je voulais pour mon « vade » prendre un milieu à tout cela; ne voulant pas me faire mettre en prison comme Briquemost, du reste ne pouvant me retirer comme Lèze, parce que je n'avais pas de bien, j'attendais quelque occasion, non de servir contre le Roi, car je lui ai toujours été un fidèle sujet et mourrai de même, mais, ne voulant plus servir dans les troupes de France, tâcher de trouver de l'emploi dans quelques pays étrangers.

C'était au commencement de la campagne; et n'ayant

pas de quoi faire subsister le grand équipage que j'avais lors, je le fis toujours suivre le régiment ; mais pour ma personne, je prétextai une maladie. Étant à Paris, j'y pris une chambre dont je ne prétendais point sortir que je n'eusse trouvé le moyen de servir dans quelque pays étranger.

Mon frère, seigneur de Corbeil-Cerf, qui avait servi en Hollande [1], sachant très bien que j'étais ferme dans mes résolutions, et qu'il était impossible de m'en détourner quand elles étaient une fois prises, tomba exprès dans mon sens, quoique ce ne fût pas le sien. Puis il me venait voir dans ma chambre, mais très rarement, c'est-à-dire une fois ou deux la semaine ; enfin, au bout de douze ou quinze jours, moi n'ayant de commerce qu'avec mon désespoir, et mon dit frère croyant que je devais être ennuyé de cette vie-là (et avec raison), me vint trouver et me dit : « Mon frère, vous savez que j'ai toujours trouvé que vous aviez raison de vouloir quitter le service de France après l'injustice que l'on vous a rendue ; et vous avez encore un malheur que je compte considérable pour vous, c'est qu'il y a longtemps que vous servez, mon cher frère, et que vous avez fait dans l'armée autant d'éclat que aucun de vos égaux, et ce, d'ordinaire, par les partis que vous avez menés. M. de Turenne va servir en Allemagne. Mais le régiment de Locmaria, dont vous êtes le commandant, sert en Flandre dans l'armée du Roi, et vous n'avez jamais servi en présence de Sa Majesté, qui n'a jamais su que par relations les services que vous lui avez rendus ; la chose étant ainsi,

1. Voir plus haut.

si vous vous en alliez cette campagne à la tête du régiment, le Roi pourrait connaître par lui-même vos services, et si l'occasion se présentait de mener quelque parti et que vous y réussissiez, cela ferait beaucoup d'éclat devant Sa Majesté qui peut, quand il lui plaira, réparer dans un moment tous les torts que l'on vous a faits. »

D'un autre côté, j'étais véritablement las de la vie que je menais dans ma solitude où je ne dormais quasi point ni la nuit ni le jour; et comme mon frère vit que je goûtais ses raisons, ce qu'il connut parfaitement, lui qui avait beaucoup d'esprit, il poussa tellement ses persuasions qu'il me fit partir le lendemain pour l'armée, laquelle était déjà en corps il y avait plusieurs jours. Je me remis à la tête du régiment, disant que j'avais été malade à Paris, dont j'avais parti aussitôt que ma maladie avait cessé; cinq ou six jours après mon arrivée, où nous n'avions encore rien fait, il se trouva que par des nouvelles qui nous étaient venues de Catalogne, on apprit que Verdelin, mestre de camp, avait été tué; et comme le Roi allait à la promenade, je m'approchai de lui pour demander ce régiment de Verdelin; il me dit qu'il verrait. Dès le matin, je m'en allai à son logis, attendant son lever pour lui en parler encore. Je vis que l'on faisait des compliments à un nommé La Haze, qui était encore capitaine, moins ancien que moi; et lui demandant de quoi on le fêtoyait, afin que j'y pusse prendre part comme les autres, il me dit que le Roi lui avait donné ce régiment de Verdelin. Je fis en sorte de n'en témoigner point de chagrin, quoique j'en eusse beaucoup. Cela fit que je voulus prendre mon temps pour en parler au Roi, ce qui était mal à moi, puisque le régiment était donné et que ce n'est pas à un sujet à demander à son prince la raison des choses. Cependant comme je ne me connaissais pas moi-même, je pris l'occasion de monter à cheval le soir, dans le temps que le Roi allait à la promenade. Je lui dis : « Sire, j'avais demandé à Votre Majesté le régiment vacant par la mort de Verdelin; elle m'avait dit qu'elle verrait; cependant, elle l'a donné à La Haze, qui n'est pas si ancien que moi et qui n'a pas mieux servi. » A quoi il me répondit : « Ce n'est pas, monsieur, que je donne toujours les régiments à l'ancienneté, mais comme il me plaît. » A cela, je lui dis : « Sire, si après tous les services que j'ai rendus toute ma vie, je n'ose espérer d'élévation, je supplie très humblement Votre Majesté de me le dire afin que je ne l'importune plus. » Il me parut surpris à cette réponse, ne me parlant point, et, moi le suivant toujours à côté de lui, me regardant depuis le haut jusqu'au bas plusieurs fois, il me dit tout d'un coup : « Je ne vous dis pas cela : servez comme vous avez fait et on verra avec le temps de faire quelque chose pour vous. »

Cela vous doit faire comprendre, nos descendants, que si vous entreprenez ce métier, il faut avoir beaucoup de flamme et de retenue dans tous les déboires qui vous arriveront; je fus lors dans le penchant de ma perte, qui me serait véritablement arrivée sans la bonté du Roi et sa justice, se ressouvenant des services que je lui avais ci-devant rendus avec affection et fidélité.

Cependant, j'étais si outré que j'étais toujours dans le dessein d'aller servir dans quelques pays étrangers.

Vingt-quatre heures après, les ennemis ayant assiégé
Trèves, et M. de Créqui avec quelques troupes qu'il
avait n'étant pas suffisantes pour inquiéter les ennemis
dans ce siège, le Roi fit un détachement de son armée
de quatre mille chevaux, dont le régiment de Loemaria,
où j'étais premier capitaine et major, fut du nombre.
Ainsi, me voilà encore après le chagrin que je pouvais
avoir reçu du Roi, détaché de son armée pour aller
dans celle de M. le maréchal de Créqui. Lorsque nous
y arrivâmes, Trèves était assiégée et la tranchée
ouverte. Il se trouva alors, que, M. de Créqui étant
mal averti, les ennemis s'étant mis en marche dès
l'entrée de la nuit arrivèrent sur environ les onze heures
du matin à passer un pont et un gué fort larges et
faciles et vinrent nous attaquer; je m'étendrais à faire
le détail de ce combat tout au long, si je n'en avais
pas dit quelque chose dans mon traité de la cavalerie
légère [1]. Mais enfin, cette affaire fut fort malheureuse
pour nous; j'y fis mon devoir, puisque M. de Loemaria,
mon colonel, ayant été pris et blessé dans le premier
choc, je ramenai encore par deux fois le reste du
régiment au combat, et l'aile droite où nous étions
n'avait pas encore perdu un pas de notre terrain, que
notre aile gauche qui avait plié était déjà d'une grande
lieue et demie derrière nous. J'y fus blessé, mais
heureusement ma blessure ne fut pas grande; je fus
du tout jusqu'à la fin et ramenai les débris du régiment
en quelque sorte d'ordre et nous vînmes nous retirer
à Sierk, et de là à Thionville, puis à Metz; ensuite,
on nous mit camper pour nous raccommoder un peu,

1. Bataille de Consarbrück (11 août 1675) où le duc de Lorraine surprit
Créqui.

près de Verdun, où l'on n'eut pas demeuré trois jours
que l'on me vint dire qu'il y avait à la poste une lettre
du bureau[1] pour moi; à quoi assurément, je ne
m'attendais point, car si je fis mon devoir dans cette
bataille, ce n'était que pour satisfaire à mon honneur
et faire reconnaître au public que je méritais un autre
traitement que celui que j'avais reçu. J'envoyai donc
querir cette lettre, qui se trouva de M. de Saint-
Pouange qui me donnait avis secrètement que le Roi
m'avait donné le régiment vacant par la mort de
Vaubrun, lieutenant général d'armée, qui avait été
tué dans l'armée de M. de Turenne en Allemagne, au
pont d'Altenheim; mais que M. de Louvois se voulait
donner le plaisir de m'en mander les premières nouvelles, ce qui faisait qu'il me priait de ne dire à personne
l'avis qu'il me donnait.

Effectivement, l'ordinaire d'après, je reçus une
lettre de M. de Louvois, qui était à peu près en ces
termes :

« Comme il est plus heureux de se distinguer dans
une affaire malheureuse que dans une heureuse, le Roi
étant satisfait de vous, m'a commandé de vous donner
avis qu'il vous donne le régiment vacant par la mort
de M. de Vaubrun; si vos blessures vous permettent
de vous y en aller au plus tôt, n'y manquez pas, vous
y êtes nécessaire, étant un régiment allemand, où il
se fait beaucoup de désertions.

---

1. Le *Bureau* (sous-entendu : *de la Guerre*) était le Ministère de la Guerre.
Il y avait, de même, le *Bureau du contrôle* (Ministère des Finances). Le
mot de *ministère* n'avait pas alors l'acception qu'il n'eut que plus tard,
lorsqu'il désigna l'ensemble des services réunis sous l'autorité d'un même
ministre.

» Sur cette lettre, vous pouvez vous faire recevoir, on vous enverra votre commission.

» Je me réjouis de votre satisfaction et suis, etc...[1]. »

Il ne me fallait point de meilleur remède pour me guérir que le don de ce régiment, et pour m'ôter les pensées que j'avais eues de m'éloigner. Je fus joindre le corps à Colmar, où il était et où M. de Louvois m'y avait encore écrit. En y arrivant, je me fis recevoir et y trouvai ma commission qui y était arrivée avant moi. Comme défunt M. de Vaubrun avait fait la levée de ce régiment en Alsace, et qu'ainsi tous les cavaliers étaient allemands, il s'y était fait beaucoup de désertions, appréhendant de tomber entre les mains d'un colonel français; mais dès que j'en eus pris possession et qu'ils virent que je parlais allemand quasi comme français, les esprits de ces gens-là changèrent tout à fait, et depuis, il n'y eut plus de désertions.

Il est à noter que dans cette même campagne M. de Turenne avait été tué[2]. M. de Vaubrun, dont j'avais le régiment, n'avait été tué que deux ou trois jours après M. de Turenne, et comme c'était lors approchant l'arrière-saison, il ne s'y passa rien de considérable, et mon régiment s'en alla sur la fin de la

1. Créé « Vaubrun » en 1673, ce régiment appartint pendant près de vingt ans à la famille de Montbas. Jean-François, auteur de ces *Mémoires*, en fut mestre de camp de 1675 à 1693; il le donna, le 28 avril 1693, à son neveu François, lequel se fit tuer à la Marsaille, le 4 octobre suivant; François II de Montbas, frère du précédent, reprit le 30 octobre le commandement de « Montbas-Cavalerie »; il ne le conserva que jusqu'en février 1694, où il mourut des suites des blessures qu'il avait lui-même reçues à la Marsaille. Faute d'un Montbas disponible, le Roi donna alors à M. de Vienne le régiment qui devait être plus tard le 46e régiment de cavalerie de l'ancienne armée.

2. A Salzbach, le 27 juillet 1675.

campagne en garnison en divers endroits aux environs de Lyon, d'où nous repartîmes pour aller, la campagne suivante, servir dans l'armée de Catalogne sous les ordres de M. le duc de Navailles [1] qui en était le général. Dans le commencement de cette campagne, où il ne s'y passa rien de considérable, le régiment du Chevalier Duc [2] et le mien eurent ordre de partir de cette armée pour prendre des quartiers aux environs de Toulon, afin de s'embarquer quelque peu de temps après pour aller à Messine, où le Roi avait des troupes assez considérables sous les ordres de M. le maréchal de Vivonne qui était vice-roi en ce pays-là [3]. On ne se contenta pas encore d'y envoyer ces deux régiments, car quelque temps après que nous y fûmes arrivés, on y envoya encore le régiment de La Haze, autrement dit Verdelin, dont est ci-devant parlé; on y envoya aussi le régiment de d'Audigeau-Dragons, qui a été depuis le régiment d'Asfeld [4].

C'était une si grande épouvante à cette cavalerie

1. Philippe de Montaut de Bénac, duc de Navailles, né en 1619, mort le 5 février 1684; gouverneur d'Aunis et de La Rochelle le 12 septembre 1665, maréchal de France le 30 juillet 1675, avec le commandement de l'armée du Roussillon.

2. Ce régiment fut créé en mars 1674 pour le chevalier Duc, « gentilhomme piémontais »; il devint, par la suite, le 37ᵉ régiment de cavalerie de l'armée royale (« D'Andlau-Cavalerie » en 1738).

3. Louis-Victor de Rochechouart, duc de Mortemart et de Vivonne, né le 25 août 1636, mort le 15 septembre 1688, était le frère de madame de Montespan et de l'abbesse de Fontevrault. Maréchal de camp en 1652, général des galères en 1669, il fut nommé vice-roi de Sicile le 9 janvier 1675. L'expédition fut malheureuse : la jalousie de l'intendant Colbert du Terron, la rareté des approvisionnements, la fatigue des troupes décimées par la maladie, empêchèrent toute action suivie; deux attaques sur Syracuse échouèrent. En 1678, le corps expéditionnaire se réembarqua pour la France.

4. Le régiment d'Audigeau-Dragons, levé en 1676 (14ᵉ dragons de l'armée royale sous Louis XV).

que de la faire passer un trajet sur mer aussi éloigné, que dans le régiment du Chevalier Duc et le mien, qui en eurent les premiers les ordres, la plupart de nos officiers étaient au désespoir; j'étais à la chasse quand on m'en vint apporter la nouvelle; et je vous assure, nos descendants, que quoique je n'eusse pas cette épouvante comme les autres, néanmoins je ne laissais d'en avoir quelque chagrin; mais comme il n'est pas d'un homme de guerre de paraître aucune faiblesse, je pris une démarche toute contraire; j'allai trouver le Chevalier Duc dont j'étais ami, et qui était plus ancien mestre de camp que moi; je le trouvai dans une désolation épouvantable de cette nouvelle. Je lui dis : « Mon ami, tous les chagrins que nous en pourrions avoir ne nous empêcheront pas d'y aller, car nous ne mériterions pas de porter d'épées à nos côtés si nous étions capables de rien refuser pour le service du Roi; et, comme c'est une nécessité absolue, il en faut paraître joyeux, quoique nous ne le soyons point. » A quoi il me répondit : « Je vois bien que vous avez raison, mon ami, je ne balance point à faire mon devoir et y aller; mais pour prendre un air gai, je ne saurais pas sitôt trahir mes sentiments, et à l'heure qu'il est, que vous allez voir monsieur le duc de Navailles, je ne saurai vous y accompagner, mais j'irai ce soir quand mes esprits seront un peu plus remis. »

Je partis donc de là et je m'en allai chez M. le duc de Navailles, et comme j'ai eu toujours beaucoup d'amis dans les troupes, quantité de gens s'en vinrent audevant de moi pour me témoigner le chagrin qu'ils avaient de l'ordre que mon régiment venait de recevoir, à quoi je leur répondis : « Si vous êtes bien de mes amis,

vous vous en devez réjouir avec moi au lieu de vous
en affliger, car si cela m'aurait dû faire de la peine,
je n'aurais pas demandé d'y aller ainsi que j'ai fait. »
Ce fut à tous une surprise extraordinaire; et pour leur
faire goûter les raisons que j'en pouvais avoir, je leur
dis que dans une grande armée comme celle où nous
étions lors, où il y avait une infinité de braves gens
et de service, que quelque chose que j'eusse pu faire,
cela ne pouvait être distingué, mais qu'en Sicile, où
nous ne serions qu'une poignée de gens et principalement de cavalerie, pour ceux qui feraient leur devoir,
cela brillerait davantage que si c'était dans une grande
armée. Et cela parut si vraisemblable, de la manière
que je le disais, qu'abordant M. le duc de Navailles,
auquel quelqu'un qui m'avait entendu lui en avait
fait le rapport, dès qu'il me vit, il me dit : « Est-ce
possible, monsieur, que vous ayez demandé d'aller
avec votre régiment à Messine? » A quoi je lui répondis :
« A la vérité, monsieur, ce m'est un honneur très considérable que d'être avec mon régiment dans votre
armée; mais si j'ose me servir d'un proverbe, on dit
qu'il n'y a dévotion que de nouveau prêtre. Voici là
ma première campagne de colonel; notre armée est
composée d'une très grande quantité de braves gens
et bons officiers; je demeurerais dans le nombre sans
me pouvoir distinguer pour parvenir à quelque élévation. Ainsi, monsieur, j'espère que vous pardonnerez
à l'ambition d'un gentilhomme qui ne vous en honore
pas moins et qui est votre très humble serviteur. »

A cela, M. de Navailles me dit que bien loin de m'en
blâmer, il m'en estimait beaucoup et que même il
serait à souhaiter que tous les officiers du royaume

eussent les mêmes sentiments, puisque ce devait être l'ambition seule de s'élever qui nous devait faire agir; il me demanda ensuite si je voulais un jour de séjour dans son armée avant mon départ, afin de donner le temps à un chacun de s'apprêter pour un si grand voyage; à quoi je lui répondis qu'il n'était pas naturel de donner du temps aux troupes pour faire la volonté du Roi, et qu'ainsi le plus tôt était le mieux; que quant à mon égard, j'étais prêt à partir dès le lendemain matin; enfin nous nous en allâmes, le Chevalier Duc et moi, avec nos régiments, suivant la route à nous envoyée de la Cour, aux environs de Toulon où nous fûmes départis en divers quartiers, attendant le temps de l'embarquement.

Et j'avais paru tant de joie extérieure que cela raffermit les cavaliers de mon régiment, ce qui fit qu'il y en eut fort peu qui désertèrent : ce qui ne fut pas de même de ceux du régiment du Chevalier Duc, où il y eut beaucoup de désertions. Mais à l'égard des capitaines et quelques autres officiers de mon régiment, la plupart se plaignaient extrêmement de moi, disant que je les sacrifiais à mon ambition; c'est ce qu'ils ne disaient point devant moi, mais ce qui m'était rapporté et dont je ne faisais aucun semblant de le savoir.

Cela vous doit faire comprendre, mes chers descendants, que quand il vous arrivera quelque chose où il ira de votre honneur de l'accomplir, avalez, pour ainsi dire, la pilule de bonne grâce et témoignez toujours de la joie de faire votre devoir, puisqu'il faut toujours que vous le fassiez, et qu'en le faisant de bonne grâce cela vous attire une estime générale de tous les gens de bien et d'honneur.

Quand nous eûmes débarqué en Sicile, ce fut à Augouste [1] où nous fîmes notre premier débarquement. M. de Vivonne ayant envoyé au-devant de nous pour nous y faire débarquer, on commença depuis le matin jusqu'après midi, et quand nous fûmes débarqués, il fut question d'aller au fourrage, et comme étant la seconde personne de ces deux régiments, je fus destiné pour aller commander ce fourrage que l'on devait faire dans des lieux où les ennemis nous attendaient. En y allant, toutes les apparences étaient que nous ne pourrions fourrager que au préalable nous n'eussions donné un combat et battu ces gens-là; car jamais gens au monde n'ont témoigné plus de fermeté que ce qu'ils faisaient dans leurs postes; mais voyant que nous les abordions, ils nous firent une décharge générale d'assez loin pour n'incommoder quasi personne, et puis se mirent à fuir; cet heureux commencement fit connaître à nos Français nouvellement débarqués qu'il n'était pas nécessaire de s'étonner du bruit de ces gens-là. Ensuite il nous revint un second ordre de M. de Vivonne, de nous rembarquer dans les vaisseaux qui nous avaient apportés étant encore au port, ce qui fut exécuté; et nous arrivâmes à Messine, où nous avons demeuré près de deux ans, et comme nous n'avions guère d'ennemis sur les bras, il ne s'y passa pas d'occasion fort mémorable [2].

Je dirai pourtant qu'il y avait un lieu nommé La Castanie, qui était à quatre ou cinq lieues de là, sur une montagne où les ennemis étaient. M. de Vivonne

1. Augusta.
2. L'Espagne n'étant pas en mesure de réprimer par la force le soulèvement de la Sicile, l'expédition française se réduisit à une simple occupation.

me fit l'honneur de me donner le commandement de les attaquer, et pour ce mon régiment y était en son entier, des détachements du régiment du Chevalier Duc, et un régiment messinois et deux détachements considérables des régiments de Cursol et de Louvigny. M. de Vivonne me donnait ce grand nombre de troupes, eu égard à ce qu'il avait de gens, pour n'avoir pas le démenti de la prise de ce lieu et d'en débusquer les ennemis; mais il n'en était pas besoin, car les ennemis sachant ma marche s'en allèrent, et quand j'abordai ce lieu, je n'y trouvai personne que les habitants, les ennemis s'étant retirés à un petit fort nommé Sépadafore [1]. Quand je vis cela, étant arrivé d'assez bonne heure au dit lieu de la Castanie, je renvoyai à Messine les détachements de Cursol et de Louvigny, jugeant bien que M. de Vivonne en aurait besoin à Messine et que j'étais assez fort pour me maintenir dans le lieu où j'étais, et même pour faire l'attaque de Sépadafore que je fis deux jours après être arrivé à Castanie. Les ennemis s'y défendirent un peu, mais enfin la résistance ne fut pas de longue durée, car au bout de deux ou trois heures, les ayant forcés, ils se retirèrent à Mélas [2] qui est une assez grande ville au bord de la mer; j'établis garnison dans Sépadafore; et comme Mélas est sur le bord de la mer, les eaux y sont extrêmement mauvaises, étant contraint d'avoir dans quasi chaque maison des citernes dans lesquelles se gardent les eaux qui tombent de la pluie qui descend de dessus les toits des maisons.

1. Spadafora fut pris, en juin 1675.
2. Milazzo, attaqué plusieurs fois sans succès.

Mais il y a une fontaine parfaitement bonne et qui donne quantité d'eau, laquelle fontaine est située entre Sépadafore et Mélas, à peu près la moitié du chemin. D'un autre côté, à Sépadafore il n'y avait point d'eau et ne servait d'ordinaire que celle de cette fontaine. Il y avait tous les jours des combats de ceux de Mélas avec la garnison de Sépadafore, et comme je rafraîchissais incessamment ceux de Sépadafore lorsqu'il en était besoin, en leur retirant leurs blessés ou leurs malades et y envoyant des gens frais pour les remplacer, il n'est pas possible de dire à quel point ce petit endroit incommodait cette grande ville de Mélas. Ils firent mine deux fois de l'attaquer, mais ils n'osèrent jamais entamer la question, car j'étais trop à portée de secourir Sépadafore s'il en eût été besoin.

D'un autre côté où je n'étais pas, M. le maréchal de Vivonne attaqua l'Escalette [1], place forte où il trouva beaucoup de résistance, mais après douze ou quinze jours de tranchée ouverte il s'en rendit le maître; et par un détachement qu'il fit de ses troupes il envoya pour attaquer Libiscau et Tavormine [2] que l'on prit sans beaucoup de résistance; quoique ce fût pour nous des postes fort avantageux, ce qui devait beaucoup préjudicier aux ennemis, le monde qu'il fallait pour les garder diminuait le corps de troupe qu'avait M. le maréchal de Vivonne.

J'oubliais de dire que l'on avait attaqué Mélitie [3], qui fut quasi prise d'emblée, après quatre ou cinq heures de résistance, par un détachement de notre

1. La Scaletta.
2. Taormina.
3. Melilli fut emportée d'assaut en septembre 1675.

petite armée commandé par M. de Mornas, lieutenant
général.

Il est à remarquer que le chevalier d'Asnières, jeune
homme et sous-lieutenant dans une compagnie d'infanterie nouvellement débarquée à Messine, s'était dit
de mes neveux, sans être mon parent, mais à cause
de l'alliance qu'il avait avec mes neveux d'Asnières.
Je lui fis donner une compagnie d'infanterie par le
crédit que j'avais auprès de M. le maréchal de Vivonne,
vice-roi, qui me regardait comme un assez bon officier
qui lui était utile pour le service du Roi, et d'ailleurs,
j'avais l'honneur d'être son parent. J'avais mis le susdit chevalier d'Asnières dans la susdite petite place
de Sépadafore avec sa compagnie, qu'encore bien
qu'elle ne fût pas à moitié complète, je la faisais payer
comme si elle l'eût été, et je lui rafraîchissais de monde
incessamment autant qu'il en pouvait avoir besoin,
parce qu'il s'y faisait journellement de petites escarmouches où il y avait toujours quelqu'un de tué, ce
qu'il était nécessaire de remplacer. D'autre côté,
comme c'était éloigné de Messine, les commissaires ne
venaient point faire de revue, de sorte, comme j'ai dit,
dans tout le temps que le chevalier d'Asnières demeura
à Sépadafore, il en eut plus de deux cents louis d'or
de reste; quand il fallut quitter ces pays-là, sa compagnie n'étant quasi plus rien et étant réformée, puis
étant en France je l'avais mis en si bons prédicaments
auprès de M. le maréchal de Vivonne, que se trouvant
une compagnie vacante dans son régiment, il la donna
au chevalier d'Asnières; ce qui fait son élévation
d'aujourd'hui, dont il m'a payé de toutes les ingratitudes possibles. Mais comme ce n'est point de mes

parents, bien loin de les vouloir écrire, je souhaiterais les pouvoir effacer de ma mémoire s'il m'était possible.

Avant que de sortir de mon voyage de Messine, il faut que je dise encore une chose qui m'y arriva, c'est que l'on avait entrepris d'aller camper au pied du mont Etna, autrement dit le mont Gibel, pour donner jalousie aux ennemis du côté de Cataigne [1], tandis que M. de Vivonne faisait embarquer la plus grande partie de son infanterie pour faire une descente à Saragouse, qui est nommée vulgairement dans les romans Siracuse. Cette descente n'eut pas son effet comme on l'avait prétendu; nos vaisseaux revinrent à Messine; notre cavalerie était campée, comme je viens de dire, au pied du mont Gibel où le territoire est tout de cendre fort subtile, et, pour peu de marche que la cavalerie fît, cette cendre s'attachait si fort au visage qu'il ne suffisait pas, pour l'ôter, de se frotter, mais il fallait que ce fût avec du vinaigre et du sel, ou autre chose de cette nature; à force de se frotter on se débarbouillait. D'un autre côté, il y a une rivière qui descend de cette montagne, dont l'eau est si extraordinairement froide, que l'on aurait pu voir pour ainsi dire un ciron au fond; et comme ce pays-là est fort chaud, nos troupes en buvaient avec plaisir. Il est encore à remarquer que quoique le terrain y soit bien labouré et cultivé, les habitants du pays vont habiter à deux ou trois lieues de là et s'en retournent couper les blés dans le temps de la moisson et les transportent incessamment chez eux pour les battre, disant que l'air y est infecté pendant ce temps-là. Quoi que c'en

1. Catane.

soit : de l'air, de cette eau, et de cette cendre, ou plutôt des trois ensemble, la moitié de l'armée mourut en quinze jours de temps que nous y fûmes campés, et l'autre était malade.

Il faut revenir à dire qu'à Messine les bourgeois ne logeaient point les officiers des troupes, mais que chaque officier était obligé de louer une maison, pour une année, et sans aucun meuble, personne ne voulant demeurer avec les Français. Ainsi j'avais pour mon argent la plus grande et la plus spacieuse maison de Messine, et néanmoins qui ne m'était pas chère, parce qu'elle avait la réputation que les diables y revenaient ; et de fait il y avait près de trente ans, à ce que l'on disait, que les propriétaires n'y avaient pas logé ; cependant, je fus heureux de cette erreur, car plus d'un an que je l'ai eue en ma possession, je n'y ai jamais rien entendu ni vu ; cette maison était donc si grande que je n'en pouvais pas occuper le quart, ainsi, quantité d'officiers de mon régiment m'y venaient demander logement, que je leur accordais sans en tirer aucun paiement.

Pour revenir à la maladie de notre camp entre le mont Gibel et Cataigne, où tout le monde mourait, quantité de gens de mon régiment me venaient demander congé et à mon dit sieur de Cazeau, sous prétexte de leur maladie, dont effectivement il y en avait qui véritablement étaient malades, et d'autres que la peur de le devenir leur faisait aussi dire qu'ils l'étaient. De tous ces gens-là, il y en avait bien auxquels je n'avais pas encore accordé de logement dans mon logis, à Messine, mais tous m'en venaient demander, de sorte que moi qui aime à faire plaisir, j'y avais mis autant de gens qu'il s'y en pouvait mettre.

Mais cela faisait qu'encore bien que je fusse attaqué du même mal, je ne voulus point m'en retourner à Messine; j'aimai mieux hasarder de demeurer dans le camp que de m'en aller; car si moi, qui commandais la cavalerie de ce camp, m'en fusse retourné, M. de Cazeau n'aurait possible pas été le maître d'empêcher chacun des officiers de s'en retourner. Enfin, les ordres vinrent de la part de M. de Vivonne pour notre décampement; nous ne fîmes point dix lieues qu'il y avait pour se rendre à Messine, passant par Tavormine, que de dix pas en dix pas nous ne trouvions en chemin que morts ou mourants.

Lors, je ne fis plus de façon de monter à cheval autant que j'eus de force, pour m'en aller à Messine avec quelques cavaliers de ma compagnie que je pris pour m'escorter, tous mes valets étant malades. Je les avais envoyés du camp à mon logis de Messine, et je crus, en arrivant dans cette maison, y trouver des officiers convalescents qui viendraient au-devant de moi, ou du moins de mes valets qui apparemment se devaient mieux porter. Mais en arrivant, je trouvai dans une grande cour qu'il y avait un silence affreux; personne ne répondant, je mis pied à terre et allai dans l'écurie, où je trouvai trois de mes valets sur la paille, dont un était mort; et les deux autres levant languissamment la tête; je leur demandai où était le nommé du Replat, qui était mon maréchal des logis, que j'avais fait partir de notre camp quelques jours avant que nous en décampions, pour aller à Messine prendre soin de tous les gens qui s'en allaient journellement malades à mon logis. Ces pauvres malades me dirent qu'il était allé faire faire des fosses pour ceux qui étaient morts. Ensuite de quoi, je montai les degrés, dans les marches duquel je trouvai cinq ou six corps morts; j'avoue que j'eus lors quelque appréhension et pris résolution de ne point demeurer dans ce logis. Mais comme j'y avais des papiers qui m'étaient considérables et de l'argent, je voulus retirer cela, et passant par devant une chambre où il y avait le lieutenant mestre de camp de ma compagnie, et un autre lieutenant et un capitaine de mon régiment, je voulus entrer pour savoir comme ils se portaient; mais trouvant la porte fermée à clef, mon lieutenant seul me répondit de son lit et me dit que les deux autres étaient morts. Je m'ôtai de là au plus vite; et voulant toujours aller à ma chambre pour retirer mes papiers et mon argent, je passai par devant le lieu où l'on avait accoutumé de faire ma cuisine, où je trouvai deux de mes valets morts et mon trompette qui allait rendre les derniers soupirs. Tout cela me fit toujours presser d'aller dans ma chambre, où je trouvai une femme d'un cavalier de ma compagnie, qui était auprès d'un petit garçon que j'avais renvoyé du camp malade avec sa mère; et demandant à cette femme pourquoi la mère de cet enfant n'était pas là pour soigner son fils, elle me dit : « Eh! ne la voyez-vous pas là? » laquelle était morte au coin de la chambre. Je pris dans ma cassette qui était dans un coffre, mon argent et mes papiers, et je m'en allai : où je trouvai encore les mêmes cavaliers que j'avais amenés qui tenaient mon cheval.

Lors quand je fus remonté je ne savais où donner de la tête, personne ne m'aurait voulu recevoir, et j'étais fortement attaqué du même mal; mais comme

Dieu ne m'a jamais abandonné et que c'est dans les urgentes nécessités où il se faut le plus se soutenir, j'allai chez un capitaine suisse qui était de mes amis, nommé Clarez, lequel avait été au camp, et n'y était point tombé malade; il n'était pas encore arrivé. J'allai chez lui, et trouvant de ses domestiques, je leur dis qu'ayant été averti dès le camp que la peste était dans mon logis, leur maître m'avait offert une partie du sien, et qu'ainsi je n'avais eu garde de l'aborder, quoique j'en vinsse ainsi que je le viens de dire; mais leur disant cela avec un visage riant, quoique je fusse pénétré de douleur, ces valets me crurent et je fis tendre mon lit de camp dans un appartement qu'ils me donnèrent dans cette maison. Et peut-être deux heures après, leur maître arriva, qui aurait, je crois, bien voulu que je n'eusse pas été là; mais enfin il prit la chose de bonne grâce, et s'éloigna le plus qu'il put de moi et ne me vit point. Cependant, les cavaliers que j'avais amenés me sollicitèrent du mieux qu'ils purent et renvoyèrent leurs chevaux à leurs camarades qui restaient de ma compagnie, car pour cinquante chevaux on ne trouvait que deux ou trois hommes pour les faire boire; cependant, j'envoyai quérir le dit sieur du Replat, mon maréchal des logis, que j'avais envoyé quelque temps devant à Messine pour prendre soin de ma maison, qui n'était pas tombé malade; et comme c'était un homme qui avait quelque esprit, je crus que à force d'argent il trouverait un lieu à mettre ce petit garçon qui était malade et cette femme de cavalier pour en prendre soin; mais il me dit qu'il n'en était pas besoin, puisque ce pauvre petit garçon venait de mourir.

Ensuite, la fièvre me quitta et se termina par une maladie qui me dura près de deux ans, si extraordinaire que des plus habiles médecins l'ont écrite. La fièvre m'ayant quitté, on me purgea, et cette purgation eut son effet ordinaire ce jour-là, et le lendemain continua. Les médecins d'Italie qui me traitaient crurent que c'était un effort de la nature qui expulsait son venin au dehors; mais au bout de douze ou quinze jours, voyant toujours le même effet, on vit cela si extraordinaire que l'on remarqua que c'était du pus que je rendais, de la consistance de plus d'un grand verre par jour. Des médecins disaient que c'était le chyle; mais ayant recours à des médecins français, la plupart dirent que c'était un ulcère au mésentère, parce que étant véritablement du pus, il fallait de nécessité qu'il y eût ulcère, qui ne pouvait être au-dessus du diaphragme, parce que j'aurais dû avoir difficulté de respirer, ce que je n'avais point; et que s'il était au-dessous du diaphragme, j'aurais dû avoir des douleurs extrêmes dans le bas-ventre, ce que je n'avais point; mais cela me desséchait tellement que dans peu de temps tout mon corps devint comme un squelette et par toutes les jointures la peau était percée.

C'était dans ce temps-là que M. le maréchal de la Feuillade [1] arriva à Messine pour y relever M. le maréchal de Vivonne, lequel s'en retournant en France voulut absolument que je m'embarquasse avec lui [2]

1. François d'Aubusson, duc de La Feuillade et de Roannais, né en 1631, maréchal de France le 30 juillet 1675.

2. Le maréchal de La Feuillade arriva en Sicile le 20 février 1678 pour relever de son commandement le maréchal de Vivonne et mettre fin à l'occupation française en rapatriant les troupes. Cette délicate opération, qui devait être exécutée sous les yeux de l'ennemi, s'effectua sans difficulté

Quand je fus débarqué à Toulon, je me fis porter en litière à Montpellier, où un médecin nommé Barberas me dit que je pourrais guérir, mais qu'il me faudrait plus d'un an de remèdes avant que l'on en pût venir à bout. Dans l'état où je me trouvais lors, je n'étais point en état de supporter de longs remèdes, et craignant de mourir dans l'opération, je me résolus d'aller mourir à Paris. Et pour cet effet, montant en litière, j'allai jusqu'à Lyon, où l'on me dit qu'il y avait deux médecins admirablement bons, qui étaient le père et le fils nommés Falconet[1], lesquels me demandèrent trois fois vingt-quatre heures de séjour pour m'examiner, et puis qu'ils me diraient leurs sentiments, savoir si j'en mourrais ou si j'en guérirais, ainsi que je les avais priés de me dire sans me flatter. Ils me dirent : « Puisque le séjour que vous avez fait en ce lieu n'a été que pour savoir nos sentiments, et que vous n'êtes pas un homme à vous alarmer, nous sommes obligés en conscience de vous dire que vous pouvez aller encore quelque peu de temps, mais l'humeur radicale se dessèche tous les jours, et ne demeurera pas longtemps, dans les apparences, à être finie; ainsi, monsieur, prenez vos mesures là-dessus; il n'y a point de remède; tous ceux que l'on vous pourrait

dans le plus grand mystère. Lorsque les contingents français, y compris les infirmes et les malades, furent embarqués à bord de la flotte qui devait les ramener en France, et la flotte elle-même hors de la portée du canon de la place, La Feuillade avisa les notables de Messine que le Roi avait besoin de toutes ses forces pour repousser l'invasion et les abandonnait à leur sort. Ému de leur consternation, il autorisa ceux qui le désiraient à s'embarquer avec lui. En vingt-quatre heures, 1 450 familles, avec leurs biens les plus précieux, se réfugièrent à bord des 120 galères du Roi qui attendaient au large. Le 9 avril, après une traversée dangereuse, La Feuillade rentrait à Toulon, n'ayant perdu ni un homme, ni un vaisseau.

1. André et Noël Falconet.

donner ne feraient que vous dessécher davantage et avancer la fin de quelques jours. »

Je repris là une autre litière, car j'avais renvoyé celle que j'avais pris à Montpellier, et m'acheminant sur le chemin de Paris, je passai dans un lieu où l'on me dit qu'il y avait un médecin expert, qui faisait beaucoup de bruit dans le royaume, que l'on nommait le médecin de Beu, qui avait une connaissance particulière pour les urines; je lui en envoyai de la mienne, et sans lui avoir mandé mon mal, ni que personne lui en eût rien dit, il dit que j'avais un ulcère au mésentère, mais qu'il ne savait point de remède pour me guérir. Enfin je continuai mon voyage et arrivai à Paris, auquel lieu je fis faire une consultation célèbre de quantité des meilleurs médecins; il y avait MM. Brayer, Moreau, Vesou, Morins et du Bellay; tous concluaient que je n'en pouvais pas revenir; cependant ce médecin nommé du Bellay, qui était médecin de mademoiselle de Montpensier, dit aux autres que puisqu'il y avait apparence que je ne reviendrais pas de ce mal, il m'allait traiter comme il pourrait, ce que j'acceptai avec plaisir, sans néanmoins avoir nulle espérance.

D'abord, il me fit donner les eaux de Sainte-Reine qui me firent quelque bien, mais ce bien ne me dura guère; ensuite il me donna de la poudre de cléoporte avec du petit-lait. Effectivement, d'un verre de pus que je faisais tous les jours, cela diminua la moitié, et même il semblait que les chairs se voulaient reprendre dans les fractures de la peau qui avait percé aux jointures. Cependant, j'eus beau continuer ce remède, je n'y sentais plus de soulagement, car je faisais encore tous les jours un demi-verre de pus. Ainsi, je ne me pouvais rétablir. M. du Bellay, notre médecin, m'ordonna les eaux de Vichy en Auvergne, où mon régiment était dans ses quartiers et environs au retour de Sicile, parce que peu de temps après que M. le maréchal de Vivonne en fut parti, M. le maréchal de la Feuillade en retira toutes les troupes du Roi, avec les vaisseaux et les galères de Sa Majesté. Étant arrivé à Vichy, dès que je commençai de prendre des eaux après les préparations nécessaires, au lieu de bien, elles me firent du mal et me donnèrent la fièvre, et même ne passaient point. Je m'en retournai à Clermont, où était ma compagnie en garnison, et les autres compagnies de mon régiment aux environs de ce lieu-là.

Quoique je crusse aller mourir, j'avais néanmoins une certaine joie d'avoir joint mon régiment. J'y étais parfaitement aimé : ainsi, tous les capitaines me venaient voir quasi tous les jours, même la plupart se vinrent loger pour leur personne à Clermont, quoique leurs compagnies n'y fussent pas, pour être auprès de moi, et de plus l'intendant y était. J'y recevais, tous les ordinaires, des nouvelles de M. de Louvois, afin de remettre le régiment en état de bien servir; il est vrai que nous avions tous de bons hommes, mais on ne nous avait embarqué en revenant de Sicile que huit chevaux pour moi, six pour mon major, quatre pour chaque capitaine, deux pour chaque lieutenant et trois à partager entre le cornette et le maréchal des logis, avec douze chevaux de cavaliers par compagnie qui était de cinquante mestres; ainsi, les trois quarts de nos cavaliers, étant à pied, n'avaient

pu porter leurs armes ni leurs hardes, qui s'étaient
dissipées et perdues; de sorte que l'intendant d'Auvergne où nous avions nos quartiers avait des ordres
secrets de la Cour de nous bien traiter et nous faire
trouver notre compte; et outre cela nous reçûmes deux
mille francs par compagnie pour remettre nos cavaliers
d'habits, manteaux, bottes, armes, selles, brides, enfin
tout ce qu'il convenait, à l'exception des chevaux,
que M. de Louvois me mandait que l'on m'enverrait
en nature jusqu'au nombre de quarante par compagnie, quoique je ne fusse pas en état d'agir d'aucune
manière. Quand les lettres de la Cour viennent à un
régiment, on s'adresse toujours au colonel ou à celui
qui commande en son absence; ainsi, j'ouvrais les
paquets, je me les faisais lire, et donnais le soin de
tout au major de mon régiment, dont il me rendait
incessamment compte.

Et comme, du reste, je voyais que tous les remèdes
que j'avais faits pendant plus de dix mois n'avaient de
rien servi, et que, bien éloigné de cela, à mesure que
j'en prenais, je m'en trouvais encore plus incommodé,
je résolus de n'en plus prendre et de mourir à la tête
de mon régiment en marchant toujours avec lui. De
sorte que je ne faisais plus aucun remède; je ne mangeais
que de bons aliments (j'avais toujours conservé mon
appétit); les officiers de mon régiment venaient tous
les jours jouer dans ma chambre quand cela ne
m'incommodait point, de manière que je me diver-
tissais; et enfin, comme grâce à Dieu j'étais d'un
tempérament robuste, et, par l'assistance que Dieu
m'a toujours donnée en toutes rencontres, je n'avais
point de fièvre, je fis faire une chaise roulante à ressorts

pour marcher à la tête de mon régiment. Enfin, peu
à peu, cette quantité de pus que je rendais journellement se diminuait, et à mesure la nature reprenait
ses forces, ma peau se rejoignait sur mes jointures;
enfin, je commençai à agir par moi-même, et la nature
se rétablissant toujours, je guéris sans aucun remède.

Vous voyez donc, nos chers descendants, que j'étais
obligé, tous les ordinaires, de rendre compte à M. de
Louvois des progrès que je faisais pour le rétablissement de mon régiment, et que, outre ce que l'on
pouvait retirer des quartiers, il m'avait fait toucher
douze mille livres pour les six compagnies de mon dit
régiment et qu'il me devait envoyer quarante chevaux
par compagnie, en nature, qui faisaient le nombre de
deux cent quarante pour le régiment; lesquels chevaux
il me devait faire conduire à Clermont où j'étais, de
sorte que j'avais acheté, tant pour les chevaux de
recrue que ceux qui étaient revenus de Messine, trois
cents de toutes choses, comme de selles, de brides, et
le reste, comme j'ai dit ci-dessus. Cependant les ordres
nous arrivèrent à Clermont d'en partir incessamment
avec armes et bagages, et que nous trouverions les sus-
dits chevaux à Gray, en Franche-Comté. Vous pouvez
concevoir l'embarras où j'étais d'avoir toutes ces
emplettes qui étaient faites à charrier. L'intendant,
comme j'ai dit, ayant des ordres secrets pour nous
bien traiter, entra dans nos peines et nous fit fournir
autant de voitures qu'il put. Notre route étant de
passer à Moulins en Bourbonnais, l'intendant nous fit
aussi fournir des voitures, et nous renvoyâmes celles
de Clermont, mais comme nous n'en pouvions trouver,
vu la grande quantité qu'il nous en fallait, que par les

ordres des intendants des lieux où nous devions passer, ce me fut une nécessité de mener celles de Moulins jusqu'à Dijon où nous avions séjour.

Les charretiers, dès le soir que nous y arrivâmes, ne manquèrent pas de s'aller plaindre à l'intendant, lequel me dit les plaintes que l'on lui venait de faire ; à quoi je lui dis que ces gens-là avaient raison, mais qu'il m'avait été impossible de faire autrement, attendu toutes les raisons que j'ai ci-devant dites, et que s'il m'en voulait promettre d'autres, je ne demandais pas mieux que de renvoyer les charrettes que j'avais amenées. Il me promit que le lendemain au soir il me serait fourni toutes les charrettes nécessaires ; et ce soir étant venu, les charrettes n'arrivèrent point : ce qui fit que j'allai trouver M. l'intendant pour lui en faire mes plaintes ; à quoi il me répondit que je ne me misse en peine de rien, qu'il avait envoyé les ordres nécessaires, et que assurément le lendemain matin les dites voitures seraient arrivées pour être chargées bien avant que je dusse partir. Cependant, le matin, nous ne vîmes aucune charrette. Je m'en allai chez l'intendant et entrant dans sa chambre pour lui faire mes plaintes, il entra dans son cabinet et me ferma la porte au nez sans me vouloir parler.

Dans cette urgente nécessité, voici le parti que je pris. D'abord, premièrement, nos chers descendants, vous saurez que pour tenir une chose bien secrète, il ne la faut dire, à moins d'une nécessité, à qui que ce soit au monde ; je commandai donc aux commandants de chaque compagnie de faire généralement sans exception porter toutes sortes de bagages sur le dos des cavaliers et valets jusqu'à un lieu que j'avais désigné

pour cela, qui était hors de la ville et hors de la portée
du mousquet. Tous ces commandants de compagnie
étaient fort en peine de savoir ce que je prétendais
faire. Moi, ne leur en voulant pas dire la raison, je
leur dis que je voulais être obéi. Il y en avait bien
quelques-uns qui murmuraient, mais enfin, je le fis
faire comme je l'avais souhaité. Cette manœuvre
paraissait être si extraordinaire que tous les bourgeois
de la ville venaient la voir par étonnement. Quand
tout fut porté dans le même lieu, je fis faire deux
petits détachements, chacun de cinq ou six hommes à
cheval, commandés l'un par le major, et l'autre par
l'aide-major, pour visiter par toute la ville pour voir
s'il n'y avait point de nos gens, et les faire sortir au
plus vite, soit de bon gré ou par force. Quand il n'y
eut plus personne dans la ville, je fis monter soixante
maîtres à cheval, que je partageai en quatre, qui
étaient quinze chacun commandés par deux officiers
à chaque détachement, auxquels je commandai d'aller
à une lieue ou lieue et demie par quatre endroits différents et opposés les uns aux autres, pour me ramener
de gré ou de force toutes les voitures de chariots ou
charrettes qu'ils pourraient rencontrer. Cependant,
j'avais fait mettre autour de nos bagages deux
cents cavaliers à pied avec leurs mousquetons, et
comme il y avait là toutes sortes de bourgeois qui
étaient à voir cette manœuvre, je fis monter douze
cavaliers à cheval commandés par un lieutenant, avec
quelques bâtons, pour chasser tous ces bourgeois,
prenant garde néanmoins de ne les estropier ni tuer,
ce qui fut fait si régulièrement, que j'eus peur que l'on
en fît trop.

La rumeur fut grande dans la ville; mais comme il
n'y avait plus personne de nos gens dedans, et qu'on
n'aurait pas pu tuer ce que nous étions là de gens sans
y faire périr beaucoup de monde, ils me laissèrent
en repos et n'eurent plus de curiosité. Cependant,
M. l'intendant m'envoya son subdélégué pour me
prier de sa part de lui venir parler; auquel je dis que
comme le fort de M. l'intendant avait été son cabinet,
lorsque je lui avais voulu faire honnêtement mes justes
plaintes, le mien était auprès des bagages qui appartenaient au Roi et que je ne pouvais quitter; qu'ainsi,
si M. l'intendant voulait me parler il n'avait qu'à
venir. Peu de temps après nous vîmes quantité de
poussière venir à nous par différents endroits, ce qui
était nos détachements qui nous amenaient chacun
beaucoup de charrettes; de sorte que j'en eus tout ce
qu'il m'en fallut et même davantage, et comme lors
je faisais charger sur ces charrettes tous nos bagages,
quantité de présidents et conseillers du Parlement me
venaient demander leurs charrettes, et, ne pouvant
obliger les uns sans désobliger les autres, je n'en rendis
pas une à ces messieurs, lesquels s'en retournèrent fort
mal satisfaits de moi. Il y en eut quelques-uns qui me
renvoyèrent leurs femmes et leurs filles dans des
carrosses, mais enfin, avec beaucoup de civilité, je les
refusai toutes.

Il est à remarquer que M. l'intendant était parfaitement bien avec M. de Louvois; et ne doutant point
qu'il écrirait en Cour pour me faire donner une grosse
réprimande, j'écrivis à M. de Louvois sur-le-champ le
plus succinctement qu'il me fut possible, mais lui
mandant néanmoins toutes les choses comme vérita-

blement elles s'étaient passées, et envoyai ma lettre non dans la ville de Dijon, mais à Gray, où nos chevaux nous attendaient, où on la mit à la poste. Et marque que je n'avais point failli, c'est que je n'en ai eu aucune réprimande de la Cour. Cela vous doit faire comprendre, nos chers descendants, que quand on a raison, il ne faut point balancer à faire son devoir.

CHAPITRE XI

TENTATIVES MATRIMONIALES
D'UN CHEVALIER DE SAINT-LAZARE

Étant toujours en marche à la tête de mon régiment, nous abordâmes Verdun d'où l'on distribua plusieurs quartiers des environs aux compagnies qui y furent dispersées; pour moi, je pris un logement à Verdun où tous les ordres pour mon régiment y étaient donnés, où je trouvai le père Dez, Jésuite très considéré dans l'ordre, et qui dans ses commencements (il y avait lors environ quinze années) était le plus habile en controverse que l'on ait jamais vu. La première fois que je le vis, c'était à Sedan, où ma compagnie était en garnison à un lieu nommé Saint-Mange : et comme j'avais quantité de cavaliers de Poitou au moyen de plusieurs recrues que j'y avais faites, les deux tiers de mes cavaliers étaient huguenots; il y en avait aussi pareillement beaucoup à Sedan, où quasi tous les habitants de la ville l'étaient et avaient leur temple

magnifiquement bâti au milieu de la ville; c'est pourquoi ce père Dez avait été envoyé dans le couvent des
Pères Jésuites à Sedan.

Comme il y avait la paix en ce temps-là, j'y demeurai
plus d'un an ou dix-huit mois, pendant lequel temps
vingt-six cavaliers de ma compagnie abjurèrent la
religion calviniste, avec trois de mes valets et quatre officiers du régiment Commissaire Général où j'étais lors;
et tout ce que je peux avoir appris dans l'explication
des Écritures Saintes, ç'a été par les prédications du
Père Dez et les conversations particulières que j'ai eues
avec lui. Et quoique je n'eusse nul penchant pour
d'autre religion que pour la mienne, je me suis toujours
instruit avec ce Père, qui, par bonté pour moi, prenait
autant de plaisir à me montrer que moi à apprendre
de lui : de sorte que quinze ou seize ans après que je
ne l'avais vu, ayant été fait mestre de camp depuis,
je le trouvai, comme j'ai dit, à Verdun où nous
renouvelâmes connaissance et de grandes amitiés.

Et en cette rencontre, il faut que je dise une chose
qui m'arriva, où j'ai été blâmé de beaucoup de gens
et dont j'ai tout lieu présentement d'être consolé.
C'est qu'il y avait une fille qui était une revendeuse
de poissons; d'un autre côté, il y avait un marchand
à Verdun qui vendait en gros et qui faisait très souvent
des marchés avec M. de Louvois, pour l'habillement
des troupes, de quarante et cinquante mille écus. Cet
homme qui faisait un si grand trafic ne laissait pas
d'être extrêmement ménager; hors quelques garçons
pour lui aider à faire son négoce, auxquels il donnait
de gros appointements, il n'y avait qu'une chose en
quoi il faisait de la dépense, encore était-elle bien

réglée, c'est qu'il mangeait à sa table assez bien et faisait bonne chère, et surtout il aimait le poisson; quand il s'en trouvait de beau, il fallait qu'il l'eût à quelque prix que ç'eût été; ainsi, cette revendeuse lui apportait tout le plus beau poisson qu'elle pouvait trouver; entre autres, elle lui en apporta un jour un qui était fort beau. Ce marchand lui dit qu'il n'y avait qu'elle qui lui en pût fournir de pareils, et que si elle le voulait venir servir, lui et sa femme, il lui donnerait plus de gages qu'elle ne pouvait gagner en son métier. Lors cette fille réfléchit sur ce que lui disait ce marchand et lui demanda vingt-quatre heures pour y songer, au bout duquel temps elle fut le retrouver et lui demanda s'il était toujours dans le même sentiment du jour précédent. Ce marchand et sa femme lui dirent que oui, et que si elle les voulait venir servir, elle-même n'avait qu'à dire ce qu'elle voulait gagner, qu'ils lui donneraient même davantage; ainsi, il leur fut aisé de s'accorder sur ce point. Plus cette fille les servait dans leur ménage, et mieux ils s'en trouvaient.

Au bout de deux ou trois ans de ses services, la femme mourut; lors, cette fille dit à son maître que puisqu'il n'avait plus de femme, elle ne croyait pas pouvoir, avec bienséance, rester avec lui et qu'ainsi elle le priait de lui vouloir donner son congé. Cet homme se trouva surpris et embarrassé; cette fille savait toutes les affaires de son maître, avait même la connaissance de la plupart de tous ses registres, sachant très bien lire et écrire et ayant travaillé à tenir des comptes avec défunte la maîtresse. Le marchand pria extrêmement sa servante de ne le point quitter de quelque temps; enfin, à peine put-il

11

obtenir deux mois, cette fille lui disant qu'il était scandaleux qu'elle demeurât dans un logis sans maîtresse : mais avant que ces deux mois fussent expirés, le marchand, ayant peur de la perdre, l'épousa, et au bout de quelques années, cet homme étant extraordinairement riche et qui avait gagné tout son bien, n'ayant point naturellement de parents qu'il aimât, tomba malade de la maladie dont il mourut et donna généralement tous ses biens à sa femme, n'ayant point d'enfant tant de sa première femme que de la seconde.

Cette femme, quoiqu'elle sût parfaitement le négoce de son défunt mari, ne le voulut point faire davantage et vendit tous ses effets, paya tous ceux à qui elle pouvait devoir; et l'on disait que, toutes ses dettes payées, elle se trouvait riche de plus de trois cent mille livres d'argent comptant avec une maison à Verdun; de sorte qu'elle ne manquait pas de gens qui la voulaient épouser. Elle les refusait tous, désirant demeurer veuve le reste de ses jours; et se voyant de si grandes sommes d'argent, et sans enfants, elle ne voulait rien acheter ni mettre en vente, crainte de procès ou d'affaires.

Le père Dez, Jésuite, dont est ci-devant parlé, étant fort de ses amis et confesseur, me la voulait faire épouser, m'assurant que sur sa parole cette femme croirait tout le bien qu'il lui dirait de moi, et que quoiqu'elle n'eût point paru d'envie de se marier une seconde fois, elle m'épouserait : c'était ce dont il me donnait sa parole; de plus, me disant que j'aurais pu faire transporter toutes ces grandes sommes d'argent en mon pays, où je pourrais faire tenir à ma femme le rang qu'il me plairait sans que l'on sût son origine.

Voilà, comme j'ai dit ci-devant, le blâme que quantité de gens de mes amis m'ont donné de n'avoir pas fait la chose. Toute ma vie j'ai souhaité l'approbation générale, mais encore plus la mienne particulière, car ce m'est un plaisir inestimable d'être content de moi-même; je suis né de gens qui n'auraient pas donné les mains que je me fusse mésallié, et j'ai si bien sucé leurs inclinations avec le lait, que si on m'avait proposé un parti deux fois plus considérable que celui-là je ne me serais pas mésallié; quoique je sois né gentil-homme sans biens, je n'aurais pas voulu déchoir de mes ancêtres et il y a paru dans mes deux mariages, puisque, dans le premier, c'était une fille de la maison d'Asnières, petite-fille de ma sœur, d'une maison fort ancienne en noblesse, et que la seconde descendait des seigneurs d'Oiron; du côté de sa mère je ne pouvais ignorer la noblesse, puisque elle portait même nom et mêmes armes que moi. Auparavant mon mariage, je ne croyais point l'épouser : mais par l'attache que j'ai toujours eu à faire du bien, quoique parente si éloignée que j'aurais pu me marier avec sa mère sans dispense, croyant placer cette demoiselle aux chanoinesses de Maubeuge en Flandre où j'y avais une place de retenue, ainsi, j'avais retiré lors ses titres de noblesse en bonne et due forme, et s'il n'avait été ainsi, je ne l'aurais pas épousée : et dirai dans la suite de quelle manière ce mariage a été fait. Mais Dieu m'a récompensé de n'avoir jamais eu d'intérêts bas et honteux, et j'ai toujours fait mon principal plaisir de n'avoir eu de ma vie rien à me reprocher, soit à mon honneur ni à la bonne foi.

Nous demeurâmes donc ensuite assez longtemps les

bras croisés à cause de la paix. Mais la guerre recommença l'année d'après, où il ne se passa rien de considérable pendant la première campagne sur mon compte. Ainsi, je ne dirai qu'une seule chose, qui, encore qu'elle ne soit en aucune façon du monde pour la guerre, néanmoins, fera voir à nos descendants que Dieu m'a toujours aidé et que jamais homme n'a été plus fort dans ses résolutions que moi, ce que je prie nos descendants de suivre principalement quand il faut quitter le vice pour embrasser la vertu.

Je dirai donc, mes chers enfants, comme je l'ai expliqué dès le commencement de ce livre, que mon plus grand vice et celui où j'étais le plus attaché était l'amour des femmes. Il y avait néanmoins plusieurs années que j'avais envie de m'en retirer; mais une maudite inclination naturelle, jointe aux tentations du diable, faisait que ces désirs étaient imparfaits et partant demeuraient sans aucun effet. Nous étions campés en Alsace, assez près du Rhin, dans un village où je vis des femmes de village qui travaillaient ensemble, et entre autres une qui me paraissait fort à mon gré; il y avait des femmes allemandes dans mon régiment, et je parlai à une pour parler à cette femme pour tâcher de la disposer pour moi. Je lui aurais bien pu parler moi-même, puisque je savais parfaitement l'allemand, mais étant toujours avec beaucoup d'autres femmes de ce lieu, il était mieux pour la réussite de mon malheureux dessein que je lui fisse parler par une autre femme; à laquelle elle dit qu'elle voudrait bien m'accorder ce que je demandais, mais qu'elle était gardée quasi à vue de son mari; et m'informant de cet homme, on me dit qu'il allait en divers

endroits pour ceux qui l'envoyaient en le payant. Je
ne manquai pas à le faire venir me parler, et comme
nous étions à dix lieues de Schelestadt, je lui donnai
une lettre pour la porter à un officier qui n'était qu'un
nom que je m'étais figuré, et le tout pour éloigner cet
homme la nuit suivante, le payant grassement pour
cet effet, car cette femme m'avait promis de me venir
trouver dès le soir dans une petite maison du village
où j'étais logé. Mon lit était tendu contre la porte;
et n'ayant pas bien prévu la chose, comme j'étais un
grand chasseur, ainsi que je l'ai ci-devant dit, tous
mes chiens couchaient en bas autour de mon lit. Cette
femme n'arriva pas si tôt qu'elle m'avait promis;
ainsi, je m'endormis en l'attendant; c'était dans la
plus grande chaleur de l'été, où j'étais tout en sueur
dans mon lit; et cette femme ne me venant trouver
que aux environs d'une heure et demie devant le jour,
tous mes chiens se mirent après elle, qui ayant peur,
s'enfuit, et moi voyant ce que c'était, je descendis
de mon lit et courus après tout en sueur et ne l'attrapai
que deux ou trois cents pas de là, dont j'eus toutes
les peines du monde à la faire revenir, ayant eu beaucoup de peur. Cependant, je la fis revenir, mais le
froid m'avait cruellement saisi. Elle s'en alla à la
petite pointe du jour. Il devait venir dîner chez moi
ce jour-là quantité de nos officiers; et me portant
bien le matin, même ayant déjeuné d'assez bon appétit,
quand ma compagnie fut venue et que je prétendais
me mettre à table avec eux, il me prit un tremblement
de fièvre épouvantable. Pour ne pas faire une narration de ma maladie qui ne ferait qu'ennuyer à la lire,
je dirai seulement qu'il fallut m'en aller en brancard,

11.

et passant les montagnes, je fus jusqu'à Toul en Lorraine, où ne pouvant pas aller plus loin, je fus contraint d'y rester ; lors il me fallut donner tous mes sacrements, dont l'Extrême-Onction.

Il est à remarquer ici, mes chers enfants, que j'avais méprisé les divines inspirations du Seigneur : ainsi que je l'ai ci-devant dit, j'avais eu intention de quitter tout à fait ce vice ; mais enfin, c'est ne mériter pas les grâces de Dieu que de ne s'en vouloir pas servir. Ainsi, je fus vivement touché et fis une si forte résolution, que par la grâce de Dieu je n'ai plus péché sur ce sujet, ce qui fut cause des deux mariages que j'ai faits, car auparavant ce temps-là je n'avais point eu le dessein de me marier, et il y paraît, puisque la première fois que je me suis marié, j'étais âgé de cinquante-sept ans.

Mais pour revenir à la suite de ma maladie, étant à Toul, j'allai à Bar-le-Duc, où il y avait un médecin d'importance nommé Aliot ; et ayant toujours une grosse fièvre, je me remis dans mon brancard, je m'y en allai et y demeurai encore plus de six semaines ; enfin cette fièvre me quitta, mais me laissa dans un état si pitoyable, que je fus contraint de me remettre dans mon brancard pour aller à Paris, et quand j'y fus arrivé je pouvais souffrir la voiture du carrosse. C'était en ce temps-là que le Roi reprenait les maladreries et les hôpitaux où l'hospitalité n'était pas gardée, et en rétablit l'ordre de Saint-Lazare qui s'était depuis un long temps avili : Sa Majesté l'eut du marquis de Nerestant qui était, lui et ses prédécesseurs, chef du dit ordre. Ainsi le Roi rétablit cet ordre et s'en fit Grand-Maître, et M. de Louvois grand vicaire ; le Roi forma des commanderies de tous ces biens-là qu'il distribua à tous les officiers de ses armées dont il était le plus content. Il fallait pour cela avoir servi actuellement pendant dix ans et avoir reçu plusieurs blessures pour le service du Roi, et nous avions ordre d'aller chez M. Félix, premier chirurgien de Sa Majesté, qui avait ordre de visiter les blessures des officiers auxquels on destinait les sus-dites commanderies, ce qui se fit ainsi : le dit sieur Félix mettait par écrit toutes les blessures que nous avions reçues, les ayant au préalable visitées, tous les services que nous avions rendus pendant toutes les années de suite, et visitant nos blessures il fallait dire en quelles occasions nous les avions reçues et qui était lors le général de l'armée, et puis on faisait souscrire au bas l'officier qui avait ainsi été questionné, écrit de sa main s'il savait écrire, et, s'il ne le savait pas : « Je déclare avoir dicté tout ce que dessus comme étant très véritable, et serais indigne de toutes les grâces que me pourrait faire le Roi, même de porter une épée à mon côté, et même j'y renoncerais comme indigne, si tout ce que dessus n'était de tous points conforme à la vérité. »

J'eus la commanderie de Tournay, qui était la meilleure que le Roi ait donnée pour le prix [1]. J'avais été à cet examen comme les autres, où je n'avais pas

1. Par lettre du 18 mars 1661, le Roi, considérant les « bonne vie et mœurs, religion catholique, apostolique et romaine, naissance légitime, et noblesse tant paternelle que maternelle », conférait à Montbas la dignité de chevalier de Saint-Lazare. Le surlendemain, 20 mars, Montbas recevait la commanderie de Tournai, ressortissant du prieuré de Flandres, et comprenant, outre la maladrerie de Tournai, les maladreries d'Antoing et d'Orchies et les hôpitaux des Bosquets et des Froids-Parois.

peine de prouver dix ans continuels de service, puisque
j'en avais lors plus de trente; et à l'égard des blessures,
je n'en avais que trop; ainsi je fus admis en la commanderie de Tournay dont j'eus les provisions. Ensuite
de quoi le temps de la campagne revint, mais comme
nous n'avions pas de guerre considérable, j'eus facilement congé de M. de Louvois pour aller prendre
possession de ma commanderie qui m'avait été donnée
pour deux mille cent livres de rente, qui étaient ce
que les receveurs que M. de Louvois y avait mis lui
en donnaient. C'est encore une grâce que Dieu me
fit, car d'abord, en arrivant à ma dite commanderie,
le receveur me dit que j'étais mal échu, que cette
commanderie ne valait pas les sept cents écus pour
lesquels on me l'avait donnée, mais que si j'en voulais
cinq cents écus, il me l'affermerait. A cela, je voulus
un peu voir ce que c'était que la chose, et ayant un
temps considérable pour m'en informer au moyen du
congé dont est ci-dessus parlé, je trouvai qu'elle valait
beaucoup davantage, et l'affermai à un nommé
Delangre, concierge de la maison de Ville de Lille en
Flandre, la somme de cinq mille livres, sans parler
du logement et des terres, qui valaient approchant
deux mille livres en ce pays-là. D'abord, quantité de
mes amis et même mon frère, seigneur de Corbeil-Cerf,
me disaient que je devais taire cette bonne fortune;
je ne fus pas de cet avis et m'en trouvai fort bien.

En m'en retournant à Paris, il y avait trois ou
quatre mois que j'avais remercié M. de Louvois de
m'avoir procuré cette commanderie; il me parut
surpris de ce que je le remerciais si tard. Je lui dis
lors : « Monsieur, j'ai bien eu l'honneur de vous

remercier d'abord, mais en ce que l'on ne croyait me donner que sept cents écus de rente : et j'ai affermé ma commanderie cinq mille livres, et si je l'avais affermée davantage, je vous le serais venu dire pour vous en remercier et n'avoir jamais rien de caché pour vous. » Il me témoigna que ma conduite lui était agréable. Effectivement, cela me servit beaucoup ensuite, en ce que comme cette commanderie avait été depuis longtemps entre les mains des receveurs qui en usaient mal, plusieurs ornements des chapelles furent soustraits dans une maison détournée, où, étant averti, je les fus prendre, non pas tout à fait de violence, mais assez cavalièrement et sans y observer aucun ordre. Les bourgeois furent même en diligence en avertir le gouverneur, qui envoya sa garde, commandée par l'officier, pour savoir en vertu de quoi je faisais ce désordre et pour l'apaiser. Je dis à cet officier que je le faisais par ordre de M. de Louvois. Il ne fallait que ce nom pour faire calmer tous les officiers qui étaient lors en France. Il me dit donc simplement d'en venir rendre compte au gouverneur; je lui dis que quand j'aurais fait emporter tout ce qui dépendait de ma commanderie, j'irais lui en rendre compte; et comme je n'allai chez le gouverneur que le soir, je remarquai que son abord me fut un peu froid, ce qui me fit lui dire : « Je crois, monsieur, que ce reste de jour suffit pour vous rendre compte de ce que j'ai fait; je sais que vous commandez à Tournay et qu'il ne s'y doit rien faire que par vos ordres, mais c'étaient des ornements d'église que l'on avait pris, et dont ceux qui les avaient étaient instruits que j'en avais l'avis, et si je n'avais usé de toute la diligence que j'ai faite,

il s'en serait trouvé la principale partie de soustrait. »
A quoi il me répondit : « Si vous m'étiez venu trouver
pour m'en parler, sur-le-champ je vous aurais donné
du monde pour aller avec vous, et en cela vous n'auriez
fait que votre devoir. » A quoi je lui répondis : « Je le
sais très bien, monsieur, je n'y ai jamais manqué et
n'y manquerai de la vie, mais il y a des occasions si
pressantes que l'on ne peut pas suivre la régularité
comme on le devrait. » Mais lui voyant toujours un
visage sérieux, je lui dis : « Monsieur, que cela ne vous
fasse point de peine : instruisez-en M. de Louvois, qui
est grand vicaire de Saint-Lazare, et je m'assure qu'il
ne m'épargnera aucun des châtiments que je mériterai,
mais aussi qu'il me rendra justice. » Puis je me
retirai.

Il m'arriva encore une autre affaire à Tournay :
c'est que comme j'avais les principaux bâtiments de
ma commanderie près le glacis de la place, où j'avais
une église que je devais faire desservir, j'avais fait
mon marché avec quelques religieux de la ville qui
venaient dire la messe fêtes et dimanches. Je donnais
la clef de cette église à une sentière qui demeurait
avec son mari dans la basse-cour de la commanderie;
et dans cette église, il y avait un grand coffre où l'on
mettait tous les ornements. D'un autre côté, je ne
savais pas que le grand vicaire de Tournay eût quelque
prétention, pour l'intérêt de son église épiscopale, de
faire desservir cette petite église. De sorte qu'un matin
que j'étais encore au lit, il vint trois prêtres de la part
du dit grand vicaire, qui demandèrent à cette sentière
de leur ouvrir l'église, ce qu'elle fit; ces gens-là faisaient
inventaire de tous les susdits ornements; quand j'en

fus averti, je me levai et m'habillai au plus vite; ces messieurs me voyant dans l'église me dirent qu'ils venaient par ordre de M. l'évêque de Tournay, pour voir ces ornements dont ils se chargeraient suivant le mémoire qu'ils en auraient fait, et que même ils diraient les messes fêtes et dimanches, et qu'ils ne m'en demandaient pas plus de paiement que ce que je donnais aux religieux qui la desservaient.

Je me doutais que M. de Louvois, comme grand vicaire de l'ordre de Saint-Lazare, ne voudrait point que nos églises et chapelles dépendissent des évêchés, et qu'il serait bien aise, pour la gloire de l'Ordre, que les commandeurs missent qui ils voudraient pour desservir leurs chapelles ou églises. Je dis pourtant à ces messieurs, n'osant pas les faire sortir de force, que je ne demandais pas mieux, et que j'aimais autant que ce fût eux que d'autres; que cependant il était bon de voir leur mémoire, pour voir si tous les ornements y étaient bien tous insérés. Ils donnèrent dans ce panneau, et moi, les traitant fort civilement, je les fis passer devant moi au sortir de l'église, et sortant le dernier je fermai l'église et mis la clef en ma poche, et dis à ces messieurs que je ne les connaissais plus et que je n'avais qu'à obéir aux ordres de M. de Louvois notre grand vicaire. Ils furent fort estomaqués contre moi, car même je les avais conviés à déjeuner, mais voyant que je me moquais d'eux, ils se retirèrent en me faisant de grandes menaces. Pour les prévenir, j'écrivis à M. de Louvois la vérité de ce qui s'était passé, tant de moi au gouverneur de Tournay, que de moi aussi à ces prêtres : de sorte que soit le gouverneur, ou ces ecclésiastiques, ou tous ensemble, firent que

M. de Louvois m'envoya ordre de venir en Cour rendre
compte de mes actions.

Je partis en poste et me rendis à la Cour; j'allai
trouver M. de Louvois et lui demandant ce qu'il désirait
de moi, que j'étais venu à ses ordres, il fut comme
surpris; mais rappelant sa mémoire, il me dit : « Ah !
monsieur, je me ressouviens à cette heure; on m'a
envoyé quelques écrits contre vous, mais je ne les ai
pas vus, je les ai mis entre les mains de M. Le Camus
de Beaulieu, greffier de l'Ordre; allez le voir, il vous
fera voir ce que c'est, et puis vous y répondrez. » Je
m'y en allai et vis que ce n'était autre chose qu'un
avis que l'on donnait à M. de Louvois, que le Roi
m'ayant donné cette commanderie sur le pied de deux
mille cent livres, j'en tirais plus de six mille livres,
de sorte que Sa Majesté pouvait, sans me faire de tort,
faire trois commanderies de la mienne, et m'en laissant
une, en récompenser encore deux autres. Quand je vis
que ce n'était que cela, je ne daignai pas y faire réponse
par écrit; mais comme mon dit sieur Le Camus de Beaulieu était fort de mes amis, il voulut bien me confier
sur ma parole l'écrit sur lequel j'avais à répondre :
je m'en allai, ce papier en main, trouver M. de Louvois
et lui dis ce que c'était et que j'étais prêt à lui lire,
et puis je lui dis ensuite : « Vous savez, monseigneur,
que c'est moi qui vous ai averti le premier de la
valeur de cette commanderie, dont je vous ai fait
un second remerciement, et que si je l'avais affermée
dix mille écus je vous l'aurais dit de même. » Lors, il
me prit par le bras et me dit : « Monsieur, si vous
l'aviez affermée dix mille écus, ce serait dix mille
écus dont vous jouiriez votre vie durant, et il

nous serait besoin d'avoir bien des commandeurs comme vous. »

Vous voyez, nos chers descendants, qu'il ne faut point cacher les obligations que nous avons à nos supérieurs : la reconnaissance que nous leur faisons des biens qu'ils nous font les incite à nous en faire davantage; de plus, ils remarquent en nous de la droiture et de la bonne foi, ce qui attire leur confiance. Si j'avais caché la valeur de cette commanderie, ainsi que mon frère me le conseillait, peut-être que M. de Louvois, voyant que je jouissais de six mille livres de rente au lieu de deux que le Roi avait prétendu me donner, peut-être, dis-je, qu'il m'en aurait ôté la moitié, prétendant encore me faire grâce. Ainsi, mes chers enfants, disons toujours les choses comme elles sont : la plus belle chose du monde est la vérité; à moins que ce ne soit une histoire ou conte fait à plaisir qui ne portât préjudice à personne, et encore, ne le faudrait-il pas assurer comme une vérité, ainsi que ce récit de ma vie, là où il s'y peut rencontrer des choses qui ne sont point véritables.

Après cela, je jouis de ma commanderie assez paisiblement, jusqu'à ce que le Roi les eût généralement ôtées à tous les commandeurs et leur donna des pensions en la place, établissant l'ordre de Saint-Louis. Mais ce qui a été bien fâcheux pour moi, c'est que croyant avoir ce bien-là pour en jouir ma vie durant pleinement et paisiblement, ainsi que le don du Roi le porte, je faisais compte d'y passer mes vieux jours, si tant est que je fusse venu à une extrême vieillesse; je fis bâtir à cette commanderie pour plus de quinze mille francs de bâtiments; et outre cela, quand le Roi reprit toutes nos commanderies, celle que l'on m'avait donnée n'étant que sur le pied de deux mille cent livres, comme il me fallait six cents livres pour faire desservir l'église du chef-lieu et deux autres chapelles situées en différents lieux, ma pension sur l'ordre de Saint-Louis fut réduite à quinze cents livres.

Après cela il y vint encore une paix, qui, à la vérité, ne dura guère; mais dans ce temps-là, il m'arriva une chose qui fera voir à la postérité le bien que j'ai toujours fait à mes proches, et il faut que je leur en aie bien fait, puisque la maison de Montbas me coûte bien soixante mille livres, et celle d'Asnières m'en coûte bien la moitié, moi qui n'étais qu'un quinzième cadet d'une maison ruinée et qui partant étais né sans biens, mais payé d'ingratitude de part et d'autre.

Vous saurez donc que dans ce temps, la maison d'Asnières était si indigente, que M. d'Asnières le père, qui était mon neveu, avait trouvé moyen de lui faire accorder par madame de Saint-Germain-Beaupré, qui avait quelques droits dans un collège à Paris, d'y faire mettre un enfant que l'on nourrissait, entretenait et faisait étudier, le tout pour l'amour de Dieu, et quand ils avaient été élevés en ce lieu, ils étaient faits prêtres sans qu'il coûtât rien à leur famille. Ainsi M. d'Asnières y mit un de ses enfants, malgré moi, lui disant que je ne pouvais croire qu'il ne pût donner du pain à ses enfants jusqu'à ce qu'ils pussent être en âge de monter à cheval, et que dans ce temps-là je lui promettais de les prendre : ces raisons ne furent pas assez fortes pour l'empêcher. Ces pauvres petits garçons que l'on nourrit par charité sont très mal nourris, très mal entretenus et fort maltraités. Et la misère et les

mauvais traitements sont souvent cause que les jeunes
gens tombent dans des crimes épouvantables, et si
grands que je ne le dirai point; et comme cela fut
connu, cet enfant, appréhendant un châtiment extraordinaire, se sauva sans que ses directeurs en donnas-
sent jamais aucun avis ni à M. d'Asnières, ni à madame
de Saint-Germain-Beaupré; trois ou quatre mois se
passèrent de la sorte, au bout duquel temps, moi
revenant de l'armée et en étant averti et ceux qui
m'en avaient instruit m'ayant nommé ce maudit
collège, j'allai parler à ses directeurs qui faisaient
semblant de ne pas comprendre ce que je leur disais.
Je les menaçai beaucoup, et même de m'en plaindre
au Roi, ce que je n'aurais pourtant pas fait pour tous
les biens du monde, car dans l'état où j'étais lors,
je n'aurais pas voulu qu'il fût dit dans le monde que
j'avais eu un petit-neveu dans un lieu où l'on le
nourrissait par charité. J'avoue que j'étais bien embarrassé; mais enfin, comme je n'en parlai à personne,
il faut bien que ce fût de la part de ces prêtres de ce
collège dont j'ai ci-devant parlé, qu'un matin, étant
logé à l'hôtel Dauphin dans la rue des Prouvelles et
sortant de ma chambre, je vis une demi-feuille de papier
blanc où étaient simplement écrits ces mots en très
beaux caractères : « L'enfant que vous cherchez est
dans la ville de Saint-Denis, qui demande l'aumône. »

Cela me frappa l'imagination; je m'en allai à Saint-
Denis, et ne savais comment faire et où chercher ce
petit gueux demandant l'aumône. Cependant je mis
pied à terre à une hôtellerie et m'en allai me promener
dans les rues; j'avais peur de ne connaître pas ce petit
garçon : les enfants changent beaucoup, je ne l'avais

point vu dès l'âge de six ans, et il en pouvait avoir
lors aux environs de dix; cela était plus que suffisant,
joint à la misère, pour ne le pouvoir pas reconnaître;
je vis un pauvre me demander l'aumône, qui pouvait
avoir quatorze ou quinze ans; je le tirai à part et
sortis un sou de ma poche et lui dis : « Tiens, je te
donne cela, je suis en quête d'un petit garçon qui est
d'environ l'âge de neuf à dix ans; si tu me peux
découvrir où il est, j'ai mis pied à terre à *l'Epée Royale :*
viens m'y trouver, je me promènerai dans la cour et
en faisant semblant de me demander l'aumône, si tu
m'en apprends des nouvelles, je te donnerai cinq sous.
— « Oh! monsieur, me dit-il, n'est-ce pas un petit
garçon de Paris qui s'est sauvé d'un collège? » — « Oui,
lui dis-je. » — « Monsieur, me dit-il, il n'est pas besoin
de tant chercher; donnez-moi les cinq sous que vous
me promettez, je m'en vais vous mener où il est » : ce
que je lui donnai sur-le-champ. Il me mena dans un
lieu près des fossés de la place, où il me fit voir cinq
ou six petits garçons qui se jouaient ensemble et
montra celui que je demandais, que je ne reconnus
point : il avait beaucoup de gale au cou, un bonnet,
un méchant habit de drap et tout déchiré, les jambes
nues, n'ayant ni chausses ni souliers. Je lui dis : « Mon
enfant, me connaissez-vous? » Il me dit : « Non,
monsieur. » Je lui dis : « Je ne viens point ici pour te
faire du mal, mais tu es un des enfants de M. d'Asnières. »
Il se mit à pleurer et se mit à genoux; je ne voulus
point lui dire mon nom, crainte de faire voir à ces
petites gens que j'étais son oncle, et d'ailleurs je
n'avais point voulu prendre mon carrosse, afin que
pas un de mes gens ne sût ce que j'étais allé chercher

à Saint-Denis; j'avais pris de ces carrosses qui sont
attelés dans les rues et que l'on tient à l'heure, dans
lequel je ramenai ce petit garçon et le fus mener chez
mon tailleur à Paris, et dis à sa femme que c'était
un enfant d'un de mes amis qui s'était débauché, mais
qu'elle lui achetât bas, souliers, chapeau et la quantité
de linge qu'il convenait pour en être fourni raisonnablement, et généralement tout ce dont il avait besoin,
même qu'elle allât chez mon marchand lui lever les
étoffes qu'il fallait pour l'habiller et lui faire un habit
tout complet, sans dire à personne pour qui c'était.
Quand il fut de tous points en bon état, avec une
perruque fort propre, elle me le mena un matin dans
ma chambre avant que je fusse levé, ainsi que je lui
avais ordonné; puis, le faisant manger à l'auberge
avec moi, je dis que c'était un de mes petits-neveux
que j'avais retiré du collège ne voulant point étudier,
et que je m'en allais l'envoyer incessamment à mon
régiment qui était lors en garnison à Aire, ce que je
fis effectivement.

Et depuis que je suis sur le chapitre de ce jeune
homme, je me passerai de dire bien des choses sur
lesquelles il faudra que je revienne; je m'en vais dire
ce que j'ai fait pour lui.

Je l'envoyai à Aire à mon régiment, par les carrosses
ordinaires, et lui donnai un homme pour sa conduite;
cet enfant n'ayant pas dix ans, je n'en pouvais rien
faire que de l'entretenir, le nourrir et lui faire apprendre
à lire et à écrire, ce qu'il ne savait point, puisque dans
le collège où il avait été on se servait de lui pour faire
décrotter les souliers de ces prêtres qui n'avaient pas
le soin de le faire bien étudier comme ils auraient dû,

bien qu'il fût là par charité. Quand il eut atteint l'âge de douze à treize ans, il se tenait assez bien à cheval et savait passablement lire et écrire; mais comme nous étions lors en pleine paix, je ne lui pouvais faire tomber aucun emploi, à moins que ce n'eût été dans ma compagnie mestre de camp, et encore; je n'aurais su le mettre ailleurs à cause de sa trop grande jeunesse. Tout ce que je pus faire, c'est que j'avais mon lieutenant qui me semblait se vouloir retirer du service, qui me dit que non, mais qu'il y avait un autre lieutenant mestre de camp qui était le lieutenant du mestre de camp du régiment de Condé, où j'étais incorporé lors, comme il sera dit dans la suite, qui se voulait retirer, et que si je lui pouvais procurer cette lieutenance, il consentirait de sortir de ma compagnie pour faire place à mon petit-neveu.

J'allai bien trouver ce lieutenant, lequel me dit qu'il ne voulait point se défaire de sa lieutenance; mais j'appris en même temps qu'il était fort mal avec le marquis de Toiras qui était son mestre de camp, lequel était fort de mes amis, et qui estimait mon lieutenant et haïssait beaucoup le sien; ainsi, j'en parlai encore à ce lieutenant, lui représentant que n'étant aimé ni considéré de son colonel, il servirait toujours fort désagréablement. Enfin, il consentit à se retirer, pourvu que je lui payasse comptant de sa charge trois mille livres. Comme j'ai toujours aimé de faire du bien, je n'hésitai pas un moment à vouloir lui donner les mille écus qu'il demandait, dont le marquis de Toiras fut ravi et en allait écrire à M. le prince de Condé pour en avoir l'agrément de la Cour, lorsque mon lieutenant, qui était un Normand, me

dit qu'il n'était pas content de cette lieutenance
(quoiqu'il me l'eût dit), à moins que je ne lui fisse
donner commission de capitaine. Mais le marquis de
Toiras, qui voulait fort la chose, me dit qu'il en
écrirait à M. le Prince d'une manière qu'il était quasi
sûr d'obtenir ce que l'on souhaitait. Nous eûmes tout
ce que nous voulûmes, savoir l'agrément de M. le Prince
pour mon lieutenant de la commission de capitaine,
et M. de Louvois lui fit mander de sa part que le Roi
agréerait celui que je proposais pour ma lieutenance,
mais qu'il était à propos que mon dit sieur de Louvois
le vît avant que de lui en faire expédier le brevet.
Ainsi, après avoir donné mes trois mille livres, je m'en
allai à Fontainebleau où la Cour était et m'y rendis
avec mon jeune homme, et ne le voulant point faire
paraître à M. de Louvois qu'à la dernière nécessité
je l'avais laissé dans une chambre en mon cabaret.
Je m'en allai trouver M. de Louvois auquel je dis que
j'étais venu à ses ordres, mais que je ne lui avais pas
amené l'homme proposé pour ma lieutenance, attendu
qu'il était tombé malade par les chemins; à quoi
M. de Louvois me demanda : « Qui est donc l'homme
que vous me proposez? » Je lui dis : « Monseigneur,
c'est encore un fort jeune homme; il y a quatre ou
cinq ans qu'il est dans ma compagnie; il est de mes
parents; ce n'est pas une justice que je vous demande,
mais une continuation des grâces que vous m'avez
toujours accordées. » Apparemment sur ce que je lui
disais, il crut que c'était un homme de vingt-quatre
ou vingt-cinq ans et eut pour moi la bonté de me faire
expédier mon brevet, que j'emportai et fis recevoir
mon jeune homme pour lieutenant de ma compagnie

mestre de camp. Pendant ces temps-là, on ne faisait point d'autre campagne que de camper deux mois pour faire herber les chevaux, où l'on commettait des officiers généraux pour commander ces camps; dans celui où était mon régiment, il y avait bien approchant de dix mille hommes. Le Roi y vint avec une partie de sa Cour et fit une revue générale de toutes ses troupes. J'étais parfaitement monté sur un cheval gris, qui valait plus de cent pistoles, et j'avais aussi mon petit lieutenant sur un cheval gris parfaitement joli; je lui avais même appris comme il fallait saluer le Roi, passant devant Sa Majesté et ensuite devant M. de Louvois. Le Roi me demanda si c'était mon fils; je lui dis : « Non, Sire, je n'ai jamais été marié qu'au service de Votre Majesté; c'est un de mes petits-neveux. » Et ensuite passant devant M. de Louvois et le saluant, lequel avait peut-être entendu ce que le Roi m'avait dit, et se ressouvenant de ce que je lui avais dit à Fontainebleau, me dit : « Vous aviez raison, monsieur, de me dire que c'était un fort jeune homme. » Je ne pus lui dire un mot, et me mettant à sourire, je passai. Je n'avais pourtant pas mal fait ma cour, et ma compagnie fut trouvée être des bonnes, parce que après que le Roi eut fait la revue des troupes, il gratifia d'aucuns capitaines dont les compagnies furent trouvées les meilleures. Il y en eut cinq ou six à qui le Roi fit donner douze cents francs; cinquante ou soixante, du nombre desquels j'étais, nous eûmes chacun neuf cents livres, et près de deux cents qui eurent chacun sept cents livres, et tout le reste rien.

Quelques années après, la guerre recommença; et dans ce temps-là, M. d'Asnières, père de mon lieu-

tenant, mourut. Sa femme était dans une très grande
désolation de la perte de son mari; pour aider à la
consoler, je lui mandai de m'envoyer trois de ses
enfants : avec un que j'avais, c'était quatre; lors,
j'écrivis à mon frère, seigneur de Corbeil-Cerf, que je
le priais de considérer que je me chargeais de toute
cette famille, que du moins des quatre que j'avais
à mon régiment il en prît deux, à quoi il me fit réponse
qu'il ne le voulait point, que j'étais plus en état de
leur faire du bien que lui, mais que j'en gardasse trois
et qu'il en prendrait un. Il demanda celui à qui l'on
avait donné le nom de *Bret*, que mon frère avait porté
lorsqu'il était enfant, si bien qu'il m'en revint deux
pour mon partage; avec celui que j'avais, c'était trois
frères que j'avais, dont M. d'Asnières, l'aîné de la
maison, était du nombre, celui que j'avais retiré de
Saint-Denis, auquel j'avais donné mon nom, l'appelant
le chevalier de Monthas, et le troisième, que je nommais
le chevalier d'Asnières. Je fis donner à l'aîné, aussitôt
son arrivée, la cornette de la compagnie du major
de mon régiment; c'était dans le temps que l'on
assiégeait Luxembourg, et l'on m'avait mis à Verdun
dans le temps de ce siège, pour favoriser les convois
de l'armée, et empêcher les partisans de l'ennemi de
rien entreprendre sur nos dits convois. Ainsi, j'avais
beaucoup de troupes aux environs de Verdun, lesquelles
je commandais.

Ensuite de quoi, longtemps après, on réforma les
cornettes. Une paix venant, j'eus encore sur les bras
M. d'Asnières une année ou deux, et comme il avait
plus d'esprit que le chevalier de Monthas, quoiqu'il
ne fût plus rien et que son frère cadet fût lieutenant

de ma compagnie, étant en garnison en Lorraine, et moi voulant m'en aller en Cour, je voulus qu'il fît tout le détail de ma compagnie, qu'il ménageât mon équipage et reçût tout mon argent. Je ne savais pas lors qu'il était amoureux en province; il m'avait toujours tenu le cas secret et même avait souffert que j'eusse travaillé plus de sept à huit jours durant à lui faire des mémoires de ce qu'il devait faire en mon absence, même l'avoir mené chez l'intendant et chez le trésorier, pour dire à ce dernier que toutes les quittances qu'il donnerait seraient valables; après douze ou quinze jours d'application à ces mémoires, dont je me serais bien passé, il me demanda si je serais longtemps à revenir; je lui dis que je ne prétendais pas revenir de tout l'hiver et lui demandai pourquoi il me faisait cette question; il me dit qu'il aurait bien souhaité d'aller en province. J'avais ouï parler en quelque façon auparavant de mademoiselle de Ville-Favars; je lui en dis quelque chose, et il me l'avoua franchement; à quoi je lui dis qu'il avait grand tort de m'avoir laissé travailler douze ou quinze jours à lui faire des mémoires, ayant d'autres desseins que celui de demeurer à ma compagnie, et je lui donnai un de mes chevaux en pur don et de l'argent, et depuis nous n'avons point eu d'autres commerces; ce qui lui a fait dire en bien des rencontres que je ne lui avais rien donné de considérable, attendu que les biens que j'ai faits à sa sœur et à ses frères n'étaient point personnels.

Cependant, comme on fit en ce temps-là des troupes de cadets que l'on mettait en diverses citadelles, et qu'il y en avait une à Tournay où j'avais ma commanderie, j'y fis mettre ce dernier cadet d'Asnières qui y demeura un peu plus d'un an, au bout duquel temps je lui fis donner une cornette vacante dans mon régiment, de l'argent et des chevaux avec un valet, et il me vint joindre. Cela donna envie à mon frère d'y mettre le petit Bret, et comme il fallait de l'argent à ces jeunes gens dans ces citadelles, attendu que les paies du Roi n'étaient pas suffisantes, mon frère qui m'avait employé pour faire mettre par mon crédit ce garçon à la citadelle de Tournay, me pria encore de lui fournir cent francs par an par les fermiers de ma commanderie, ce que je fis pendant plusieurs années et que mon frère ne m'a jamais rendu. Enfin, mon frère ne fournissant point à ce garçon ses besoins parce que je servais lors en Catalogne, ce garçon se prit la résolution de sortir de cette citadelle et me vint trouver à pied, sans cheval et sans argent. Je le reçus, lui donnai deux chevaux et obligeai un cornette de mon régiment, nommé de Ramont, de quitter sa charge, moyennant cinquante pistoles que je lui payai comptant et j'en obtins de la Cour le brevet pour le dit sieur de Bret qui me venait de rejoindre ; et enfin, plusieurs années après, il a été tué dans le service.

Dès les commencements que j'eus ma commanderie de Tournay, qui me fut donnée le dernier janvier 1681, plusieurs années de paix se passèrent pendant lesquelles il ne se passa rien en ma vie de considérable [1]. Ainsi, pour abréger un discours qui ne ferait qu'ennuyer, je

1. On a pourtant une lettre du 3 août 1682 par laquelle le maréchal d'Humières, gouverneur de la Flandre et de la ville et citadelle de Lille, fait savoir à Montbas qu'il prend rang parmi les cent gentilshommes de la maison du Roi.

reviendrai à dire que l'on reparla de guerre, et que
moi qui étais mestre de camp, je fus incorporé dans
le régiment de cavalerie de Condé [1], mon régiment
ayant été encore cassé à l'occasion d'une autre paix.

Ce fut là que j'achetai une lieutenance pour le chevalier d'Asnières; c'est aussi là où je retirai avec moi
tous les autres d'Asnières ainsi que j'en ai aussi parlé.
Enfin, après un temps considérable, le Roi voulant
encore remettre sur pied un nombre de cavalerie, on
me refit mon régiment composé de douze compagnies,
savoir : trois vieilles, dont ma compagnie mestre de
camp, et neuf de nouvelles levées, l'ordre pour ce
régiment étant en date du 15 janvier 1684.

S'en suivit le siège de Luxembourg: on envoya
plusieurs troupes de cavalerie à Metz, à Montmédy,
à Verdun et autres lieux circonvoisins de tous ces
pays-là, pour tenir les chemins de nos convois libres,
sur toutes lesquelles troupes j'avais le commandement
en chef. J'avais quatre des compagnies de mon régiment à Metz, quatre à Montmédy et quatre à Verdun,
d'où j'avais inspection non seulement sur mon régiment, mais encore sur beaucoup de cavalerie dispersée
dans des quartiers aux environs de ces pays-là, et la
chose m'arriva que tous nos convois passèrent heureusement jusqu'à la prise de la place; il y eut bien
plusieurs petits partis des ennemis, qui vinrent plus
en voleurs qu'en troupes réglées pour tâcher de
prendre quelque chose; mais enfin, j'y mis si bon ordre
et envoyais si souvent des gens en campagne pour

1. Le régiment de Condé fut reconstitué par ordonnance du 15 janvier 1684 à l'effectif de douze compagnies, dont celle de Montbas devint
la mestre de camp.

les prévenir, qu'ils n'y gagnèrent rien et s'en retournèrent comme ils étaient venus, hors deux de leurs partis qui étant tombés dans la main des nôtres, il y eut environ une vingtaine de fantassins pris des ennemis.

Quelque temps après cette ville prise on fit encore une paix [1] et mon régiment fut encore réformé, et moi, pour la seconde fois, incorporé dans le régiment Commissaire Général, où il se passa encore plusieurs années sans qu'il se fît rien sur mon compte de considérable. Ce qui autrefois m'avait fait briller, c'étaient les partis que j'avais faits pendant vingt campagnes sous les ordres de M. de Turenne. C'était l'homme du monde sous lequel il y avait plus de plaisir d'entreprendre les choses; quand il connaissait un homme de cœur et de bonne volonté, pour peu de savoir-faire qu'il eût, il l'employait toujours et était le premier à excuser son défaut, s'il y en avait eu, et lui donner moyen d'avoir sa revanche, s'il avait été battu, en le renvoyant encore. Mais depuis que M. de Turenne n'est plus, les généraux qui sont venus après lui, choisissant quelquefois mal leur monde, ont envoyé en parti des gens qui, la plupart, étant sans expérience, ont été battus; ensuite de quoi on les a blâmés, et par ainsi rendus responsables de la réussite de leurs démarches; ce qui a fait que ceux qui en savaient davantage ne se sont point offerts, surtout moi qui, comme je vous ai marqué par ci-devant, avais acquis

1. Luxembourg tomba le 4 juin 1684, et la trêve de Ratisbonne, qui assurait à la France la possession « provisoire » de Strasbourg, des terres alsaciennes d'Empire et de la « barrière » du nord-est de Luxembourg à Chimay, est du 15 août suivant.

quelque réputation sous M. de Turenne. Je ne voulais pas me mettre à la censure de certains petits-maîtres, plus agréables en conversation à de nouveaux généraux qu'utiles pour le service du Roi; ainsi, depuis la mort de M. de Turenne, je ne me suis plus mêlé de mener des partis. A la fin de ces dernières guerres, le Roi me rétablit encore mon régiment avec lequel je fus servir en Piémont.

On sépara mon régiment : à Pignerol six compagnies, et à Casal six compagnies; et je pris le parti d'aller à Casal, parce que c'était le poste le plus avancé, et j'y menai aussi la compagnie de mon lieutenant-colonel avec sa personne. Il n'y avait que peu de guerres de ce côté-là; non seulement le duc de Savoie n'était point contre nous comme il est à présent, mais il était dans les intérêts de la France, et conjointement avec lui nous faisions la guerre aux nouveaux convertis et à plusieurs révoltés tant du Piémont et de la Savoie que du Languedoc, qui ne laissaient pas de composer entre tous un corps assez considérable, et lesquels s'étant jetés dans les montagnes ne laissaient pas d'inquiéter; ils ruinaient les églises, tuaient les gens qu'ils pouvaient, et leur faisaient souffrir le martyre.

D'un autre côté, derrière Orange qui est en deçà de Pignerol, ils faisaient des ravages, car comme ils étaient beaucoup, ils inquiétaient plusieurs lieux à la fois; cependant, j'étais assez tranquille et oisif à Casal. Dans le temps que ces alarmes vinrent du côté d'Orange, un ordre du Roi vint aux six compagnies de mon régiment étant à Pignerol, avec deux de celles de Casal, de s'en aller de ce côté-là avec d'autres troupes qui devaient joindre afin de charger ces gens-là; les

deux compagnies qui devaient marcher de Casal
n'étaient point nommées de la Cour; partant j'étais
en droit de faire marcher, des six de Casal, celles
qui me plairaient; et, comme je viens de dire, ayant
les bras croisés à Casal, je pris le parti de vouloir
que ma compagnie et celle du lieutenant-colonel
marchassent : cela était d'autant plus juste que ôtant
deux compagnies de Casal pour joindre à celles de
Pignerol, c'était huit compagnies de mon régiment;
et c'est au commandant d'être au plus grand corps.
Cependant, M. le marquis de Crenan, gouverneur pour
le Roi à Casal, me dit de détacher des six compagnies
de mon régiment qui étaient dans sa place celles
qu'il me plairait, à l'exception de ma compagnie
mestre de camp et celle de mon lieutenant-colonel,
qu'il prétendait qui restassent. Je lui dis que bien
loin de cela, c'étaient celles que je voulais faire marcher,
à quoi le dit sieur de Crenan s'opposa fortement. Je
lui dis : « Eh bien, monsieur, je vous laisserai ici mon
lieutenant-colonel avec sa compagnie, mais ma personne
et ma compagnie doit être au plus grand corps; ainsi, je
prétends y aller. » — « Et moi, me dit-il, je ne le prétends
pas, je suis et dois être le maître dans ma place, et je
le veux ainsi que je vous l'ordonne. »

Je savais bien qu'un gouverneur d'une place de
guerre doit être obéi dans sa place comme le Roi.
Je ne pouvais aller contre, et pour ne fâcher pas un
des quatre capitaines que j'avais à Casal, je les fis
tirer au sort pour savoir les deux qui iraient à Pignerol
avec leurs compagnies; puis je dis à M. de Crenan les
deux compagnies qui devaient marcher; ensuite je lui
dis que je ne croyais pas qu'il voulût me refuser une

grâce qu'il ne refuserait pas au dernier enseigne de sa garnison, qui était le congé d'aller à Pignerol pour mes affaires particulières, ce qu'il m'accorda. Et je fus avec mes deux compagnies qui allaient joindre les six autres.

La vérité était que je n'avais point d'affaires particulières, mais mon intention était d'aller avec ces huit compagnies de mon régiment où l'on croyait trouver les ennemis. J'en parlai à M. d'Erceville, qui lors était gouverneur de Pignerol, qui ne me blâma nullement; cependant il avait envoyé où l'on croyait que les ennemis étaient, afin de ne faire faire de démarches à ses troupes qu'à propos, et ses espions lui vinrent dire qu'ayant été avertis qu'il s'assemblait des troupes pour les venir charger, ils s'étaient retirés, de manière que la marche des deux compagnies de mon régiment de Casal à Pignerol fut inutile. Elles s'en retournèrent, et moi aussi. Cependant, le soir que je couchai à Pignerol, j'écrivis à M. de Louvois et lui mandai tout ce qui s'était passé de M. de Crenan à moi, et cela dans la vérité; et ensuite je n'oubliai pas à lui dire mes raisons, afin d'avoir l'honneur de son approbation si j'avais bien fait, et, si j'avais mal fait, de me le faire savoir afin que je me pusse corriger. Une marque que je ne fus pas désapprouvé, c'est que M. de Louvois ne me fit point de réponse, car on ne blâme jamais le supérieur à l'égard de l'inférieur, mais c'était une marque indubitable que j'étais approuvé, puisque l'on ne me blâmait pas.

Comme toutes choses se savent, dès le moment que je fus retourné à Casal, j'allai chez M. de Crenan qui me dit : « Eh bien, monsieur, vous m'aviez demandé congé d'aller à Pignerol pour vos affaires particulières, et c'était pour vous mettre à la tête des huit compagnies de votre régiment. » A cela, je lui dis : « Je ne sais, monsieur, qui vous a si bien instruit; mais c'est la vérité. » A quoi il me dit : « Croyez-vous faire votre devoir en agissant ainsi? » Je lui répondis : « J'ai si bien cru le faire, que je le crois encore! » — « Eh bien, me dit-il, nous verrons. » Je fus lors fort aise d'avoir écrit de Pignerol à M. de Louvois, ne doutant point que M. de Crenan lui écrirait contre moi.

Mais une marque bien évidente que je n'étais pas blâmé, c'est que les ennemis qui étaient dans ces montagnes, que l'on appelle vulgairement *Barbets*, faisaient des courses, passant souvent la petite rivière du Chison, et incommodaient si fort tout ce pays-là, que par ordre de la Cour on fit faire quatre camps de troupes, que l'on avait fait venir de différents endroits, campés en divers lieux du long de cette rivière du Chison, qui avaient relation les uns aux autres, et le tout pour empêcher les ennemis de passer en deçà de la rivière : et par ordre de la Cour, mon dit sieur de Crenan fut ordonné de me mettre en main les lettres de la Cour à moi adressantes pour commander ces quatre camps, qui avaient tous ordre de m'obéir, et d'amener avec moi pour sortir de Casal ma compagnie mestre de camp et celle de mon lieutenant-colonel, armes et bagages, y laissant les quatre autres compagnies. Je m'en allai donc commander tous ces camps sur les bords de cette rivière du Chison, qui était quasi guéable partout; les ennemis firent diverses tentatives pour passer de notre côté, auxquelles ils furent toujours repoussés; entre autres une fois, où ils me firent le plaisir de m'attaquer de plein jour au camp le plus fort et celui où j'étais, de manière qu'ils furent reçus de la bonne sorte, puisqu'on les avait bien repoussés d'endroits plus difficiles à garder, et avec moins de monde; à plus forte raison nous était-il aisé de les repousser au lieu où ils nous vinrent attaquer; ils n'y perdirent néanmoins guère de monde, parce qu'ils ne firent pas grand effort pour nous forcer; mais à la vérité, je crois que leur dessein était de nous attirer à eux, afin, si nous avions passé la rivière, de nous attirer dans leurs montagnes; mes ordres secrets de la Cour étaient de tenir notre côté de la rivière du Chison libre, en défendre tous les passages, mais de n'entreprendre rien sur eux et de ne passer en aucune façon la dite rivière. La campagne s'acheva de la sorte et je revins en France avec mon régiment et de là en quartier d'hiver.

Pendant lequel étant venu à la Cour, le Roi me fit brigadier, qui fut au mois de mars en mil six cent quatre-vingt-dix. La même année, j'allai servir de ma charge de brigadier dans l'armée de Catalogne[1], sous les ordres de M. le duc de Noailles qui commandait lors de cette campagne et de plusieurs autres suivantes, où je servis de brigadier trois campagnes de suite, que je ne différencierai point, parce qu'il ne s'y passa rien de considérable; et, à mon égard, qu'une chose, c'est que dans ces temps-là M. le duc de Noailles trouva à propos de faire un détachement de son armée (qui

1. En réalité Montbas fut fait brigadier de cavalerie légère le 10 mars 1690, et ce n'est que le 28 avril 1691 que le Roi le pria d'aller en cette qualité rendre à l'armée de Roussillon, sous les ordres du duc de Noailles, des services qui lui étaient « en particulière considération ».

était fort considérable, puisqu'il y avait infanterie, cavalerie, dragons, tous les miquelets de notre armée et bon nombre d'artillerie), le tout commandé par M. de Chasseron, lors ancien lieutenant général, et un des meilleurs hommes de guerre de ce temps-là. J'étais la seconde personne, après lui, de ce détachement dont je commandais les cavaliers et les dragons, et je peux dire qu'il fut aise de m'avoir. Comme c'était un ancien officier, il m'avait vu servir sous M. de Turenne et j'étais aussi ravi de joie d'être sous ses ordres; encore qu'il n'eût aucun besoin de mes avis, il ne laissait pas de me faire entrer dans sa confidence sur ce que nous avions à faire pour le siège de la Seu d'Urgel, qui était uniquement ce à quoi notre détachement était destiné. C'était une place de guerre, fortifiée de dehors [1], en bon état, et beaucoup de monde, puisqu'ils tinrent environ quinze jours ou plus de tranchée ouverte; il y avait une rivière, bordant cette place d'un côté, laquelle étant guéable partout, il nous aurait été difficile d'en défendre les avenues et empêcher le secours de la place; de manière que je dis à M. de Chasseron qu'il fallait qu'une partie de notre monde campât entre les montagnes et la rivière, puisqu'il ne pouvait venir du secours à la place que de ce côté, l'armée de M. de Noailles étant de l'autre côté; à la vérité à deux grandes lieues de nous, et toutes grandes montagnes à passer.

Enfin je passai la rivière avec toute notre cavalerie, consistant en mon régiment, celui de Legal, un régi-

---

1. Les *dehors* étaient les ouvrages flanquants d'une fortification : bastions, « ravelins » et demi-lunes.

ment de dragons, le régiment de Noailles-infanterie et tous nos miquelets, de manière que je me postai comme je le crus le mieux pour empêcher le secours de la place, tandis que M. de Chasseron faisait le siège. Bien des gens n'auraient pas cru qu'il y eût pu réussir comme il le fit; mais il avait gardé par devers lui ce qu'il avait de meilleures troupes d'infanterie, et avait raison : ces gens se défendirent si longtemps, et M. de Chasseron les pressait si à propos et avec tant de fermeté, que la place se rendit, toutes les troupes qui étaient dedans prisonnières de guerre : et sans ceux qui furent tués dans ce siège, les blessés qu'il fallut laisser dans la place, ne les pouvant pas emmener, il s'en trouva, décompte fait, mille trente prisonniers, les officiers compris, que l'on envoya en France en différentes villes.

Quant à mon égard, les ennemis tentèrent par trois fois le secours; deux fois ils nous attaquèrent si faiblement qu'ils furent repoussés avant que M. de Chasseron en eût aucune nouvelle; une fois, ils tentèrent le secours tout de bon, et étaient descendus des montagnes par différentes routes; comme j'avais des gens à mi-côte qui en gardaient les avenues, ils furent poussés jusqu'au bas, où nos gens qui avaient été poussés s'étant ralliés à nous à mesure que les ennemis voulaient sortir de ces collines pour se mettre en bataille, nous les chargions. Le combat dura trois heures; M. de Chasseron m'envoya un régiment suisse, mais qui ne nous servit point, à cause que quand il nous arriva, les ennemis commençaient à se retirer. Ainsi, M. de Chasseron eut l'avantage de prendre une place de guerre, la garnison considérable prisonnière de guerre; quant à mon égard, ma cavalerie ne fit pas grand'chose, parce que notre infanterie soutint toujours au bas de la montagne les bords des défilés avec les dragons que j'avais fait mettre pied à terre, qui firent bien leur devoir, et le corps de nos miquelets aussi fort bien : car les ennemis voulant se retirer, voyant qu'ils ne nous pouvaient pas forcer, ils les suivirent plus de deux lieues dans les montagnes et en tuèrent beaucoup. Voilà ce qui se passa de considérable pendant ces deux premières campagnes en ma charge de brigadier. L'année suivante je recommençai la troisième en ma dite charge, où il ne se passa rien de considérable à mon égard que ce que je vais dire dans la suite.

Il y avait plusieurs années que je me sentais de temps à autre incommodé de rétentions d'urine, et particulièrement je m'en trouvai si incommodé cette dernière campagne, qu'il me fallut prendre un congé du général pour m'en aller prendre les eaux de Camarès : lesquelles ne m'ayant point servi, je fus contraint d'aller à Montpellier[1]. Je me mis entre les mains d'un médecin nommé Barberas, lequel me fit sonder par un homme qui avait grande réputation pour la pierre, nommé Raisin, qui revenant des eaux de Mène et s'en retournant à Toulouse dont il était, repassait à Montpellier, lequel me dit que j'avais la pierre. Mais comme la campagne n'était pas finie, et que je n'avais pas dit à M. le duc de Noailles que mon absence serait longue, je voulus pour faire mon devoir rejoindre l'armée. Cependant, je fus fort incommodé tout le

---

1. La Faculté de Montpellier était déjà célèbre en France.

reste de la campagne; et quand elle fut finie, je m'en allai à Paris où je me mis entre les mains d'un homme célèbre pour cela, nommé Collo, mais lequel en me sondant, me fit tant de douleur que j'évanouis entre ses mains. Quand on m'eut fait revenir de ma pâmoison, j'aimai mieux mourir que de souffrir davantage le même mal, car dans toutes les opérations des blessures que j'ai reçues, je n'ai jamais reçu tant de douleur. De manière que j'envoyai quérir un habile chirurgien qui demeurait lors à la Charité, nommé Mareschal, qui depuis s'est trouvé si habile, que le Roi le prit pour demeurer près de Sa Majesté. Dire qu'il ne me fit point de mal, je ne dirais pas vrai; mais je peux assurer qu'il ne m'en fit pas le quart de ce que m'avait fait auparavant Collo; ensuite de quoi, il me dit qu'à la vérité la pierre se formait, mais qu'il n'y avait encore que de gros sables, lesquels se liant avec des flegmes formeraient la pierre si on n'y mettait ordre; qu'il m'allait donner un remède, qui était une drogue, pour en prendre tous les matins une cuillère d'argent pleine, et ensuite me mettre dans le demi-bain, où je devais demeurer une heure, et que ce bain qui fondait les humeurs avec ce remède me chasserait ce sable et ces flegmes et me mettrait dans un état à ne rien craindre de longtemps, en observant ce qu'il me dirait ensuite. La principale des choses était que je n'étais plus en état de continuer mon métier de la guerre, principalement dans la cavalerie où j'étais brigadier, que je ne serais pas même en état d'en faire les fonctions le reste de ma vie, quand ce ne serait que huit jours, sans me mettre en état de n'en relever jamais.

Cela me mit dans un désespoir si horrible que je demeurai longtemps sans m'en pouvoir consoler. Je voyais la quantité d'années que j'avais servi dans les armées du Roi, la réputation que je pouvais dire m'y être acquise, les blessures que j'y avais reçues; sans appui que de mes services, et sans bien que celui que j'avais gagné en hasardant si souvent ma personne, j'étais parvenu jusqu'au premier degré de la généralité, et ainsi j'aurais pu monter plus haut; il m'était bien fâcheux d'en demeurer là; mais enfin, ne pouvant faire autrement, ce me fut une nécessité d'en parler au Roi en ces termes à peu près : « Sire, il y a quarante-trois ans consécutifs que je sers Votre Majesté dans ses armées, où j'ai reçu bien des blessures pour son service, qui, néanmoins ne m'auraient pas empêché de continuer jusqu'à la fin de mes jours, si je pouvais être en état de cela. » Et ensuite lui dis le plus succinctement que je pus véritablement l'état où j'étais, qu'il eut la bonté d'écouter paisiblement, et ensuite me dit : « Montbas, j'en suis fâché, il vous faudra vendre votre régiment[1]. »

1. Voici le projet de lettre que Montbas avait rédigé à cette occasion :

Au Roy,

Sire, Le sieur de Montbas, brigadier de cavalerie, représente très humblement à Votre Majesté, qu'il lia longtemps qu'il l'est entre les mains des sirurgiens (sic), lesquels ont travaillé sans succès jusqu'à présent, mais non pas sans espoir de luy redonner sa sancté avec le temps. Cependant, sire, comme Votre Majesté faict des officiers généraux présentement, il la suplie très-humblement, en considération de quarante et trois année de service, et plusieurs blessures qu'il a receue en faisant son devoir, ayant eu son frère aŷné qui estet lieutenant-général d'armée et Mestre de Carapt du régiment Royal mort au service de Votre Majesté, auŷy bien que trois autres de ses frères, de luy donner un brevet de Mareschal de Camp, et de luy permettre de se démettre de son régiment en faveur du Marquis de Montbas son neveu, qui est capitayne dans son régiment et un bon sujet;

A quoi je lui dis que je n'avais jamais rien acheté, qu'il avait eu la bonté de me tout donner et qu'ainsi je ne voulais rien vendre, mais que j'avais cinq de mes neveux dans mon régiment, qui étaient tous braves gens, que sans cela je ne les y aurais pas mis, que Sa Majesté ne s'y pouvait tromper, ainsi qu'elle donnât mon régiment à celui de mes neveux qu'il lui plairait. A quoi il me répondit : « Auquel le voulez-vous donner ? » Lors, je lui nommai le marquis de Montbas, qui était l'aîné de mes petits-neveux du côté de la dite maison de Montbas. Et comme auparavant je lui avais fait donner la compagnie des carabiniers de mon régiment pour mille écus, je demandai encore au Roi cette compagnie pour le frère de notre nouveau mestre de camp [1], ce qu'il m'accorda de la meilleure grâce du monde.

Si je fis donner cette compagnie de carabiniers de mon régiment pour mille écus, c'est que dans ce temps-là il y avait une compagnie de carabiniers dans chaque régiment ; puis le Roi, voyant l'utilité dont ils pouvaient être, en voulut former un corps dans sa cavalerie : ainsi il prit les capitaines de carabiniers de chaque régiment avec les officiers subalternes nommés, ou, pour mieux dire, proposés à la cour par les mestres de camp. Puis on forma les compagnies de ces capitaines avec des cavaliers de chaque compagnie de chaque régiment dont les dits capitaines de carabiniers étaient sortis ; et les cavaliers choisis par les majors des régi-

---

sy tost que le supliant aura recouvert (*sic*) sa sancté (ce) qu'il espère dans peu, il se randra près de Vostre Majesté pour la servir et recevoir ses ordres, continuant ses prières pour la sancté de Vostre Majesté et la prospérité de ses armes.

1. François II de Montbas, mort en 1694 des suites des blessures reçues à La Marsaille.

ments, au gré des dits capitaines carabiniers. Le Roi redonnait cette compagnie que ce capitaine carabinier laissait, aux officiers subalternes, qui avaient le pouvoir de payer mille écus comptant, qui revenaient au profit de Sa Majesté.

On pourrait croire que comme j'ai tant fait de bien à mes parents, ce serait moi qui aurais encore donné cet argent à mon petit-neveu; mais point : ce fut le père, qui, à la vérité, trouva cet argent par mon moyen.

Étant retiré des troupes, je me fis traiter de mes rétentions d'urine, et n'en ai jamais pu être parfaitement guéri. Bien est vrai que les remèdes que j'ai pris m'ont soulagé et me soulagent encore; mais enfin ces incommodités me reprenant souvent, je crois que je périrai par là. Ce qui m'en est de plus fâcheux, c'est que quand on meurt de cela sans autre incommodité, c'est une mort fort violente. Mais la sainte volonté de Dieu soit faite; je lui demande néanmoins une mort douce, afin que mon âme dans ce passage affreux se puisse mieux recueillir pour paraître devant sa divine Majesté en lui demandant pardon de mes péchés.

Il est à noter que quoique j'eusse fait donner mon régiment, ainsi que je l'ai ci-devant dit, au marquis de Montbas, mon petit-neveu, je le vendis à son père, ne prétendant pas néanmoins jamais en être payé, et lui donnai encore les chevaux dont ce pauvre garçon avait besoin, de plus de l'argent comptant à lui et à son frère.

Cette libéralité ne paraîtra peut-être aux yeux du public fort véritable; mais si l'on le veut juger par le sens commun, je savais parfaitement les affaires de la maison de Montbas, et que m'étant mis à la

queue de six-vingt mille livres de dettes, je savais
bien que je ne pouvais pas jamais espérer d'être payé.
Mais c'est qu'en ce temps-là j'avais beaucoup de bien,
je voyais cette maison de Montbas s'abîmer tous les
jours, et j'en voulais empêcher la ruine entière; et
pour y parvenir et n'ensevelir pas le nom de Montbas
dans un oubli éternel dans le monde, je dis au comte
de Montbas, mon neveu, qu'il fallait qu'il achetât
mon régiment pour le marquis de Montbas, son fils,
et que comme il n'était pas en état de donner un sou,
cela ne le devait point épouvanter, que je prendrais
de lui une rente constituée et qu'en faisant donner
mon régiment à son fils aîné, je tâcherais de faire
donner sa compagnie à son frère cadet. Lors mon
neveu me dit que voilà qui était bien pour ses enfants,
puisqu'il ne déboursait pas d'argent, mais qu'ils
n'avaient pas un cheval sur lequel ils pussent hasarder
leur vie, et que pour en acheter ils n'avaient pas un
sou pour cela. « Eh bien, lui dis-je, je vous vendrai
deux de mes chevaux de main et encore quelques
autres, afin qu'ils soient de tous points en bon état. »

Enfin, de mon régiment seul, quoique le Roi y eût
mis le taux à vingt-deux mille cinq cents livres, mon
neveu sait très bien que j'en refusai vingt-cinq mille
livres, argent comptant, mais je donnai et mes chevaux et mon régiment.

D'un autre côté, ma belle-sœur la Hollandaise était
morte [1], et madame de Brinon, abbesse de Saint-Cyr,

1. Cornélie Grotius mourut à Lille en 1687; sa fille unique que l'on avait
proposée en mariage à Jean-François de Montbas, la suivit bientôt dans
la tombe. Jean de Montbas ne s'attarda pas à un long veuvage et épousa
Louise de Brinon.

le cœur lors de madame de Maintenon, et très considérée du Roi, souhaitait avec des passions extrêmes que sa sœur épousât mon frère, lequel avait inclination pour elle. Mais comme il voyait que l'on le voulait si fort du côté de la Cour, il fit bride en main pour en faire mieux sa composition; et de fait, on lui donna mille écus de pension, que madame de Maintenon lui fit obtenir, et le tout par la considération qu'elle avait pour ma dite dame de Brinon. Cependant, madame de Maintenon dit à madame de Brinon : « Voilà que je fais marier votre sœur avec M. de Montbas et que je lui fais donner mille écus de pension pour cela; cependant, je veux encore faire plus pour cette maison, car je sais qu'il a un frère dans les armées et je lui veux donner une de mes parentes, et parlez-en à son frère. » Ce qu'elle fit.

Je sais que c'est un malheur de ma vie de ce que je ne l'ai pas fait, mais voici ce qui m'en empêcha : en premier lieu, ainsi que je l'ai ci-devant dit, je jouissais d'un gros revenu dont toutes les apparences étaient qu'il était très assuré pour toute ma vie, et j'en étais content sans en désirer davantage. Néanmoins, je ne méprisais point du tout cette proposition, mais je voulais voir la demoiselle pour savoir quel sentiment elle aurait sur mon sujet, afin de voir si elle en serait satisfaite et moi aussi. Mais point du tout : on voulait la chose d'une si grande hauteur, que arriver et se marier en même temps n'était que la même chose; et cela ne me convenait pas. C'était encore une autre raison, que la pensée que j'avais pour ma nièce, et l'argent que j'avais mis en dépôt.

Il m'arriva, étant venu à Paris, d'aller voir mon

frère pour lui dire que je ne répugnais point à ce mariage, mais que du moins, dans ces entrefaites, il était bon que je visse la demoiselle sans que ces visites ne m'engageassent à rien; et comme je parlais de ces choses avec mon frère, il voulut aller dans un cabinet qui était près de sa chambre : de sorte que je me trouvai là seul, et remarquai, connaissant l'écriture, une lettre sur sa table de madame de Brinon, abbesse de Saint-Cyr, où je ne doutais nullement qu'il ne fût parlé de moi amplement. Ainsi, je la mis dans ma poche et quand je fus à mon logis, je la lus et vis qu'elle mandait à mon frère que, encore bien que j'épousasse mademoiselle de Saint-Étienne (c'est ainsi que se nommait cette fille, que madame de Maintenon qualifiait de sa parente), il n'était pas juste qu'il m'assurât son bien, et qu'il serait blâmé de tout le monde.

Je trouvai cela rude et ne pouvais concevoir pourquoi madame de Brinon s'ingérait de donner ces avis à mon frère, ni quel intérêt elle y devait prendre; et en même temps, réfléchissant encore plus sérieusement, je ne pouvais croire que madame de Maintenon voulût honorer mademoiselle de Saint-Étienne de sa parenté, puisque moi la devant épouser, et madame de Brinon étant pour ainsi dire la créature de madame de Maintenon, n'ayant d'elle ni des siens aucun intérêt à la chose, pourquoi aller contre les intérêts de la parenté de madame de Maintenon? Cela me fit croire que la dame toute-puissante ne regardait pas cette demoiselle sur ce pied-là, et que c'était un leurre que l'on m'avait jeté pour, quand j'aurais été embarqué avec gens que l'on n'ose dédire, me faire épouser cette demoiselle pour laquelle je n'aurais pas quitté la pensée que j'avais pour ma nièce, ni mon argent déposé, n'eût été d'être regardé de madame de Maintenon comme un homme qui aurait eu l'honneur d'épouser sa parente.

D'un autre côté, M. Plisson, maître des requêtes, dont madame de Maintenon se servait en beaucoup de choses, étant homme d'esprit, me vint bien trouver pour me parler de mademoiselle de Saint-Étienne. Mais après ce que j'ai ci-devant dit, je me méfiais de tout. Comme mon frère était de parfaite intelligence avec mon dit sieur Plisson, lequel était aussi en grande correspondance avec ma dite dame de Brinon qui s'en allait être belle-sœur de mon frère, et comme j'avais, à la vérité, un gros revenu, mais que je passais pour en avoir trois fois plus, je m'imaginai que mademoiselle de Saint-Étienne ne serait pas regardée de madame de Maintenon comme sa parente, et que c'était simplement que l'on voulait placer cette demoiselle de Saint-Cyr avec un gentilhomme de son pays qui avait du bien et connu dans le monde pour un homme d'honneur. Voilà pourquoi je ne topais pas à la chose, outre l'engagement que j'avais d'ailleurs. Néanmoins, la pensée d'épouser une parente de madame de Maintenon me fit un jour aller trouver M. Plisson. Il y avait plus de dix ans que la charge de lieutenant de Roi de la Marche était vacante par la mort de M. de Laval, que personne n'avait jamais demandée. Je dis à M. Plisson que ce me serait un honneur si grand à moi d'épouser une parente de madame de Maintenon, que cela surpassait de beaucoup mon attente, mais que si elle avait jeté les yeux sur moi pour me faire cet honneur, il serait honteux que ma femme n'eût pas quelque rang dans la province, et que pour témoigner à cette demoiselle qu'elle lui faisait l'honneur de la regarder comme une personne qui lui appartenait, elle me fît donner en l'épousant cette lieutenance de Roi. M. Plisson me témoigna la chose fort faisable, me disant même qu'il n'en doutait pas, qu'il en parlerait à madame de Maintenon et qu'il m'en rendrait réponse à deux ou trois jours de là. Cependant, je demeurai plusieurs jours sans savoir de ses nouvelles; je l'allai voir : il me dit en avoir parlé à madame de Maintenon et qu'elle ne lui avait pas autrement répondu sur cet article, mais qu'il fallait tout attendre d'elle. Cela me confirma encore dans la pensée que cette demoiselle n'était pas sur le pied de parenté; de plus elle avait sa mère à Paris, qui a demeuré un grand nombre d'années dans une disette épouvantable, et laquelle, je crois, n'a jamais vu madame de Maintenon et est morte à Paris fort mal dans ses affaires.

Tout cela me fit retourner à songer d'épouser ma petite-nièce, qui avait de l'esprit, et qui, par tout ce que j'en ai dit au sujet de leur maison, me devait être extraordinairement reconnaissante. Mais ç'a été tout le contraire et pour ne me remettre pas en mémoire les plus grandes ingratitudes qui aient jamais été, après celles que l'on a rendues à Dieu et que le genre humain lui rend encore tous les jours, passons. Ce n'était pas une femme à prendre des airs supérieurs et d'autorité au-dessus de moi; elle m'était fidèle, je crois, véritablement de son corps, mais point du tout de tout le reste. Elle comptait fort sur ma mort : mais

Dieu l'a privée de la vie, et j'ai eu jusqu'à sa mort tous les soins possibles de sa personne. Sa dernière maladie me coûta en moins de trois mois plus de mille écus, argent comptant. Pour me consoler de sa perte, j'appris qu'elle avait fait un testament où elle voulait m'ôter ce que je lui avais donné; son confesseur me restitua un papier de vingt-quatre mille livres qui m'avait été soustrait de mes liasses, qu'elle lui avait mis entre les mains pour me les rendre en cas qu'elle mourût, et puis m'avertit que dans le même endroit de la liasse où elle avait pris ce papier, j'y en trouverais un autre qui était faux et que l'on avait fait faire par quelque habile faussaire. Ainsi, si dans la suite des temps j'eusse été contraint de l'exhiber en justice, étant trouvé faux, c'était de quoi me ruiner entièrement; je retirai donc cette pièce fausse de cette liasse, que je trouvai la mieux faite du monde : car si elle m'avait été produite en justice, je n'aurais jamais pu la désavouer. A l'inventaire fait après son décès, l'on trouva de fausses clefs. Apparemment elle comptait sûrement que je devais mourir devant elle, puisqu'elle fit faire dix ou douze consultations à Paris pour savoir comme elle en devait agir après ma mort (elle se servait de M. du Péron pour les lui faire faire); laquelle étant malade de la maladie dont elle est morte, les donna cachetées dans un grand papier au chevalier de Combe, et cela comme en dépôt, jusqu'à son retour de chez son frère où elle mourut. Cela m'a été rendu. Enfin j'avais résolu de n'en point parler et je n'en ai déjà que trop dit; c'est pourquoi je vais changer de discours.

CHAPITRE XII

« SUAVE MARI MAGNO... »

Il me faut revenir, je crois, au temps que je quitte mon régiment et par ainsi le service. J'ai parlé des d'Asnières, je viens de parler de défunte ma femme leur sœur, j'ai parlé de mes neveux de Montbas et des biens que j'ai faits, tant aux uns qu'aux autres. Je dirai seulement que je fis donc une couple de campagnes étant marié avec ma nièce d'Asnières, et tins mon mariage secret, à cause que n'ayant pas voulu me marier ainsi que je l'ai ci-devant dit avec mademoiselle de Saint-Étienne, j'appréhendais madame de Maintenon, car sachant mon mariage, comme cela pouvait lui être rapporté, et moi demeurant dans le service, elle m'aurait pu ruiner.

Dans ce temps-là, le Roi, par délicatesse de conscience, nous ôta toutes nos commanderies ; la mienne me valait près de six mille livres de rente, je crois l'avoir dit ailleurs ; mais enfin, elle m'avait été donnée par Sa Majesté pour deux mille cent livres, et sur cela j'avais deux chapelles à entretenir, qui me coûtaient bien chacune cent écus par an; si bien qu'en m'ôtant ma commanderie, ainsi que l'on fit à tous les autres commandeurs, des sept cents écus que ma commanderie était évaluée lorsque l'on me la donna, je fus remis dans l'ordre militaire de Saint-Louis à cinq cents écus de pension.

Depuis, me voyant veuf et ne voulant point me remarier, je demandai à mon neveu le comte de Montbas sa fille aînée pour gouverner ma maison : il me la refusa; ensuite, fort longtemps après, je lui demandai son fils : il me le refusa encore.

Comme toute ma vie j'ai aimé à faire du bien, principalement à mes parents, que d'un autre côté, ayant joui de ma commanderie de Tournay onze ou douze années, j'y avais fait bâtir considérablement, comme est ci-devant dit, j'y avais fait plusieurs bonnes habitudes, et notamment le grand vicaire de l'évêché, qui tant qu'il a vécu a toujours été de mes amis. Cet homme avait tant de crédit aux chanoinesses de Maubeuge, que l'on pouvait dire avec justice qu'il en avait autant que personne du monde; quand il me fallut quitter ma commanderie, il ne se sépara de moi que les larmes aux yeux, me pria de lui écrire du moins trois ou quatre fois par an et que si dans la suite j'avais quelques-unes de mes parentes que je voulusse placer à Maubeuge, il tâcherait de m'y ménager une prébende et qu'il m'en avertirait dans ce temps-là. Effectivement nous nous écrivions de temps à autre, et enfin il vint à vaquer une prébende qu'il obtint et m'en donna avis; à la vérité, j'avais le cœur gros de ce que mon neveu m'avait refusé sa fille pour demeurer en mon ménage, ce qui fit que je ne voulus pas faire donner cette prébende à la fille qui lui restait, car c'était celle qui est morte que j'avais demandée; et quand on me donna l'avis de cette prébende, je ne savais sur qui de mes proches parentes jeter les yeux. Pour cet effet, je fus trouver deux de mes parentes qui demeuraient à Fayolles, près Guéret[1], portant mon même nom et mes armes; elles étaient bien encore à leur maison, mais étant obérées de dettes, elles étaient pour ainsi dire réduites au pied de la muraille, car chacun des créanciers avait pris divers domaines, métairies et biens dépendant de leur maison de Fayolles, qu'ils s'étaient appropriés pour leur dû et sans aucune formalité de justice. Ces deux filles tenaient le château en bail judiciaire pour peu de chose, que les créanciers leur avaient laissé prendre comme par charité, pour les laisser dans leur maison qui s'en allait quasi à terre, étant appuyée de tous côtés et découverte en plusieurs endroits; ce qui faisait que les créanciers n'entreprenaient pas de faire décréter cette terre, c'est qu'ils s'attendaient les uns aux autres pour que quelqu'un d'eux le voulût entreprendre et chacun appréhendait les frais qu'il convenait faire pour ce décret; ainsi la quantité de créanciers et la quantité de dettes faisaient que pas un ne l'osait entreprendre.

Les choses en cet état, j'arrivai donc à Guéret et à Fayolles, ainsi que j'ai ci-devant dit; et m'étant

1. Probablement les filles de Claude Barton de Montbas, seigneur de Fayolles, décédé en 1681.

informé des affaires de mes parentes, je pris toutes sortes de mémoires par le moyen de M. Brunet, lieutenant particulier de Guéret, où j'appris par le détail qu'il m'en fit que les choses étaient à un point où je ne me voyais nullement en état de les soulager dans l'embarras de leurs affaires, joint à mon âge fort avancé qui ne demande que du repos. Ce qui fit que je dis à l'aînée des deux filles, qui avait sans comparaison plus d'esprit que la cadette, que tout ce que je pouvais faire pour son soulagement, c'était de me charger de sa sœur; qu'autrefois, ayant eu du fonds de terre considérablement en Flandre, au moyen de la commanderie de Saint-Lazare à Tournay que le Roi m'avait donnée, de laquelle j'avais joui onze ans et plus, j'y avais pratiqué des amis, et entre autres un qui avait tout le crédit possible en la maison des dames chanoinesses à Maubeuge; qu'autrefois il m'avait offert d'y recevoir une de mes parentes quand il y aurait quelque place vacante; que s'il en pouvait obtenir une, il lui ferait donner; sinon, que je la garderais chez moi pour gouverner mon ménage.

J'amenai donc cette fille; et lorsqu'elle fut à Corbeil-Cerf, le hasard porta qu'ayant écrit à mon ami de Flandre, il me manda qu'il y avait une prébende vacante à Maubeuge, qu'il l'avait demandée et obtenue, et qu'ainsi je n'avais qu'à lui envoyer les titres de noblesse de ma parente en bonne et due forme, et me mandait les choses qu'il fallait observer pour qu'ils fussent en l'état requis. J'en écrivis incessamment à mademoiselle de Fayolles, afin de m'envoyer ses titres; elle m'envoya bien un mémoire de toute sa généalogie écrite de la main de mon dit sieur Brunet, mais quant

aux titres, elle ne les avait plus : son père, qui était
Barton comme moi, sorti de la maison de Montbas,
avait prêté tous ses titres à un homme, sans aucun
récépissé, lequel étant inquiété et avec raison (car il
n'était nullement parent du sieur de Fayolles) pour se
sauver, se dit Barton; il le soutint et fut déclaré gentilhomme. Ainsi M. de Fayolles, qui avait prêté ces
titres à ce roturier, en fut puni, lui et sa famille, car
il mourut avant que de pouvoir ravoir ses titres, et
depuis sa mort cet homme ne les a jamais voulu
rendre à ces pauvres demoiselles. Dans ces entrefaites,
on m'avertit que j'avais des parentes à qui je pouvais
faire le bien que j'avais voulu faire à celle dont je
viens de parler, et qu'il y avait une autre des filles du
susdit sieur de Fayolles qui avait été mariée avec un
gentilhomme nommé de son vivant le baron de Chérignat, lequel étant fort dépensier avait ruiné sa maison
et réduit ses enfants dans un misérable état, et qu'il
y avait un garçon et deux filles. Sans les avoir jamais
vus, mais seulement sur la révélation que l'on m'en
fit, je jetai les yeux sur l'aînée afin de lui faire avoir
cette prébende, et pour cet effet je lui en écrivis, et
à son frère de l'amener au Deffan, moi étant encore à
Paris, ce qu'il exécuta au pied de la lettre : car elle
était chez moi près de trois mois avant que je fusse
de retour de Paris. Mon ami de Flandre m'avait
mandé qu'il fallait incessamment avoir les titres, et
que quand il les aurait reçus, la demoiselle pouvait
demeurer un temps considérable sans venir à Maubeuge, pourvu que ce fût toutefois dans l'année. De
sorte que deux jours après que je fus arrivé au Deffan,
l'envie que j'ai toujours eue de faire du bien ne m'ayant

jamais quitté, je m'en allai à Cherignat, où le frère de la dite demoiselle était, qui me promit que dans quinze jours au plus tard il m'apporterait tous les titres de sa sœur ainsi que je lui demandais. Mais au lieu de quinze jours il demeura deux mois, au bout duquel temps je me lassai, tandis que je recevais quasi tous les ordinaires des lettres de Flandre pour que l'on envoyât ces titres incessamment. Je fus une seconde fois à Cherignat où son frère m'assura encore que dans quinze jours au plus tard il m'enverrait ses titres, et me donna d'assez méchantes raisons de ne les avoir pas envoyés plus tôt, disant que c'était la récolte et le fauchage de ses foins qui l'avaient retenu.

Étant de retour chez moi, il m'arriva une lettre de Flandre par laquelle mon ami me manda que les titres de noblesse n'étant point arrivés, depuis plus de six mois que je lui mandais d'un ordinaire à l'autre que je les lui allais envoyer, il n'avait pu plus longtemps soutenir l'effet de ce que l'on lui avait promis, et qu'enfin la prébende vacante depuis si longtemps avait été donnée et qu'ainsi il n'y avait plus rien à faire.

Dans le même temps, ou du moins deux ou trois jours après, mon dit sieur de Cherignat m'envoya ses titres par un de ses cousins nommé Chenours, lesquels titres néanmoins je gardai et lui mandai qu'il n'y avait plus rien à faire; je ne voulais retenir ces titres que pour les faire voir en Flandre, afin que l'on ne crût pas, dans un pays où j'avais fait si grosse figure, que la parente de Monthas eût perdu une prébende aux chanoinesses de Maubeuge faute de titres de noblesse.

Cependant, cette pauvre demoiselle était au désespoir de se voir déchue de la prétention qu'elle s'était imaginée. Je lui dis qu'il n'y avait point à balancer; qu'il fallait, s'il y avait du bien chez elle, qu'elle s'en retournât auprès de son frère, et qu'elle se servît de la compagnie de son cousin germain pour la ramener; que cependant je lui donnerais des valets et des chevaux pour sa conduite; mais que si elle se trouvait mieux chez moi pour y gouverner mon ménage, j'offrais de l'y garder comme ma parente et une fille de qualité, et qu'elle me ferait plaisir et honneur; que j'avais voulu prendre une de mes nièces que le père me refusa, la voulant garder; que j'étais un vieux homme qui ne voulait pas me marier de ma vie, et qu'ainsi elle ne verrait point de maîtresse chez moi; qu'elle n'avait remarqué en mon logis rien de malhonnête, et qu'enfin, si elle voulait prendre la place que j'avais voulu donner à ma nièce, je lui offrais de bon cœur; ce qu'elle accepta.

Quand on sut dans le pays qu'il n'y avait plus de prébende vacante et que je gardais ma dite demoiselle de Cherignat chez moi, le marquis de Montbas, à l'instigation de sa belle-mère, crut que j'allais épouser cette fille, que la prébende n'était qu'un prétexte pour avoir ses titres de noblesse, afin de l'épouser, ne voulant pas me mésallier, mais qu'apparemment je voulais tenir ce mariage secret par deux raisons : la première, qu'ayant tant donné à ma parenté, ils étaient à présent plus en état de paraître que moi, et qu'ainsi ce serait une honte à moi d'avoir mis mes neveux mieux en état que je ne me suis réservé pour vivre; la seconde raison est qu'ayant soixante et dix ans lors, ç'aurait été une chose qui ne convenait plus à mon âge. Ainsi, le marquis de Montbas en prit l'épouvante, songeant plus à mon hérédité qu'à ma satisfaction particulière, croyant d'ailleurs que je voulais tenir la chose secrète, et que s'il la divulguait, cela pourrait possible m'empêcher de passer outre, si tant était que je ne fusse pas encore marié. De manière qu'il prit le soin de le publier et de le faire publier partout, et même le nommé Villeflayo, agent des affaires du comte de Montbas, son père, allait de lieux en lieux pour le dire, jusque-là que le disant devant un ami, lequel le pressa là-dessus, le dit Villeflayo lui avoua que c'était par l'ordre du marquis de Montbas; ensuite de quoi j'en parlai au dit marquis, qui me nia formellement la chose et me dit n'en avoir donné aucun ordre à Villeflayo, même de n'en avoir jamais parlé; je lui dis que c'était le domestique de son père, et que s'il ne lui donnait pas des coups de bâton, je prendrais le soin de lui en donner.

D'autre côté, le marquis de Montbas, présupposant peut-être que si effectivement je n'avais pris cette demoiselle que pour être gouvernante de ma maison, il me fallait donner des soupçons sur elle, fit dire à un de mes valets un jour, afin qu'il me le redît, que mademoiselle de Cherignat avait volé son frère et qu'ils étaient fort mal ensemble. Je ne le crus pas : j'avais vu la manière dont son frère m'en avait parlé, et de plus, il y avait longtemps que cette fille était chez moi et je ne lui avais reconnu que beaucoup de droiture et de fidélité.

Quand le marquis de Montbas vit que ce qu'il avait fait dire à mon valet n'avait pas eu son effet, il s'avisa de me faire une fausse confidence, de lui à moi, de ce qu'à peu près on avait dit à mon valet, me disant, de plus, qu'il avait été instruit que mademoiselle de Cherignat ayant le soin de la maison de son frère, elle lui avait vendu beaucoup de blé à son insu, dont elle s'était approprié l'argent à son profit particulier, ce dont le frère n'avait été averti que peu de jours avant que je lui eusse mandé de l'amener au Deffan, et qu'ainsi il avait été aisé de s'en défaire; mais que depuis que je l'avais gardée, il avait encore trouvé qu'elle lui avait fait pour plus de vingt pistoles de dettes qu'il lui avait fallu payer, et qu'ainsi, si je la voulais garder pour gouverner ma maison, il était obligé en honneur et conscience de m'en avertir.

J'avoue qu'encore bien que je crusse ces avertissements suspects, venant du marquis de Montbas, j'en appréhendais quelque chose; et pour m'en éclaircir, j'envoyai un homme d'esprit du côté de Cherignat et à Guéret, qui en apprit tout le contraire et la bonne intelligence qui était entre le frère et la sœur.

Quand je vis cette manœuvre du marquis de Montbas, je lui en écrivis une grande lettre dont j'ai gardé copie que j'ai mise avec mes lettres de garde, afin que dans la suite des temps, si lui ou autre se plaignait de moi, je ferais voir leur manœuvre à mon égard; et quand tout ceci serait dans un éternel silence, je pourrais toujours me remettre quand il me plaira toutes ces choses. Je les excuse en quelque façon, puisqu'il n'y a plus que l'intérêt qui fait aujourd'hui agir tous les hommes; il ne se fait plus de gens de notre trempe, ce qui me fait souhaiter de rejoindre ceux qui m'ont élevé avec les principes de vertu. Mais l'ingratitude règne partout, et celui à qui l'on a fait le plus de bien, c'est celui qui est le plus ingrat ; mon neveu, le marquis de Montbas, auquel j'ai donné de mon vivant une partie de mon bien en le mariant pour empêcher la ruine totale de la maison de Montbas, ne fait que suivre le cours du genre humain de ce siècle. Ainsi, je veux désormais songer à moi et ne m'attendrai de ma vie à pas un de mes parents ; je mettrai toute ma confiance en Dieu, quoique je lui sois encore plus ingrat que toute ma parenté ne me l'a été, parce que Dieu a plus de bonté que nous n'avons tous de malice.

Quand M. d'Asnières (autre branche de mon hérédité) vit que le marquis de Montbas n'avait pas réussi en tout ce que je viens de dire, il me vint trouver ; et dans des discours indifférents, me faisant insensiblement tomber sur le chapitre de mademoiselle de Cherignat (dont je m'aperçus bien qu'il le faisait exprès), me dit qu'il y avait un bourgeois de Bellac qui l'aurait épousée s'il avait voulu, qu'elle avait demeuré chez lui quelque temps à Bellac. Il est vrai que ce bourgeois a plusieurs métairies relevantes de Cherignat et qui sont proches de ce château où il va souvent ; et quand M. de Cherignat ou ses sœurs vont à Bellac, ils logent plutôt chez lui qu'au cabaret. Il n'est pas vrai que ce bourgeois eût eu des pensées de mariage pour cette demoiselle, qui, dans le fond, n'aurait pas été un crime : ce n'aurait pas été le premier bourgeois qui ayant du bien, et une fille, quoique de qualité, n'en ayant point, eût élevé ses pensées jusqu'à elle pour l'épouser ; mais c'est que cela n'est pas vrai ; ainsi je lui témoignai que cela ne m'inquiétait en aucune façon.

D'un autre côté, madame d'Asnières, me voyant
veuf, comme elle voyait bien que toutes les manœuvres
de son mari et d'elle dans les derniers temps de la
maladie de défunte ma femme, à sa mort, et quelque
temps après, ne me devaient pas avoir donné la
continuation de mes bonnes volontés, elle appréhendait
MM. de Montbas, et que toutes mes bonnes volontés
ne tournassent de leur côté. C'est pourquoi elle m'écrivit
plusieurs lettres par lesquelles elle me mandait tout
ce qu'elle pouvait s'imaginer contre eux et la différence que je devais faire pour tourner toutes mes
bonnes volontés du côté de ceux d'Asnières. En d'autres
lettres, elle me proposait de les laisser jouir, elle et son
mari, de mon bien, m'en réservant seulement ce qu'il
me plairait pour mes menus plaisirs, et qu'ils me
nourriraient sans que je ne me lasse de rien, si ce
n'était en ce qui me pouvait plaire : je ne crus pas
autrement devoir accepter ces propositions. Ainsi,
tout cela n'eut pas son effet. Ce que voyant,
madame d'Asnières s'avisa d'une chose si extraordinaire, que je n'en dirai autre chose, sinon qu'elle ne le
devait pas faire : elle fit avertir mademoiselle de Cherignat que cela lui faisait tort de voir le nommé Badou,
bourgeois de Bellac, feignant de l'en avertir par bonne
amitié. En premier lieu, ce bourgeois n'était jamais
venu chez moi; mais cette demoiselle fut piquée de
cet avertissement sans nul fondement ni vérité; elle
voyait parfaitement que ce n'était que pour me donner
quelques soupçons de sa conduite. Ce qui ne réussit
pas à madame d'Asnières : car cette demoiselle, qui
demeurait chez moi depuis six ou sept mois, y avait
toujours vécu dans une si grande retenue, tant d'hon-

neur, et même de dévotion, que je ne donnai point dans ce panneau.

Mais cela n'en demeura pas là; voici bien une autre scène. J'avais quelques affaires au Dorat, en mon particulier; j'y allai coucher, et le lendemain je me trouvai si mal que je ne pus retourner chez moi, et tombai si furieusement malade que j'en pensai mourir. Il se fit une grande inflammation, joint que le corps y était disposé, ce qui me causait une si violente fièvre que l'on me jugeait en danger. Comme je n'étais qu'à trois petites lieues de chez moi, j'avais envoyé querir la plupart de mes valets et servantes, et notamment mademoiselle de Cherignat. Comme il me fallait veiller nuit et jour, je partageai tous mes domestiques en deux, afin que les uns ayant veillé la nuit précédente pussent dormir la nuit d'après. Mais pour mademoiselle de Cherignat, il n'y avait point de temps de repos pour elle, car elle était nuit et jour de garde, ne se couchant ni ne se déshabillant; tout son repos était quelquefois dans une chaise, près de mon lit, où toutes les fois que je me tournais, je la voyais debout auprès de moi pour me demander ce que je voulais. Les choses en cet état, il me prit une hémorragie de sang si furieuse et si abondante qu'elle perça les draps, les matelas, le lit de plumes et la paillasse, et le sang que l'on tira de dessous le lit était en caillebotte. On m'a dit l'avoir ramassé et fait peser, et qu'il y en avait sept livres; je ne peux dire s'il y a de l'exagération à cela, car je ne le vis pas; je n'étais pas en état de cela, puisque pendant cette grande évacuation je perdis la vue quelque temps. La gangrène s'y mit, et même on ne s'en aperçut qu'un peu tard.

Cela épouvanta nos médecins; le plus ancien, nommé Malvaut, qui était de Bellac, me demanda s'il me pouvait parler franchement : je lui dis que oui. Il me dit lors que j'avais la gangrène, et qu'il n'y avait point de moyen de me guérir que l'on ne me fît l'opération jusqu'au vif. Je ne balançai point à lui dire qu'il y fallait travailler. Il me dit qu'il n'y ferait point travailler, ni n'y serait présent, que je ne me fusse confessé; la chose en cet état, je me confessai; c'était environ sur le midi; je devais me réconcilier le lendemain matin et communier, et deux heures après recevoir l'opération que l'on me prétendait faire. Cependant, dès que je fus confessé, j'envoyai quérir un avocat nommé Doberoche, demeurant dans cette ville du Dorat, avec un notaire royal et fis mon testament par lequel il était aisé de voir que je conservais toujours la bonne volonté que j'avais toujours eue pour mes héritiers, puisque tous les legs que je faisais dans mon dit testament étaient en rentes viagères, donnant à un vieux valet qui m'avait servi il y avait trente ans, trois cents livres de rentes viagères, à une de mes servantes cent livres de rentes viagères, et à mademoiselle de Chérignat six cents livres de rentes viagères, toutes lesquelles rentes ne se montaient qu'à mille livres. Par la grâce de Dieu, ce qui me restait de bien était assez considérable pour ne prendre pas la chose comme mes dits héritiers firent à l'égard de mademoiselle de Cherignat.

Il est à noter que sans que j'en susse rien, dans les précédents bruits de notre mariage faussement supposé, cela avait si fort déplu à mademoiselle de Cherignat, qu'elle avait secrètement envoyé à Cherignat dire à

son frère de la venir querir; d'un autre côté, j'oubliais
de dire que lorsque mademoiselle de Cherignat m'eut
joint malade au Dorat, la voyant toujours chagrine
de tous ces contes précédents, je mandai au dit Badou
de Bellac de me venir trouver au Dorat, ce qu'il fit;
et y étant arrivé, il désavoua non seulement qu'il
eût jamais élevé sa pensée pour épouser mademoiselle de Cherignat, mais qu'il était prêt d'aller partout
en donner le démenti.

Comme la teneur du testament fut sue au Dorat
bientôt après, ne l'ayant point voulu cacher,
madame d'Asnières, qui était venue en cette ville,
apparemment plus pour voir si j'allais finir que pour
m'aider au rétablissement de ma santé, entra comme
une furie dans ma chambre et me dit que cela était
bien vilain à moi de faire passer mon bien dans des
mains étrangères, et que c'était bien une marque que
je voulais épouser mademoiselle de Cherignat, si tant
est que je ne l'eusse pas déjà épousée en l'âge où
j'étais, comme on avait cru il y a longtemps; et
s'adressant à mademoiselle de Cherignat, lui dit à
quoi elle pensait de prendre un vieux homme et entrer
dans une famille malgré eux, et qu'à mon égard j'en
répondrais devant Dieu et que tout le monde s'en
moquait. Elle voulait toujours jaspiner, et moi qui
étais trop mal pour lui répondre, je priai M. de Cherignat, qui était présent, de lui donner la main pour
sortir de ma chambre pour me laisser mourir en repos;
ainsi elle sortit.

A l'égard de mon neveu, le comte de Monthas, qui
avait couché chez moi, c'est-à-dire au cabaret où
j'étais logé (car je payais la dépense des hommes,

valets et chevaux de ceux qui me venaient voir), il entra dans ma chambre pour me dire adieu et prendre congé de moi. Je lui dis que c'était le lendemain matin que l'on me devait faire l'opération pour laquelle on m'avait ordonné le sacrement. Il me dit qu'il ne se connaissait en façon du monde à ces sortes de maux, que sa présence m'y serait inutile, et qu'il avait des affaires indispensables de se trouver le matin à Montbas, mais plus que tout cela, qu'il avait parlé à un de mes médecins qui lui avait dit que je n'étais point en danger. Je lui dis l'incartade de madame d'Asnières, sans lui en détailler les particularités, car je n'étais pas en état de cela; à quoi mon neveu me dit que pour lui ce n'était la même chose, que je ferais de mon bien ce qu'il me plairait sans qu'il y trouvât à redire.

Mademoiselle de Cherignat et son frère, voyant la manœuvre de ma parenté à cause d'elle, résolurent que dès que je serais hors de danger, elle s'en retournerait à Cherignat. Ils n'en parlèrent pas si secrètement qu'une fille qui est du Dorat et à mon service dès le temps de ma première femme, ne les entendît par le trou d'un torchis de muraille qui était tout contre le lieu où ils parlaient. Cette fille me vint trouver en mon lit et me dit : « Monsieur, il y a trop longtemps que j'ai l'honneur d'être à votre service et je ne mériterais pas le bien que vous m'avez fait, voyant que l'on vous trompe, si je ne vous en avertissais pas ». — « Eh! qui me trompe? lui dis-je. C'est, me dit-elle, mademoiselle de Cherignat qui vous veut quitter, je l'ai entendue faire ce complot avec son frère. » Je lui dis : « Jeanneton (c'est ainsi que s'appelait cette fille), dites à mademoiselle de Cherignat qu'elle vienne parler à moi, et puis, pour quelque cause que ce soit, que personne n'entre dans ma chambre qu'elle n'en soit sortie. »

Quand elle fut à mon chevet de lit, je lui dis : « Est-il vrai, ma cousine, que vous me vouliez quitter? » — « Non, mon cousin, je vous donne parole de ne vous quitter jamais tant que vous serez malade. » — « C'est donc à dire, ma cousine, que vous me quitterez quand je me porterai bien? » À quoi elle me répondit : « Puis-je demeurer avec vous après le tourment que vous donnent vos plus proches parents à mon occasion? Quoi, mon cher cousin, on vous doit faire demain une opération où il y va de votre vie, puisque les médecins ont voulu que vous vous confessassiez pour vous y préparer, et à cause que vous me donnez par votre testament ou codicille six cents livres de rentes viagères, on vient pour ainsi dire vous insulter jusqu'au lit de la mort? Non, mon cousin, reprit-elle, si vous aviez un million d'or à me donner à ce prix, je ne l'accepterais pas. Je suis, à la vérité, une pauvre demoiselle, mais non pas à la mendicité; j'ai toujours bien vécu dans notre maison, et il y aura toujours à Cherignat de quoi me nourrir et m'entretenir. Remettez-leur le bien dont ils sont si avides; je vous en ai la même obligation, et par la reconnaissance que j'en ai, je voudrais de tout mon cœur vous pouvoir servir au péril de ma vie, vous ne m'y verriez pas balancer un moment; mais, en vérité, je ne veux plus être en butte à vos parents les plus proches : il leur faut céder la place, ne croyant pas pouvoir avec bienséance y demeurer après toutes les avanies qu'ils vous font à cause de moi. »

Comme elle vit que je ne lui répondais rien, elle me dit encore : « Décidez donc de mon sort, car je suis sûre que vous ne me conseillerez jamais rien que de juste et d'honnête; j'ai mon frère céans, mais je suis d'âge à régler mes démarches; ainsi ce n'est point de mon frère de qui je dépends; ma résolution est de suivre les avis que votre conscience et votre honneur me donneront. »

Je dis à ma cousine : « Si le bien que je vous propose pour vous le donner ne fait nul effet, j'avoue que vous m'embarrassez plus que vous n'avez encore fait; il est vrai qu'en honneur et conscience, je ne peux vous conseiller de demeurer chez moi pour être en butte aux calomnies de mes parents; mais pour faire voir à toute la terre un éclatant désaveu de toute leur mauvaise volonté, et de la certitude où je suis de votre vertu et de votre mérite, si tout ce que je vous ai offert jusqu'à présent pour demeurer avec moi, ainsi que vous me l'aviez promis, n'est pas suffisant, et que vous vouliez de ma personne, je m'offre de bon cœur à me donner à vous. » Je la trouvai interdite, et elle fut quelque temps sans me parler, ce qui me fit lui dire que cela méritait bien une réponse.

Rompant son silence, elle me dit : « Si vous me voyez interdite, c'est à cause que je m'attendais si peu à cet honneur, que j'appréhende de dormir et qu'à mon réveil je n'aie le chagrin de n'avoir pas ce que j'aurais songé; cependant, je suis fort sûre que vous êtes homme d'honneur, incapable de tromper jamais personne; enfin, je me fie en ce que vous me faites l'honneur de me dire; ainsi, je ferai tout ce qu'il vous plaira, en me tenant la plus heureuse personne du

monde de vous rendre toute ma vie mes services avec
respect et soumission. »

A cela, je lui dis : « Ma chère cousine, puisque vous
êtes d'accord de ce que je veux, je vous dirai que de
cette opération qui se doit faire demain, je dois, à ce
que l'on dit, mourir ou guérir. Si je meurs, je veux,
puisque vous me donnez le droit de vous commander,
que vous vous serviez du legs de six cents livres de
rente viagère que je vous donne par mon testament.
Et si je guéris, nous jetterons codicille et testament
dans le feu, et nous ferons faire notre contrat de
mariage. » Ce fut un éclat de joie dans ma chambre,
ces messieurs qui étaient toujours présents en firent
leurs compliments à mademoiselle de Cherignat, et
bien d'autres qui accoururent dans ma dite chambre.

Mais quoique je fusse satisfait d'avoir fait cette
démarche, qui faisait connaître à mes parents, qui
avaient tant joué de stratagèmes pour ôter mademoiselle de Cherignat de chez moi, que leurs manœuvres
leur avaient si mal réussi, qu'au lieu de laisser en
paix cette demoiselle pour seulement gouverner ma
maison, ils étaient cause que je l'allais épouser ; cependant cette journée m'avait beaucoup peiné, ayant
aussi beaucoup plus parlé qu'il ne fallait en l'état où
j'étais. Je reposai bien une couple d'heures ; à mon
réveil, on me changea de linge, l'on me fit apporter
un assez grand bouillon, et la fièvre fut fort diminuée.
Les médecins se disposèrent à me faire cette opération
deux heures après ; et dans les commencements que
l'on coupait, je ne sentais nul mal, dont ils témoignaient
beaucoup de chagrin ; mais redonnant encore plusieurs
coups de rasoir, dont les derniers commençaient

d'aller au fil, enfin, en donnant encore d'autres, le sang vint en abondance. Ce fut là que ces médecins m'assurèrent de ma vie et d'une parfaite guérison ; ils eurent pourtant assez de peine à étancher le sang ; enfin, à force de remèdes, ils me l'étanchèrent et me firent prendre un bouillon, avec quelque peu de restaurant, ensuite de quoi je dormis près de trois heures et à mon réveil je me trouvai tout à fait sans fièvre.

Madame d'Asnières, voyant mon mariage résolu, se repentit, je crois, d'avoir tant fait de vacarme ; ainsi elle me vint voir, et après m'avoir témoigné de la joie de ma meilleure santé, elle s'adressa à mademoiselle de Cherignat pour lui dire qu'elle la priait de croire qu'elle n'avait point eu intention de lui déplaire par l'avis qu'elle lui avait fait donner, que l'on lui avait dit la chose autrement qu'elle n'était, et qu'ainsi elle avait cru lui faire plaisir. Mademoiselle de Cherignat, l'interrompant, lui dit : « Madame, les choses ont trop bien tourné pour moi, pour que je vous en susse mauvais gré ; bien au contraire, je vous en ai toute l'obligation. »

Après tout ce que dessus, et mes plaies en toute sûreté de guérison, j'envoyai ordre au curé de Bussière-Poitevine, ma paroisse du Deffan, qu'il publiât mes bans de mariage avec mademoiselle de Cherignat par trois dimanches ou fêtes consécutives ; je n'avais rien qui me pressât, vu l'état où j'étais encore, et même pour démentir ceux qui avaient dit que je voulais cacher mon mariage, je ne voulus point acheter de bans et voulus faire toute chose authentiquement et dans toutes les formes requises, ce qui a été depuis exécuté.

Voilà jusqu'à mon mariage avec mademoiselle de
Cherignat, ayant soixante et dix ans et quelque sept
ou huit jours davantage, le récit de ce qui s'est passé
en ma vie, dont je me suis le plus ressouvenu. Je
n'écrirai plus sur ce fait; comme j'ai épousé une
femme beaucoup plus jeune que moi, elle pourra faire
mention s'il se passe dans la suite de mon âge quelque
scène considérable. Cela est fini quant à mon égard.
J'ai fait beaucoup de biens à mes parents; j'ai, de
quinzième et dernier cadet d'une maison ruinée, soutenu jusqu'à présent la maison de Monthas dont je
suis sorti; si l'on m'a payé d'ingratitude, c'est tant pis
pour les ingrats; j'ai la satisfaction d'avoir fait du
bien, ce qui est la récompense des belles âmes, et
d'avoir épousé en dernier lieu une fille de qualité,
qui a beaucoup de soins de moi dans ma vieillesse
et qui est une femme dont j'ai tous les sujets du monde
de me louer, et dont je remercie Dieu de tout mon
cœur, et le supplie de me pardonner mes péchés,
et par ses grâces, que j'emploie le reste de ma vie
à le prier de me faire miséricorde, afin qu'il ait la
bonté de me recevoir dans l'éternité bienheureuse.

FIN

TABLE

7720-7-26.

Coulommiers.

Imp. Paul BRODARD.

6041-7-26.